南懷瑾文化

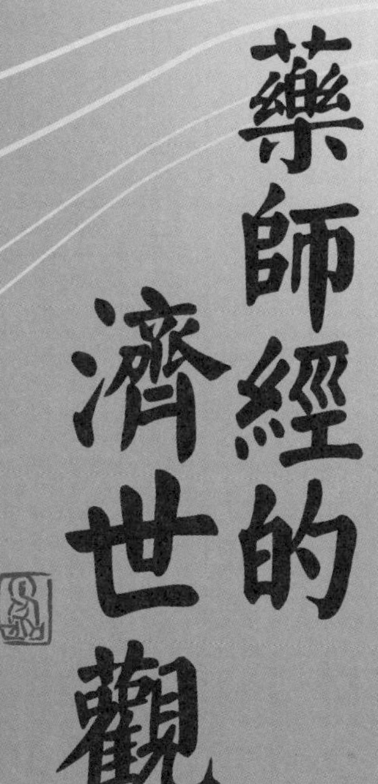

南懷瑾◎講述

新版說明

一九九四年，劉雨虹學長囑我整理南公懷瑾先生的《藥師經》稿件，我乃利用工作之餘勉力完成，然其中有許多疏失。一九九九年，再由李淑君學長等多人加以補充修訂。

南公懷瑾先生於二〇一二年九月飄然離世後，二〇一三年，劉雨虹學長乃召集宏忍師、牟煉、彭敬我等諸人，對南懷瑾先生著述重新校閱，改正書中錯別字，以及引用失誤部分，期於完美，以對讀者和歷史負責。然我們學識有限，雖校對再三，難免有所疏漏，希望讀者諸方大德賜予指正。

最後，想加說一句，一部普遍流通的《藥師經》，經過南公懷瑾先生講解之後，卻蘊含著深意，寄望讀者勿等閒視之。

古國治　謹記

二〇一七年一月十八日

再版說明

自從這本書在五年前出版後，我們時常接到讀者詢問的信件及電話，都是有關內容方面。

為此之故，我們又仔細的加以修訂，以使內容中的語句更加清楚，意思更能透徹表達，當然也改正了少許的錯別字。

參與修訂的人數不少，但出力最多的是李淑君，她甚至花了很多時間補充資料。現趁此再版因緣，特別向她及參與訂正的朋友們致謝。

劉雨虹 記

一九九九年十月台北

出版說明

編輯室

許多書的出版，背後常有一個小故事，這本書也不例外。

兩年前的一天，我對在美國的永會師和圓觀師說，希望她們能抽暇做一樁事，就是把南老師講《藥師經》的錄音，用文字先記錄下來。她們欣然允諾，數月後即完工，託人帶到台北。

在此之時，另有一位王施予女士，自動發心，也把《藥師經》作了整理。

因鑑於古國治同學在百忙中獨力整理《圓覺經》的精神和毅力，編者就特別找他商量，請他擔任總其成的整理工作，並附加了兩個條件。第一要保持南老師講課的風味，不要把講課文章化。第二限時半年交卷。他當時很爽快的答應了，後來也都做到了。在此要特別感謝他們幾位的努力。

南師懷瑾先生，在台灣講過的經典頗多，其中有些更曾多次講述，如《楞嚴經》《金剛經》《心經》等，而《藥師經》則較少講到。一九八一年為了十方書院的出家同學們，特別安排了《藥師經》。

藥師如來，顧名思義，大約是一位醫生如來，是專門治療我們身心疾病的佛。活在這個世界上的人們，多多少少都會害病，人人也都需要結識這位藥師佛。許多慢性病纏身的人，更要禮拜藥師佛，祈求藥方，希望早日痊癒。

藥師佛如何治我們的病？給我們什麼藥？能夠教給我們祛病強身長壽的方法嗎？這些都是人人有興趣，想知道的。

出家的同學們，因為肩負了救世度人的責任，故而南師在講解這本經典時，深入極微細處，並以自他人生經歷，舉例融會經義，諄諄告誡，處處提示，親切幽默，使人必能有所領悟。

南師更特別強調，《藥師經》的重點，在於藥師佛的十二大願。這十二大願顯示了真正偉大的救人濟世精神，也才是我們應該深入體會了解並且效法的。

古君不負所託，使這本書保持著南師講課時天馬行空、隨手拈來的韻味和風格。當編者校讀本書時，剎那間似乎又回到了昔日的講堂，讀到有趣味處，似乎還聽到講堂中同學們的笑聲……

看完這本書，你會發現，已經吃下一顆藥師佛的消災延壽丸了。

因南師未能過目原稿，最後由周勳男君細心審校，並寫後記，略述意見作讀者參考，另外曾幫忙校閱者還有姚海奇君，在此一併致謝。

本書經文部分，是根據太虛大師所著《藥師經講義》一書，台北佛教出版社印行。

劉雨虹 記

民國八十四年五月

目錄

新版說明 6
再版說明 7
出版說明 8
講經緣起 21
太虛法師註解《藥師經》 22
通俗卻不易懂的《藥師經》 24
從《法華經》瞭解《藥師經》 26
佛是大醫王 29
參透化城之喻 31
能醫眾生病的法師 36
燒戒疤的由來 38

燃身供佛　39
天下由來輕兩臂　42
現代化的講經方式　45
佛說《藥師經》的地方與聽眾　47
文殊菩薩請法　49
燃身供養的真義　55
東方淨土為何呈現青琉璃色　57
唸經有無功德　59
被十種業障纏縛　61
極善思惟　63
學佛修行的目的何在　64
好遠好遠的東方　65
佛的十個名號　67
發願是成佛之因　69

發願談何容易　70
自身光明　照耀世界　72
內外明徹　74
受用無盡　78
改邪歸正　80
沒有發願　不能成佛　82
修清淨梵行　85
認識戒律　87
唸佛的心態　92
色身下劣　諸根不具　95
東方人為何多災多難　100
眾病逼切　貧苦無依　102
拜佛心理　106
轉女成男　108

如何跳出魔網　解脫纏縛　112
唸佛能解除災難嗎　116
文天祥修大光明法　123
飲食男女的問題　125
聲色歌舞讓你玩個夠　129
東方淨土　131
藥師佛的正法寶藏是什麼　135
善惡難辨　137
什麼是布施　140
缺信根　多聚財　142
鈍刀割肉的布施　144
慳貪不止　累積病情　147
功名富貴最迷人　153
慳貪積聚　155

慳貪的果報　157
以苦為師　161
宿命通　164
讚歎施者　167
內布施　外布施　168
持戒　172
有了正見　才能講戒律　175
眾生與生俱來的傲慢　179
增上慢　181
嫌謗正法　187
邪見與正見　190
邪見的果報與藥師佛的威力　198
與佛作對的提婆達多　200
捨惡行善　203

行到有功即是德　204
學佛注重在行　207
慳貪　209
嫉妒　213
自讚毀他　218
慳貪嫉妒　自讚毀他的果報　221
至心歸依　226
解脫後要不要修行　229
人性壞的一面　232
好喜乖離　更相鬬訟　234
十惡業　239
畫符唸咒　243
魘魅之學　248
小心中了蠱　251

咒起屍鬼　252
佛教的稱謂　256
如何得到佛菩薩的感應　260
受持八分齋戒　266
何謂不坐高廣大床　269
過午不食　273
吃的問題　276
絕食　279
八關齋戒與六齋日　282
如何往生　286
天堂在哪裡　291
生天的道理　295
學佛對鬼神也要恭敬　300
善根退失　福報享盡　302

轉輪聖王　305
轉生人間好果報　310
眾病消除　312
爐火純青　315
藥師佛的修法　316
大藏治病藥　322
菩薩五明　334
伸腿瞪眼丸　337
持咒禁忌　339
萬里晴空的境界　340
古代人如何刷牙　343
如何供佛　344
如何受持此經　346
如何修藥師法　352

消災免難　356
念佛功德難解了　361
什麼叫至心受持　367
不生疑惑　370
阿難多聞強記　372
我們是因地菩薩　374
藥師如來功德說不盡　376
救脫大菩薩　379
臨終境界　381
死而復活　387
腳底心為何是紅的　392
供養比丘僧　394
禮拜行道　399
天災國難　402

風調雨順　國泰民安　404
壽終正寢　406
九種橫死　409
無疾而終　413
燈的涵義　415
十二神旛的涵義　419
佛法重孝道　424
五逆之罪　426
因果報應非常快　427
君臣制度就是社會秩序　429
十二藥叉神將的奧祕　431
藥師佛的手印　434
吉祥圓滿　435
校後記　437

講經緣起

我們今天開始講《藥師經》。為什麼要講這本經呢？主要的動機，是為了這裡的出家同學們，將來出去弘揚佛法的時候，必須要瞭解這本經。在佛教裡，《藥師經》可以說是一般在民間流傳很普遍的經典，也可以說是很基本的一本經。

在民間的佛教觀念裡，大都是相信因果，相信輪迴。至於因果的道理如何？輪迴的道理何在？又都搞不清楚。那麼，是否徹底的相信呢？那也未必。一般都是盲目的信仰，盲目的信仰就是迷信。

民間流行的淨土宗，提倡修持念佛法門，就可以往生西方。這其中的道理在哪裡？大都搞不清楚。許多人為了人死亡以後，超度亡靈，誦《阿彌陀經》或《地藏經》，《地藏經》所講的那個地獄的情況，除了一般人盲目的相信以外，現代的青年和知識分子是不會相信的，對於《地藏經》的道理，很難信得過。

一般民間所接觸的《阿彌陀經》《地藏經》《藥師經》等等，都是最普遍的。這幾本經的文字也是最容易懂，只要認識字都看得懂。但是，其中真正的意義，學問最好的知識分子根本就沒看懂過。

我們這裡的出家眾，多半受過中等或高等的教育，平常對於這幾本經典，也沒有研究，只是唸唸而已。如果照我的標準一考問，保證答不出來。

因此，為了今後的世界、時代，有志於弘揚佛法者，乃至於真為自己修持者，對於一般人認為最容易懂的經典，我們要特別提出來研究。

佛教到了中國，所有的經典都經過了我們中國文化的整理。經過了出家大師或在家居士整理和歸類，叫作分科判教，就是把每一本經典分類，然後根據佛教的教義，加以分判。所以，過去講經的時候，都有一定的格式。

太虛法師註解《藥師經》

民國初年以後，新的文化、新的時代來臨，經典整理的方式則慢慢改變。

譬如提倡新的佛學研究方向的太虛大師，他綜合老的方法、新的觀念，把許多佛經作了一番整理，像我們手裡拿到的這本《藥師經講義》，已經經過太虛法師的研究整理了。

過去，有許多人認為太虛法師是政治和尚，玩玩政治，搞搞佛教。學術界不大理會他，不過，他在佛教界卻有很高的聲望。

太虛法師與專門講修持的虛雲老和尚，專門提倡念佛的印光老法師，和專講天台宗的諦閑老法師，可以說是民國初年的幾位大老。這幾位老前輩對太虛法師的看法如何，姑且不論。反正當時我們都認為他是政治和尚，對他的認識是：新聞記者出身，也跟過孫中山先生革命，對佛教貢獻很大，如此而已。可是我到了後來，對太虛法師另眼相看了，他真是一位了不起的和尚，的確有他的願力和成就。他的著作很多，過去我們也不大看，總認為是一般普通的著作，這些著作現在看起來很了不起，他也真可以說是一代高僧。

這次講《藥師經》，一時找不到未加註解的《藥師經》原文，才買來太虛法師的講義。花了一些時間看完太虛法師的註解，發現大致都很好、很對，沒有錯。

對於前輩的著作，希望同學們能花一兩天時間把整本註解看完。詳細的佛經教理，屬於學術性方面的，太虛法師已經整理好了；看他的註解已足夠，不需要我再講。有了這本講義，我講經就省事多了，希望幾次就能講完。不過，這本註解介紹的是教理，至於《藥師經》的真正意義，還希望大家好好參究，不簡單啊！

把這些因緣告訴大家，希望大家不論多忙，一定要抽出時間把它看完。

通俗卻不易懂的《藥師經》

《藥師經》的文字非常通俗，一看就懂。在《大藏經》中，歷代就有五種翻譯本子。我們手中這本是唐代玄奘和義淨兩位法師翻譯的綜合。

平日大家唸「南無消災延壽藥師佛」，什麼時候大家喜歡唸啊？自己生病了，或者替人家求長壽的時候唸，對不對？唸歸唸，有嘴無心的唸，嘴裡儘管在唸，心裡頭卻在嘀咕究竟會不會消災？會不會延壽？不知道。然後一邊唸，一邊想，這個蠻好玩，唸一唸就可以消災，那醫院都可以不要開，藥店都可以關門了。

所以，大家對這本經典，對這位佛，都沒有很誠懇的唸，不像唸西方淨土的阿彌陀佛那麼誠懇；因為阿彌陀佛究竟怎麼樣，搞不清楚，越搞不清的事，越有興趣相信。已經告訴你是「消災延壽」，稍微瞭解一點意思，你就難以相信了。

藥師佛，我們都知道在哪一個方向啊？東方。阿彌陀佛的極樂世界在西方，現代的人都喜歡西方，喜歡到西方去留學，喜歡西方的科學。這個東方的事情不大時髦，大家會覺得我們都生在東方，還要往生東方？往生到哪裡去啊？

由這許許多多的觀念，儘管《藥師經》十分流行，一般人卻始終搞不清它的真正意義在哪兒。

從《法華經》瞭解《藥師經》

現在，我可以告訴你，《藥師經》和《法華經》一樣，屬於大乘佛法中最上乘的祕密，是一切佛的祕密之教，不是普通密宗，是一切佛的最高祕密。經典文字上看起來很容易懂，實際上你真不懂。

我們要瞭解，大乘佛法告訴我們，這個宇宙沒有方位，無所謂東方、西方、南方、北方、上方、下方等等的差別，十方三世都有佛，處處有佛，每個人都隨因緣、業力、性情的不同，而產生各種學佛、念佛因緣的差別。

譬如我們對五方佛的觀念。我們看到法師們放焰口，或修密宗時頭上戴的帽子，或繡或繪著五尊佛，也就是中央毗盧遮那佛、東方阿閦佛、西方阿彌陀佛、南方寶生佛、北方不空佛。注意啊！別的地方都講空，只有北方講不空，不空是什麼？不空就是有嘛！根據《華嚴經》的道理，一切佛都是毗盧遮那佛的化身，換句話說，十方三世諸佛就是一位佛，乃至一切眾生，也都是毗盧遮那佛的化身。

以道理來講，宇宙萬有自性本體的功能就是一個，它起用而變化成萬相。因此，以《華嚴經》的密教道理而言，釋迦牟尼佛等等，都是毗盧遮那佛的化身，包括東方、西方、南方、北方、十方三世一切諸佛。

因此，要真正瞭解《藥師經》，必須先徹底瞭解《妙法蓮華經》（簡稱《法華經》）。《法華經》也同《金剛經》《阿彌陀經》一樣，是中國佛教界流通最廣，流傳最久，影響最大的經典。然而知識分子看《法華經》也是莫名其妙，不曉得講些什麼。看起來都是在說故事，這樣一個故事，那樣一個故事的，說了半天，找不出道理來。不像看《金剛經》，還能看出一些端倪。但是，《法華經》是中國天台宗必讀的一部大經。佛在《法華經》中說，佛法沒有三乘道，只有一乘，就是這麼一件事。佛出世修行、成道、度人、弘法，只為一件事，至於究竟這件事是什麼事，沒有說明。佛不只是為了生死，了生死是一件小事，佛是為一大事因緣而出世。《法華經》的奧祕，以禪宗的話來說，處處都是話頭。所謂話頭，就是問題，處處都是問題。

我們平常念的〈觀世音菩薩普門品〉，所謂「應以何身得度者，即現何身而為說法」，這部〈普門品〉只是《法華經》的一品而已。《法華經》還講到藥王菩薩，它與《藥師經》意義相同。要瞭解《藥師經》的奧祕，就必須先好好研究《法華經》的〈藥王菩薩本事品〉。此外，還要把《大藏經》中《佛說觀藥王藥上二菩薩經》也抽出來研究。

綜合以上所說，要瞭解《藥師經》，必須配合《法華經》下列四品一起研究：

一、《法華經》第五品〈藥草喻品〉
二、《法華經》第七品〈化城喻品〉
三、《法華經》第十品〈法師品〉
四、《法華經》第廿三品〈藥王菩薩本事品〉

要把這四品參透，這裡面都是話頭，要知道每一部經都是修持的法門，如果不了解這四品的真義，就永遠不會懂得《藥師經》的修持。

在座諸位研究《地藏經》了嗎？我看你們眼睛連斜都不斜一下，心裡都在嘀咕懷疑，認為所說的地獄情形都是鬼話，對不對？有些居士雖然嘴巴拚命唸，憑良心說，你信得過嗎？這種情況恐怕只能用一句話形容：「姑妄言之，姑妄聽之。」

在座的法師們，講良心話，你們信得過嗎？嗯，你們應該反問我信不信。我當然信呀！但我的信不是你們那種信。這就好比學科學的，雖然聽過化學課，如果沒有做過化學實驗，連手都沒有被藥物弄傷過，會研究出什麼成果？就是這個道理。

現在，先大概提一下《法華經》。要是我不提，你們自己就不去研究，我只是大概提一下，你們至少要把所提的《法華經》的四品翻出來看一看。

佛是大醫王

佛在說《法華經》時有一個譬喻，佛是大醫王，能醫眾生之病，能救眾生之苦。佛開的是什麼藥方呢？中藥？西藥？佛經中說：大地一切都是藥。這個世界沒有哪一樣不是藥，只要認得了病，吃對了藥，任何東西都可以治病。

我們為什麼不能成佛成道？因為眾生皆在病中，心病以及身病。你看坐在這裡的，哪個不是在病中？整天不是頭昏昏，就是心裡煩悶，身心兩病。你要吃哪一種藥才治得好？當然心病仍要心藥醫，而心藥只有佛法。

但是，在座各位也都接觸過佛法，佛法真能治你們的心病嗎？你們真的因為吃了這包藥而治好了自己的心病嗎？沒有。這個世界一切都是藥，我們求佛、學佛，是為醫治身心的病而找這個藥，但始終沒有治好自己的病，因為藥都沒有吃對，病當然不會治好。

佛教有這麼一個故事，文殊菩薩叫他的弟子善財童子去採藥，善財童子抓一根草給師父說，你叫我去採藥，哪裡不是藥？文殊菩薩言：善哉！善哉！對！對！對！到處都是藥。毒藥也可以治病，而且有些重病還非吃毒藥治不好。補藥，大家都認為好，吃錯了也會補死人的。例如，傷風感冒吃高麗參等等補藥，常常都是這樣補壞的。

然而，我們的身心之病，究竟要找哪一種藥才能治好呢？那就要求教藥師佛了。

參透化城之喻

《法華經》第七品是〈化城喻品〉，化城是假的，不是真的目的地。好比文學上描寫的海市蜃樓，又如電影上的亭台樓閣都是畫的，不真實的。中國小說《西遊記》上講，唐僧取經到了小西天小雷音寺，見到如來佛。我們知道，《般若波羅蜜多心經》簡稱《心經》。但小說上故意說，孫悟空是唸「多心經」的，他愈看愈不對，告訴師父這個佛恐怕是假的。不料被師父罵了一頓，到了西天還亂講話，佛就是佛。孫悟空不信，掏出金箍棒一打，果真是妖怪，不是真佛。妖怪化為佛，與佛一模一樣；佛化身為妖怪，要度妖怪眾生，你更看不出來。

所以，要想參透化城而達到寶所——究竟寶貝的目的地，很難！

〈化城喻品〉中又提到，有一位叫「大通智勝佛」的古佛，你聽他的這個名字，那可大了，大小的「大」，通達的「通」，智慧的「智」，勝利的「勝」。他原來當帝王，後來晚年發心修道，他不只自己修道，還把自己的十六個兒子都帶去出家修道，你看，了不起吧！我們常唸的阿彌陀佛也是他的王子，後來成佛了。最小的老么，第十六個兒子就是我們的本師釋迦牟尼佛，東方的阿閦佛也是他的兒子。

問題來了，你看他那麼了不起，但是這一品為什麼還叫化城？換句話說，成了佛是大化城，尚未到真正的毗盧遮那佛寶所。就算到達毗盧遮那佛寶所，仍不算數。中國禪宗有一句話說，真的大澈大悟成了道，要「踏破毗盧頂上行」，把毗盧遮那佛一腳踩下去。

過去，我在西藏看到一尊佛像，這個佛像怪了，是密宗的大祕密，很不容易看到。平時用簾幕罩住，不讓人看，也不讓人隨便禮拜。必須具備當上師的資格，或修持有相當成就者，或得傳法上師的歡喜才能看，才能禮拜供養。結果我拉開一看，人不像人，鬼不像鬼，踩在佛的頭上，把佛踩在腳底下。普通人看到都會嚇死，我看了一點都不覺得稀奇，拜了以後告訴那個喇嘛：「這個對啊！一點都不稀奇！你這恐怕還是禪宗傳過來的。」中國禪宗有一句話：「踏破毗盧頂上行」，連佛的境界都要一腳踢開，才能真正成佛。

在座有些人狂妄得很，現在就要「踏破毗盧頂上行」了。我也頭痛得很，許多人都要踏破我的頭了！當然我不是佛，所以更容易被踏破。

化城十六佛，都是大通智勝佛的兒子，他自己當了皇帝，注意啊！世間法方面已經登峰造極，當了皇帝（人王），富貴功業到了極點。有如此大的福報、如此大的智慧與決心，拋棄了王位而不要，誰做得到啊？你們連一個月薪幾萬元的公務員差事都捨不得丟，對不對？他能拋棄天下而去修道，而且十六個兒子個個都成就。我們想要有一個好兒子都很困難，更不用說十六個，況且十六個都是了不起的男子漢大丈夫，跟著出家，最後都成佛。

你們查一查大通智勝佛這一家的戶口，我們藥師佛是不是在他的戶口裡？有沒有？沒有。阿閦佛國土在東方，藥師佛也在東方。維摩詰居士曾以神通力使阿閦佛的國土現前，而今雖然不能再見，卻隨時呈現在這裡。藥師佛不在十六子之內，所以《法華經》要另外獨立出〈藥王菩薩本事品〉。這些都是問題喔！都是話頭。你們讀佛經，都是嗑！嗑！嗑……木魚敲過去就算了，有問題都不曉得。你們要學禪，要參話頭，還要到哪兒去找話頭？佛經裡處處都是話頭。我怎麼讀佛經？你看，那麼多話頭就出來了。有時候讀得高興，笑起來，好啊！這就是佛法。佛法不在文字上，要參透這些問題，你就懂得修持的方法了。

那麼，這位大通智勝佛，你看《法華經》怎麼講啊？《法華經》說：「大通智勝佛，十劫坐道場，佛法不現前，不得成佛道。」《法華經》告訴你這是化城，不是寶所。

大通智勝佛出家後帶領十六子，為什麼不是十五子、十七子或十八子，他老人家剛好湊了「十六」。拿中國的道理來說，半斤八兩，圓滿的一斤是十六，當然不可以用這個道理解釋。不過十六是個很妙的數字，也是《易經》的數字，八卦是八個卦，二八一十六。

大通智勝佛修道打坐，一坐就是十劫。不像你們夏天打坐，一坐一個、半個鐘頭，而且你們坐在那裡，各種怪樣都有，再不然汗流浹背、愁眉苦臉。我上來一看，還不行，還不能講佛法，連個影子都沒有。你看大通智勝佛坐在那裡，動都不動，十劫不動，而接下來卻說：「佛法不現前，不得成佛道」，那還不算佛法呢！佛法不現前，不呈現在前面。

你們去廟子拜一拜，敲個木魚嗑！嗑！嗑！唸唸經，認為這個就是佛法了？那個當然不能說不是佛法，那只是修佛法的加行，培養福報的加行法而已，離真正的佛法還早呢！你們翻開《法華經》看看，大通智勝佛修行了無量劫，一切煩惱都去除了，但仍未得到無上的正等正覺。他如此發心，如此勇猛修行，如此精進學佛，乃至得定，十劫坐道場裡如如不動，如此還不算成佛，與佛法不相關，還在化城裡面，以現代話來講，還是幻象，假的，假佛。你們想想看，佛法之難吧！

那麼，如何叫「佛法現前」呢？那就要看龍女成佛的故事了。《法華經‧提婆達多品》裡說龍女八歲就成佛了，她把自己頭頂上最珍貴的寶珠摘下來，捨掉，供養了佛，當下女轉男身，當下就往南方無垢世界成佛了，具足三十二相、八十種好。一般佛經上說女人是不能成佛的，可是，龍女是女身，又才八歲，一個小女孩各方面條件都不夠，卻能當下成佛。這個道理在哪裡呢？又是個話頭。

能醫眾生病的法師

接下來，我們講〈法師品〉。所謂法師是要像藥師佛一樣，能醫眾生病的，才是真正的法師。現在的佛教界，今天剃度，明天就稱法師。不曉得你們害怕不害怕？我是聽了就害怕。有人叫我法師，嗯！奇怪，我嚇死了，什麼法師！還有些人叫我大師，我又不大，個子那麼小，這些都是騙人的玩意兒，人家恭維你就是騙你，你如果當真就害了自己。能夠醫眾生病的藥王菩薩，才是這一品所要介紹的真正法師。

依據《佛說觀藥王藥上二菩薩經》所說，星宿光與電光明兩兄弟發大菩提心、大誓願，修行成道，成為藥王、藥上二菩薩，平常所見的「藥師三尊」圖像，中尊為藥師如來，左脇侍即為日光遍照菩薩，右脇侍即為月光遍照菩薩。《法華經》裡，只提到藥王菩薩。這兩位菩薩與日光、月光有密切的關係。

你們看了佛經，也覺得自己研究佛學了。現在佛學拚命講學術化，學術化固然也有它的作用，但學術化能夠成佛嗎？人家稱我學者，我聽到和「法師」一樣，毛骨裡頭鑽出一個悚然來，我都覺得是侮辱。實際上，我也不是學者，也不是法師，也不是居士，我沒有資格當居士，居士要有十樣功德，我一樣都沒有，一德都不德，哪裡夠資格當居士？

你們研究佛經，像佛為藥王、藥上菩薩說的經典《佛說觀藥王藥上二菩薩經》研究了沒有？在座各位許多都是佛學研究者，專搞五陰、十八界、十二因緣、唯識、般若……我經常說，真如炒菠菜（般若），菠菜炒真如，這就是佛學啦？這是真話頭，你去參參看！

燒戒疤的由來

《法華經》提到〈藥王菩薩本事品〉，所謂「本事」就是他本身原有的故事，怎麼成道的故事。因此三藏十二部中有一部「本事」。

我們曉得，東方佛教有一個錯誤的觀念：引火自焚，南北朝時極為流行，尤其亂世更是風行。越戰結束前，這種引火自焚的情況就相當嚴重。這些情形都是根據《藥師經》和《法華經・藥王菩薩本事品》而來。和尚們頭頂上燒戒疤，和這個也有關係。

過去，出家人頭頂上是不燒戒疤的；燒戒疤是清朝玩的玩意兒，到現在只有二、三百年的歷史。滿清入主中國，以外族身分統治了中國，一般漢人當然不服氣。清朝遂與漢人約好五個條件，即「生投死不投」、「俗投僧不投」、「男投女不投」等，新娘子穿戴的鳳冠霞帔仍是明朝服裝，顯示男投女不投。在家人投降，出家人不投降。所以，現在出家人所穿的衣服，那是明朝的款式。

滿清政府一看反抗的知識分子都跑去當和尚、道士了，怎麼辨呢？那時又沒有身分證或護照，如果在民間造反不得了，於是提倡身布施、身供養，開始燒戒疤。燒戒疤在身體其他部位看不見，總不好意思剝開衣服檢查吧！和尚光頭，又不能戴帽子，燒在頭頂上，一看就知是真是假，就算還俗也逃不了。燒戒疤的律俗，是在這麼一個政治情況下產生。結果，我們現在還拚命的燒。當然，現在燒燒也好，不燒都分不清啦！

過去，中國人因為受到《孝經》的影響，頭髮、鬍子向來不剃的；所以，《三國演義》說關公三十多歲已是一臉長鬚。因為「身體髮膚受之父母，不敢毀傷」，出了家才能剃髮。因此，光頭就是護照、身分證；滿清怕漢人造反，在頭上給你加個記號，這比佛教還厲害！

燃身供佛

但是，這些有沒有根據？有，根據《法華經》的燃身供養。《法華經・

藥王菩薩本事品》說：藥王菩薩的前身叫作一切眾生喜見菩薩，他因為樂修苦行，而得現一切色身三昧。得到這種三昧，生起大歡喜心，就進入三昧中，以各種妙華妙香供養佛。供養完畢，自念不如以己身供養，於是服食妙香，又把自己的身體塗上香油，燃燒身體，布施供養於佛。

注意！話頭來了，研究佛學的一天到晚喊佛法學術化，佛法如果真的學術化，以後的世界沒得佛法啦！末劫真的來啦！得現一切色身三昧，什麼色身呢？

《梵網經》《華嚴經》講到，真正成佛要在色界。欲界不能成佛，無色界也不能成佛。必須要在色界才能成就報身佛。色界身就是這個肉身轉了，我們現在這個肉身是在欲界裡，要把他轉化變成色界身，成就光明之身。注意，一切眾生喜見菩薩燃身供佛以前，就已經得到現一切色身三昧；不到此等境界，千萬不要隨便自焚。

這使我們聯想到哪吒太子析骨還父、析肉還母的故事。我們這個肉身，骨頭是父親精蟲轉變，肉是母親卵臟的變化。《封神演義》說哪吒的師父太乙真人，把荷花葉剪成一個人形，吹一口氣，哪吒的靈魂便進入荷花，成蓮花化身。後來修成就火光之身，兩腳踏在風火輪上，兩手拿火燄槍。《封神演義》為何說這個神話？兩個腳踏風火輪，腳底心乃三昧真火，手裡拿的也是火，都在玩火，不過他的肉身已不是普通的肉身，這是中國化的色身三昧。所以學佛法，處處都是問題啊！

由於《法華經》的典故和來源，中國佛教自南北朝以來，便時有所聞燃身供佛之事。我小時候也常聽祖母說，某家老太太，阿彌陀佛不得了，吃了幾十年素，撿了幾十年木材，臨走前宣告親戚朋友，大家為她唸佛，她自己坐在加了香油的木材上，引火自焚。我小時候聽到這種事嚇死了，也不敢去看，聽說最後燒到影子都發光了，還在唸佛。這些都是受了《法華經》燃身供佛的影響，以為如此便能成佛，而且又有經典作根據。

現在，這個話頭你們就參不出來了。佛經講得都對，這與《莊子》一書一樣，有許多都是譬喻。中國文化有一句比喻真修行的話叫「焚修」。修行是很痛苦的事，好比在火中鍛煉，把父母所生欲界之身，整個煉化了——燃燒就是煉，也就是色身轉變後才能成佛，因此「燃身供養」有其道理存在。

一切眾生喜見菩薩，後來為什麼還要燃燒兩個手臂供養佛？我都不要，別說是佛了！這些譬喻都是告訴你修持的道理。像你們現在打坐有點影子，就自認為不得了了，有工夫了，你連三昧真火的境界都沒有起來呢！

剛才有同學發問，一切眾生喜見菩薩第一次燃身供養日月淨明德佛，及《法華經》，長達一千二百歲，為什麼命終化生以後，第二次只燃臂供佛，卻長達七萬二千歲？問得好，可惜只在身體上打主意，只在時間上比長短，而不知層層轉進的道理。用句通俗的話來說，質的提升，不能用原來的量來比大小多少。

天下由來輕兩臂

再說，《法華經》為什麼講藥王菩薩燃燒了兩臂供佛，才成就佛道？「天下由來輕兩臂，世間何苦重連城」，這是梢堂禪師有名的詩句。你們這一代文學修養不夠，只好慢慢跟你解釋啦！

先講後半句，「世間何苦重連城」。連城，指藺相如獻給秦王的和氏璧，它的價值可以買下好幾座城市，所以叫連城之璧。世間的功名富貴、財寶等等都是假的，人們何苦看得那麼重？這叫「世間何苦重連城」。

「天下由來輕兩臂」的典故，出於《莊子》。莊子著書那個時代，佛法尚未傳到中國，但道理都有相通之處。有人對君王說，假如你的兩個手臂生病，非砍掉不能活；如果不願被砍掉，必須有個代價，那就是丟掉國家。你是要天下還是要自己的手臂？君王回答，那個時候，當然是寧可要手臂也不要天下了。可見拿天下與手臂相比，還是自己的手臂重要。

所以我常說，生病要開刀，不開刀就會死；但是開刀必須眼睛拿掉一隻，肺割掉一邊，腎臟要拿掉一個，這樣還有十年可活，你幹不幹？當然幹。多少錢？一百萬。你說沒錢，沒錢，借啊！想盡辦法你也會把錢湊足。你看！人這麼愛自己的身體，當身體妨礙到生命的時候，肺也不要了，眼睛也不要了，還是命重要，對不對？然而人自己要的「命」，究竟是什麼？搞不清楚。

換句話說，我們的肉體之外有個真生命，要找到那個真生命才是道，那個便是藥師佛告訴我們的藥，這個藥也與「天下由來輕兩臂，世間何苦重連城」有莫大的關聯。由此可知中國文化的偉大，佛法到中國來，與中國文化結合，而且相互輝映。

我們曉得，《法華經》上說藥王菩薩捨棄兩臂，不是捨命陪君子，是捨命求佛道。問題又來了，為何只燃兩臂而非兩腿？因為人的臂膀最重要，兩手代表福德與智慧。成佛必須經過不知多少年，多少億年修福德、修智慧。沒有福德，沒有智慧，能夠成道？這裡求工夫，那裡學打坐，你就能夠成佛？就能得道？你去求吧！慢慢求吧！你自己不想想你的福德福報如何？你的智慧又如何？沒有累積福德的資糧，沒有足夠的智慧，想一下子就能成佛，天底下哪有那麼便宜的事？

所以，這兩臂代表福德、智慧。成就了以後，還要捨掉來供養佛，才能成就佛道。一般人自私自利，一切為自己，貢高我慢，以自我為中心，智慧也不夠，福德也不夠，如何能夠成道？

《法華經》《藥師經》那麼簡單啊？處處都是話頭，處處都是問題。我希望你們瞭解這些道理，確實研究《法華經》這四品的內容和真義，尤其是被人稱為法師的出家同學，以及年輕學佛、未來的大居士們，要好好研究其中的道理，不要當作普通的經典看。

現代化的講經方式

現在，翻開《藥師經》本文，這次是研究性的講經，告訴你們「現代化」的講經方式。

如是我聞，一時薄伽梵遊化諸國，至廣嚴城，住樂音樹下，與大苾芻眾八千人俱，菩薩摩訶薩三萬六千，及國王大臣、婆羅門居士、天龍八部、人非人等無量大眾，恭敬圍繞，而為說法。

「如是我聞」，大家都曉得，不必我再解釋。「薄伽梵」是佛的十個名號之一，這是唐代梵文音譯；西藏、南印度譯成婆噶瓦、巴噶瓦。現在講研究梵文，我的天！怎麼研究？古代梵文經典沒有了，只靠十七世紀以後外國蒐羅的巴利文，和印度收錄宋朝以後梵文的尾巴，認為這樣便能研究佛學。這是外國人自欺，我們不要跟著欺人。由梵文翻譯過來的任何一部佛經，都已不是原來梵文經典，這是個大問題。現在一般研究佛學的，如果以普通學術思想來研究還可以。真要談佛法，自己本身就是獅子身上蟲，破壞佛教。這是講到薄伽梵的譯文，而引申出來的題外話。

薄伽梵就是佛，代表哪一位佛？雖沒有說明，我們當然可以看出是釋迦牟尼佛。

《藥師經》中所講的大護法——藥叉神將，這裡也譯成「夜叉」。你們都聽過，罵兇悍的女人，又兇又壞，又難看，叫母夜叉。夜叉是個大祕密，是空中飛的鬼王，也是神王，管一切羅剎鬼。羅剎屬於鬼道眾生，據說，女羅剎是世界上最美的；男羅剎則既醜陋，又兇惡，又討人厭。不論男女羅剎，都歸夜叉管。天龍八部第三部就是夜叉，他是一切佛的大護法，你說他是菩薩也可以，鬼王也可以，這就是一個祕密。

佛說《藥師經》的地方與聽眾

釋迦牟尼佛當年周遊列國，到處在教化。這次到了哪裡？到達了「廣嚴城」。廣嚴城的梵語叫毘耶離，在中印度，是最富庶、最安樂的地方，維摩詰居士就住在這個城市。佛說法的地方往往不一樣，對象也有所不同，例如說《楞伽經》在錫蘭島楞伽山頂，是為大菩薩說的，不是一般人能夠聽的，因為沒有足夠的福德，沒有足夠的智慧。

佛說《藥師經》的時候是坐在「樂音樹下」，而不是菩提樹下，這就妙不可言了。這種樹不曉得是哪一種樹，能自然發出清淨音樂的聲音，使人聽了就得清涼。

我們唸《藥師經》的時候就要注意了，這裡所說的樂音樹下，與觀世音

菩薩的觀音法門，有沒有關聯？（有人答有）我不提的話，有沒有去想過？（眾默然）

佛在樂音樹下開講，「與大苾芻眾八千人俱」，這八千人不是常隨眾。如禪宗祖師說的《金剛經》上所提到的千二百五十人是常隨眾，佛去到哪裡，永遠跟到哪裡，如禪宗祖師說的「螞蝗叮上鷺鷥腳，你上天來我上天。」螞蝗是稻田裡一種吸血的蛭蟲，叮在腳上就不容易下來。《藥師經》這裡是八千人，大概徒弟又收了徒弟，很多啦！

「菩薩摩訶薩三萬六千」，這些數字都要注意唷！不是隨便說的，不說三萬五千，也不說三萬七千，而說三萬六千。「及國王大臣、婆羅門居士、天龍八部、人非人等」。人是看得見的，非人，不是人，你看不見的，都在旁邊聽法。

「無量大眾，恭敬圍繞而為說法」。這一段我不講了，我們只作個研究。但是，你們作法師的，將來出去講經，可要詳細的講，千萬不能說，當時老師沒有講，所以我也省略，那就不對了。

文殊菩薩請法

爾時，曼殊室利法王子，承佛威神，從座而起，偏袒一肩，右膝著地，向薄伽梵曲躬合掌。

「曼殊室利」是文殊菩薩的梵文音譯。意譯作妙德、妙首、妙吉祥，謂具不可思議微妙功德。文殊菩薩實際上是七佛之師，我們這個劫數裡的過去現在七個佛都是他的學生，包括釋迦牟尼佛。他在他方國土早已經成佛，因為釋迦牟尼佛在這裡當教主，老師特地來捧場，變成助教站在旁邊，幫忙教化。文殊菩薩在菩薩裡智慧第一，所以稱為佛法的「法王子」。

我們研究佛經，要注意每一本佛經都有一位出來請法的主角。《藥師經》裡出來請法的是代表智慧第一的文殊菩薩。「承佛威神，從座而起，偏袒一肩」，注意，別的經典都是偏袒右肩，對不對？這一本經的翻譯有所不同，「偏袒一肩，右膝著地，向薄伽梵曲躬合掌」。「曲躬」就是身體彎下來鞠躬，「合掌」就是問訊。

「曲躬」這兩個字，文學意境翻譯得很好。佛經上說北俱盧洲有曲躬之樹。我們地球上的人類屬於南贍部洲。北俱盧洲的人，比我們舒服，壽命也長，但是，那邊沒有佛法。因為太舒服了，也不生病，要什麼就有什麼，想吃什麼，一想就有了，不用在大熱天還要加火炒菜。想屙大便時，往地上一蹲，地就裂開了，然後，你怕不好看吧！蹲在曲躬樹下，樹枝馬上彎下來把你蓋住。等你屙完了，心裡想屙完了，地上就冒出水來，把你的屁股洗乾淨，地又自動合攏來，大便看不見了。比我們現代化的生活還舒服，沒有苦難，但是，就是沒有佛法。佛自己發願希望不要生在三災八難的地方，八難中有一難就是這種地方，一輩子又不窮又不苦，又不生病，這是災難唷！太享受太舒服是災難，因為不會想求道，不會想要出離。

講到「曲躬之樹」，中國文字用得真是藝術，把上廁所叫「出躬（恭）」。北俱盧洲的樹怎麼那麼乖？為上廁所的人自動開合，叫「曲躬之樹」，真是妙！

白言：世尊，惟願演說如是相類諸佛名號，及本大願，殊勝功德；令諸聞者業障銷除，為欲利樂像法轉時諸有情故。

文殊師利提出要求，但他並沒有要求佛講《藥師經》。注意！不要嗑！嗑！嗑嗑嗑……輕易唸過去就算了。文殊菩薩提出來「如是相類」，翻成白話就是：這個樣子的形狀。哪個樣子他沒有講。諸佛名號，一切佛的佛號，為什麼叫阿彌陀佛？為什麼叫藥師佛……。

講到這裡想起一個笑話。有一次，有位一個大字不識的鄉下佬，解釋「阿彌陀佛」和大乘《妙法蓮華經》的意思給我聽。他說，「阿彌」是哥哥，「陀」是揹，「佛」是弟弟，哥哥揹著弟弟過河，所以叫「阿彌陀佛」。「大乘」是老闆，「妙法」和「蓮華」都是佣人。大乘這個老闆把房子賣給妙法，妙法看房子老舊不堪，就請蓮華來打掃打掃。蓮華在屋子裡發現一堆黃金，要還給妙法，妙法說房子原是大乘的，黃金也應該是大乘的，大乘則表示誰發現就該屬誰的。結果三個人推來推去，都不要黃金，最後三個人都成佛了，所以叫大乘《妙法蓮華經》。聽完了，我說阿彌陀佛！你這個經講得真好，我總算聽懂了！

我現在講這個笑話，你看文殊菩薩也在出題目，這個題目真難辦，他請佛講每一位佛的名號，以及何以能成就其國土世界的故事。他並沒有指名要講哪一位佛，而是請佛講「如是相類」的佛的名號。

每一位佛之所以能成佛得道，都有他的大願、本願，才能成功。注意！這就是話頭，我們學佛只想「我好」，我好不是大願，那是私心。因為每一位佛都發了他本身特殊的大願，所以成就了他特殊的功德。好比世間做生意的人，有的人喜歡開百貨店，有的人喜歡開米店等等，不一而足，能就自己內行之事，不斷努力發展而有成就。世間法如此，出世求佛道更要如此，先要有他的本願。

我們大家想學佛成佛，想想看，我們的本願是什麼？想利哪一樣？利他嗎？哼！個個都想利我，對我不利就一肚子煩惱，藥師佛給你們藥吃都治不好！

因此文殊菩薩提出，請佛說出「令諸聞者業障銷除」的方法，希望透過這個方法，使一般真正聽到佛法的人，都能因修持其願力而成就。什麼法呢？譬如阿彌陀佛發了四十八願。希望佛把每一位佛發願的故事或原因說給大家聽，使一般聽到佛法的人，業障銷除而能成佛。業障就是業力，它是成道的障礙。業力包括善業和惡業，善業也可能造成障礙。譬如，福報太好了，就不容易發心修道。惡業太重了，當然更是成道的障礙。把善業惡業的障礙都銷除掉了，才可以成佛。

「為欲利樂像法轉時諸有情故」，利是利益，樂是使一切眾生得到安樂。什麼是像法時期呢？佛的肉身還住世時，那是正法時期；佛離開人世，只有經典、佛像留在世間則是像法時期，像我們現在就是像法時期。到了末法時期，《大藏經》和佛像都沒有了，只剩下《阿彌陀經》和阿彌陀佛佛號，以及不相干的密宗存在。所以，密宗愈興旺，末法愈來臨得早。這裡說《藥師經》的大祕密也是大密宗，不過，不是普通密宗的密。

為什麼文殊菩薩在此請法？是為了利樂像法諸有情，說諸佛名號，使眾生得法樂。

諸有情就是眾生，眾生就是有情，凡是有靈性、有感情的生物都叫有情；靈性與情感最重的是人。所以，後世的玄奘法師把眾生翻譯成有情。像樹木植物是有生而無命，不屬於主要有情的範圍。

退回幾十年前，我還在四川大學演講時，講到眾生的問題，有位同學問我：「老師說礦物、植物只有生，而沒有命，那麼含羞草一碰就羞答答地合起來，像女孩子一樣害羞，可見是有感情，應該算是有生命才對。」

你看佛法講經之難吧！大概是諸佛菩薩加庇，剛好前一晚，有位學生物的學生，跟我講到含羞草，它的根根中有水，會往上升，碰到人體的熱能，水就會機械性的下降，使葉片合攏。它是機械性而非靈性，也不是怕羞。因此我答覆他，含羞草的動作是物理的機械性，並非靈性的有情作用。

所以法師說法，要無所不通，大地一切皆是藥，不能只給人吃一味的藥。法師們要特別留意，這是為你們將來出去弘法而講，因此與一般講經有所不同。

燃身供養的真義

我們讀《藥師經》，一定要配合《法華經》的〈藥王菩薩本事品〉，和《維摩經》的〈法供養品〉一起研究，這幾本大經，都是一連串一個系統的關係。

上次講到文殊菩薩向佛提出一個請求：介紹一切佛的名號，及一切佛的本願，以及他所發的願特別的、超人的功德，所謂殊勝功德。文殊菩薩並解釋為什麼要問這個問題，他是為了使未來時代的一切眾生，在聽到佛的名號及大願的內涵時，可以銷除業障，可以利益像法時代的一切有情。

大家信佛、學佛都想銷除業障，也想發願度眾生，但都變成口頭禪，不明白真正的願要怎麼發。現在，佛在《法華經・藥王菩薩本事品》中，講到藥王菩薩的修持與他的願力，其中「燃身供養」的部分，使得東方佛教、中國佛教錯解其真義。幾千年來，許多人真的把自己的肉身燒了，像越南的和尚，還有在我們家鄉的老太太學佛，硬把自己放到火裡面燒。當然，也有功德，但是錯解了佛法，殊不知「燃身供養」的重點並不在此，而是要在修持的實踐上，以三昧真火轉化色身，也就是用地水火風的火大力量來轉化色身，徹底成就一切色身三昧。

所以，藥王菩薩在燃身供養前，就先做好了準備的工作。你就算一身先灌進了香油，天天吃麻油，天天擦香水也沒有用，肉還是臭。這是說修持到了某一境界，我們父母所生之身自然產生香味，到了這個時候，才燃燒身體，燃燒並不是拿火來燒，而是以自身火大的三昧真火的力量，變化這個肉身。

肉身燃燒了多久呢？一千兩百年。你想想看，一個肉身能燃燒一千兩百年嗎？這都是祕密。然後，等到藥王菩薩所供養的日月淨明德佛涅槃以後，收取這尊佛的舍利，有八萬四千顆舍利，每一顆舍利成一個寶塔。他又在寶塔前，燃燒自己兩臂供養，燒了七萬二千年。我們的手臂沾油燒，能燒幾個鐘頭啊？所以經典上所說的都是修持上的大祕密。藥王菩薩以此修持，成就了什麼？徹底成就了「現一切色身三昧」。

東方淨土為何呈現青琉璃色

琉璃世界的問題，上次已提到過。佛經上講到東方有好多尊佛，《維摩經》上講有阿閦佛，佛土也在東方，所謂妙喜世界。藥師如來琉璃淨土也在東方。

為什麼東方世界的淨土呈現青琉璃色？青色是正藍色。

當天氣晴朗，萬里無雲時，為何天空也是藍色的？佛經上有種說法，欲界天有四大天王天，南天王天的天庭玉階顏色是青色的，而我們居住在四大洲的南贍部洲。因此，當陽光普照，空氣明淨時，天空的蔚藍色就是反映了南天王天的天庭玉階的顏色。這是一種附會的說法，如果把它當成究竟的話，那麼同是這個地球上的北俱盧洲、東勝神洲、西牛賀洲的天空顏色都不一樣了。總之，天空的藍色也就是東方淨琉璃光的顏色。

其次，如果以修持道理講，現在許多修外道、密宗、學佛法的，都流行講氣脈；其實真正氣脈通的話，無論開眼閉眼，隨時都在淨琉璃光的藍天色中，修行能到達這個境界，就有點像了。別以為身體上有東西東轉西轉，像老鼠在身上東爬西爬，這裡感覺，那裡感覺的就是氣脈。玩了半天都是玩神經，還不是精神呢！

真正到了時候，十方三世諸大菩薩都要經過這個淨琉璃光世界，都要有藥師佛的加庇才能成就。

目前，佛教經典普及，顯教也好，密教也好，已無所謂奧祕，大家亂講氣脈，亂講工夫，幾乎都走入魔道。如果你們聽了這個佛法最高的奧祕，也去假想藍天，那麼你也入魔道了。呈現淨琉璃藍天色，那是自然的，並非假想而來。

瞭解了這個道理，再看佛所說藥師佛的十二大願，此十二大願與西方阿彌陀佛的四十八願是互通款曲的。真正的佛學、佛法，並非你們所想像的那麼簡單，如果能把阿彌陀如來的四十八大願和藥師如來的十二大願，做一比較研究，就能參出一個道理，為什麼人死後要往生西方極樂世界？為什麼阿彌陀佛的四十八願會成就那樣一個莊嚴的極樂國土？又為什麼東方藥師佛的十二大願會成就琉璃光淨土？

研究佛學，不是懂得一些五蘊、十八界、十二因緣……就能搞通佛學，那根本連影子都沒有，除非在這些大經典上專心一志參究修持，才會有眉目。

唸經有無功德

現在，佛開始答覆文殊菩薩的問題。

爾時世尊讚曼殊室利童子言：善哉！善哉！曼殊室利，汝以大悲勸請我說諸佛名號、本願功德，為拔業障所纏有情，利益安樂像法轉時諸有情故。汝今諦聽，極善思惟，當為汝說。曼殊室利言：唯然，願說，我等樂聞。

這個時候，釋迦牟尼佛讚歎文殊師利菩薩所提的問題。為何稱文殊菩薩為童子呢？凡是一切菩薩，不論在家或出家，老年或少年，男或女，只要證到第八地以上，一律都稱童真菩薩。換句話說，證到八地以上自然返老還童，不受年齡、性別限制。所以有些經典稱「童子菩薩」。

這個時候佛讚歎文殊菩薩說：「善哉！善哉！」好的！好的！你是憐憫眾生，而起大悲心腸，而勸我講出一切佛的名號、功德。一切佛菩薩的名號不是隨便取的，其中含有佛菩薩的勝願和功德在內。

大家注意這個經典，文殊菩薩請佛解釋「一切佛」的名號功德，並沒有說要佛講出「藥師佛」的名號功德，結果佛偏偏要說出藥師佛的名號功德，這是什麼理由？

你們光曉得敲個木魚，不去參究，那有什麼用？唸經要一邊唸一邊參究才是功德無量，否則你唸經與唸石頭沒有兩樣。

被十種業障纏縛

佛說我知道你為什麼要提出這個問題，你是怕一切被業障纏縛的眾生無法成佛。眾生本來是佛，何以不能成佛？因為眾生被業障所纏。究竟是哪一些業障纏繞我們解脫不了呢？歸納起來，有下列十種：

一、無慚：一般人根本不知道慚愧，也就是儒家講的無恥。每個人都覺得自己了不起，難得有一下自己覺得臉紅，那個臉紅是慚，還不是愧。

二、無愧：愧是內心對自己所作所為感到難過，若無這種反省就是無愧。

三、嫉：喜歡吃醋，對他人的長處、學問、道德、成就等等，無時無刻不在嫉妒中。嫉妒心不是女人的專利，也不單是大人才有，男、女、大人、小孩都一樣會有嫉妒心。這種業力的纏縛相當牢固，不易轉化。

四、慳：就是吝嗇，不只是錢財的慳悋，還有對法的慳悋，不肯惠施於他人。

五、悔：悔有什麼不好？悔不是懺悔的悔。我們隨時都在後悔，悔什麼呢？唉呀！當時那個機會我買下來就好了，或者那個時候我整了他就好了，類似這樣的悔特別多，凡是對自己有利而沒有得到，便生悔恨心。

六、眠：就是睡覺。一睡覺，什麼都不知道，這也是業障。

七、昏沉：昏沉就是腦子不清楚，迷迷糊糊，昏頭昏腦，一天到晚顛倒。

八、掉舉：掉舉就是散亂，胡思亂想，東想西想，停不下來。

九、瞋忿：心裡悶悶的，想發脾氣，看到誰都不對，看誰都討厭，整天都在怨天尤人，只有自己好，自己對。

十、覆：做錯了事，想辦法掩飾，這種掩飾非常痛苦，經過了多少年，還要去掩蓋它。心裡不光明，不坦蕩，自己在陰暗中，把光明磊落之心蓋住，所以叫覆。

這就是十纏，以上只是簡單的說，詳細講的話，《百法明門論》所列的五十一種心所的法、心理現象，除了根本煩惱之外，即使偏行、別境、乃至善法，都可能造成業障。

極善思惟

佛說你不是為自己而問，你是為後世眾生著想，為了救拔這些被業障所纏繞的眾生，為了利益安樂像法時代轉法輪時的一切眾生，所以提出來問佛的本願，你現在仔細的聽。

「汝今諦聽，極善思惟，當為汝說。」你聽了之後，還要仔細的參究。你們光是聽過去，唸過去就算了，也不去研究，不去參，不去想，有什麼用？敲個木魚嗑！嗑！嗑！沒有用的。聽了之後，要「極善思惟」，仔細認真的去想，去參究，去思考。「當為汝說」，我會為你講。

為什麼要去想呢？像你們都曉得要修淨土念佛法門，阿彌陀佛的四十八願，你們去想過沒有？從來沒有想吧！對不對？不要覆蓋，不要掩飾自己。你們是不是有想？沒有想，嗯！你總算承認了。

學佛修行的目的何在

你們曉得「本願」是什麼？本願是一個人的發心立志。學佛的第一個念頭發得不對，也就是本願的力量發得不對，後果就永遠不對，所謂差之毫釐，失之千里。譬如說我們要蓋個廟子，你為什麼要蓋廟子，為了修佛求功德蓋廟子，那是凡夫。你說我蓋廟，發心初衷是為了利益一切眾生修持，為後世的眾生作為修持的道場，那是真發願，這個動機就對了。

你為什麼唸經拜佛？有許多人到這裡來學打坐，我說你為了什麼，你先講，不准考慮。我為了身體。好了，為了自己身體好，我也教，但是把他擺在一邊，因為他的目的自私自利，不是為了菩提道業。你說我學這個是為了佛道，自利而後利他，那還可以。在座各位，哪個不是為了自己？有些人則認為我現在還不能度人，先求自度，等將來有能力了再來度人。檢查這種思想看看，全都是自私自利的觀念作祟，如此怎麼成道？如果能的話，我早就成了。

所以，學佛要特別注意一切佛的本願，這才叫學佛。《楞嚴經》說：「因地不真，果招紆曲。」

現在佛就要開始說藥師佛的本願了。文殊菩薩聽了佛的話，就回答說：「唯然，願說，我等樂聞。」是的，請佛現在就說，這是我們最樂意聽的事。

好遠好遠的東方

佛告曼殊室利：東方去此，過十殑伽沙等佛土，有世界名淨琉璃，佛號藥師琉璃光如來、應正等覺、明行圓滿、善逝、世間解、無上士、調御丈夫、天人師、佛、薄伽梵。

佛告訴文殊師利菩薩，從此（當時說法的地點毘耶離城）向東方去，十殑伽沙那麼遙遠的地方，有一佛土世界叫淨琉璃。

「殑伽沙」就是恆河沙，恆河與中國黃河一樣，河裡的沙是數不清的，就是活十萬輩子也算不清。佛這裡把一顆沙比成一個世界，往東經過十條恆河沙子那麼多的世界，好遠好遠，不曉得遠到什麼程度。

我們小時候聽老先生講《三國演義》的故事：曹操八十萬大軍下江南打孫權，諸葛亮和周瑜要抵擋……老先生講到八十萬大軍渡長江，把煙一抽就站起來走了。我們一群孩子跟在他屁股後面，要他繼續講，他說八十萬大軍一個一個過，要過多久啊！慢慢過吧！等八十萬大軍過完了再給你們講。

所以，《藥師經》這句話也要慢慢講，一粒沙子等於一個世界，恆河裡有許多許多數不清的沙，十條恆河的沙子，那有多少沙多少世界啊！要經過那麼遠那麼遠的地方，有一個世界叫「淨琉璃」。這個世界一片光明，晶瑩剔透，那個佛的名號就叫「藥師琉璃光如來」。

佛的十個名號

「如來」是佛的總稱，下面十個名號是依《藥師經》來講的，其他經論開合有所不同，但大同而小異。如果我們把佛的十個名號詳細解釋，要花幾個鐘頭，現在我們只能簡單扼要的解說。

一、「如來」：什麼叫如來？《金剛經》說：「無所從來，亦無所去。」本來就在這裡，佛本來就在你前面，是你自己看不到。

二、「應正等覺」：在這個世界、這個時代，一切有福報的眾生，有因緣得遇佛，經佛現身開示而大澈大悟成正等正覺。

三、「明行圓滿」：又稱「明行足」，什麼叫明行圓滿？不是智慧通達、神通具足所能形容，要透明像琉璃一樣，十方三世無所不知，天上人間無所不曉，一切修行，一切法門，邪門歪道、外道、魔道、正道，無所不知，叫明行圓滿。

四、「善逝」：世間的事過去了，過去的不留痕跡；來了，你也不知道它從哪裡來；去了，你也不知道它去到哪裡。「如來」對「善逝」，是一副很好的對子，來不知其所來，謂之如來；去不知其所去，謂之善逝。

五、「世間解」：解脫了一切世間，不受世間、出世間任何束縛。

六、「無上士」：他是至高無上的大士。

七、「調御丈夫」：他是能夠調伏一切眾生的大丈夫，他更是能調伏自己的大丈夫。

八、「天人師」：他不只是人中之師，也是天中之師，欲界、色界、無色界一切天人之師。

九、「佛」：他是覺者，大澈大悟而又幫助別人開悟的人。

十、「薄伽梵」：薄伽梵是音譯，英文叫 Bhagavat，中譯為世尊。

發願是成佛之因

曼殊室利，彼世尊藥師琉璃光如來本行菩薩道時，發十二大願，令諸有情，所求皆得。

釋迦牟尼佛又繼續告訴文殊菩薩，當藥師如來開始學佛時，發了十二大願。任何一位凡夫眾生都是因地上的菩薩，也是因地上的佛，因為每個人都有資格成菩薩，有資格成佛。藥師佛從凡夫眾生發心修行時，那是他的因；最後他成了佛，成就東方琉璃光世界，那是他的果。這個果從哪裡來？成佛之果由最初發願的動機而來。藥師佛所發的十二大願，總歸一句話，是「令諸有情，所求皆得」，要使所有的眾生所求都能如願。這是當初藥師佛學佛修行的動機。我們也在學佛，發了什麼願？

現在，本師釋迦牟尼佛應文殊菩薩的請求，為後世眾生介紹藥師佛的十二大願。

發願談何容易

第一大願：願我來世得阿耨多羅三藐三菩提時，自身光明，熾然照曜無量無數無邊世界。以三十二大丈夫相、八十隨形，莊嚴其身，令一切有情，如我無異。

平常我們唸經，這些文字都很容易看懂，事實上你真懂了嗎？這裡有兩個問題要留意。第一，表面上看起來，藥師佛發願，好像是為了自己，其實不是。第二，藥師佛所發之願是「願我來世」啊！發願歸發願，要真正做到了這個願力，談何容易啊！必須真去「行」啊！

講到發願，順便講個笑話給你們聽。我有幾個學生對我非常好，多年來在我身旁老師長老師短的，常說要搞個地方請老師講學，弘揚佛法，利益大眾。我說我沒錢沒地方。學生說：「老師啊！等我做生意發了財，買棟房子給老師。」我算一算，一共有十八幢房子，可是我現在一幢也沒有。他們有沒有發財我也不知道，反正我到現在是一幢房子也沒有，我也不想要別人給我買房子。

多數學佛人大願沒有，小願一籮筐，一會兒說這兩天把事情弄完，找個清淨的好地方，放下一切好好修；一會兒又是要吃素……都在那裡自欺欺人，就算給他安頓好了地方，他又這樣不好，那樣不好。發願是很難的，真正的學佛，沒有誠心發願，絕對不會成功，你怎麼學也不成功的。

藥師如來的第一大願，他說將來修成功的時候，他不敢說現在，但是現在就開始向這條路上走。「願我來世得阿耨多羅三藐三菩提時」，大澈大悟以後，注意！悟後正好起修，沒有悟，修個什麼？沒有悟，你也沒有真正的大願。你那個願是什麼願？願吃素，素菜弄得好吃一點，香菇多一點，豆腐多一點，麻油多一點，那不是願，一天到晚都在怨，埋怨的怨。

自身光明　照耀世界

藥師如來願來世大澈大悟，悟後起修，成佛的時候，身體放一切光明，身體像大火一樣，光芒萬丈，照耀無量無邊的世界。

通常我們講「沾光」，同這個「光」意思差不多；可惜我們想沾你一點光都沾不到。走路的時候，說對不起，借個光，給我一點點方便，你都不願意。

這裡講到自身光明照耀一切世界，豈止是藥師佛，所有一切佛都能以自身光明照耀一切世界。這是悟後起修的功用境界，你如果沒有大澈大悟，悟後不起修，就不曉得身光照耀的道理。

藥師如來的第一大願，願自己來世成道的時候，「自身光明，熾然照曜無量無數無邊世界」。此時自身發光，那麼這是哪一種身呢？佛有三身，是法身之光？報身之光？化身之光？

光明照耀，成就一切色身，這是佛的應化身。法身無相，則在常寂光中。

色身成就之後，一定是相好莊嚴，具足三十二相，八十隨形好。例如本師釋迦牟尼佛、阿彌陀佛、藥師琉璃光如來應化世間，都是以三十二大丈夫相、八十隨形好應世。

藥師如來說「令一切有情，如我無異」，每個眾生都有三十二相，八十隨形好，但是，我們怎麼那麼醜啊？我們是具足三十二醜，八十隨形不好，口臭，汗臭，腳臭，隨形樣樣不好，為什麼？因為沒有悟道，沒有修行，自身的光明沒有引發出來。

藥師佛的第一大願，指出一切眾生的自性之光，本來光明清淨。所以禪宗的一位在家居士張拙悟道之後，寫了一首偈子，描述法身光明的情況：

光明寂照遍河沙　凡聖含靈共我家
一念不生全體現　六根纔動被雲遮
斷除煩惱重增病　趣向真如亦是邪
隨順世緣無罣礙　涅槃生死等空花

這裡所說的光是法身常寂光，還須悟後起修，到了成就一切色身以後，應化身的光明又有所不同。

每一位佛都在放光，何以眾生看不見呢？因為被自己的業力蓋住了，所以看不見佛光。等你定慧到了，只要一定，自身光明隨時都可以跟佛的光明相接。你們打起坐來，不管開眼也好，閉眼也好，漆黑一團，對不對？一團烏煙瘴氣，這就證明地獄在你前面。因為你內心污染得厲害，自己的光明被遮蓋住了，佛光想灌都灌不進來。唸佛唸了半天，又沒有願力，只有一肚子的怨，怎麼能見到光呢？

內外明徹

第二大願：願我來世得菩提時，身如琉璃，內外明徹，淨無瑕穢，光明廣大，功德巍巍，身善安住，燄網莊嚴，過於日月；幽冥眾生，悉蒙開曉；隨意所趣，作諸事業。

你想請藥師佛給你醫病，很容易，你走他的願力，就有感應，病就會好，身體就會健康。你看他所發的第二大願，願將來得道成佛，身體像琉璃光體，裡面乾淨，外面光明。內外都是光明，報身（肉身）就成就了。

《法華經》說，父母所生之肉眼也能觀三千世界。成就了真正的天眼通，不需要閉眼，即使張開父母所生之肉眼，看三千世界亦無障礙。佛法必須真修實證，決不是空洞理論。打坐時昏昏沉沉看到東西，那不是天眼通。

藥師佛說，願我來世證得菩提時，此身猶如琉璃，內外透明，透明到乾乾淨淨，沒有一點渣滓，像琉璃體一樣，那自然成就一切色身。此時應化身之色身光明廣大，如果受到佛的身光功德的影響，自然清淨，自然業障銷除。所以說「光明廣大，功德巍巍」。

那麼應化身成就了，身體在哪兒呢？「安住」在「燄網莊嚴」中，色身外之光，像放火燄一樣，身光重重於外，照遍三千大千世界，乃至無量無數世界，超過了太陽與月亮的光明。你說這幻想有多大！其實並非幻想，何況願力本來也可以說是幻想所構成的。

現生修持有所成就的人，定慧到達了，在定境中，自性光明顯現了，太陽月亮之光均無法與之倫比。一位證了道的人在太陽底下入定，或站或坐或臥，太陽的光照射在他肉身上，對他絲毫起不了作用，因為自性光比太陽光強烈，功德威力還要大。

過去，我看過一位真修持的老前輩，大家想開他玩笑，測驗測驗他，大熱天請他穿上棉襖皮袍，中午站在太陽底下曬四個鐘頭，圍著身體，擺四盆火爐。他老人家笑嘻嘻地說：「好嘛！玩就玩嘛！」烤了半天，卻是一滴汗也沒有，而且手掌心還是涼的呢！由此可證明太陽光在他身上起不了作用。

所以學佛修道要真正的修持，不是空話。藥師如來講他本身發光超過了日月，你們看過本身發光沒有？修持的功德圓滿，自然會發光。你們曉不曉得有些眾生本身就會發光的啊？夜裡的螢火蟲，本身發光，對吧！那是業報身的發光，深海中的生物本身也會發光。我們的自性有自性光明，自身也有自身光明。我們常說某某人氣色好，氣色也是肉身上的一種光明，不過凡夫眾生之肉身光明被覆蓋了，所現出的光像棺材上的油漆，烏漆抹黑的。所以，真正修行到了，光明自然顯現出來。

在藥師佛的第二大願裡，他說：「幽冥眾生，悉蒙開曉；隨意所趣，作諸事業。」幽冥中的眾生，那些看不見的，在陰暗中的另一度空間的眾生，像鬼道地獄眾生，永遠在陰暗中。他說這些眾生因為我的緣故，悉蒙開曉，都解脫了痛苦，都解脫了煩惱，智慧開了，罪業輕了，可以隨他們的意願，做自己要做的事，因為藥師佛的光明成就加庇他，照到他。

如果與西方極樂世界阿彌陀佛的四十八大願相比，阿彌陀佛也有他的本願構成西方國土。西方國土是你這一生尚未成就的時候，你到他那國土裡，阿彌陀佛加庇你成就。而東方藥師佛則一開始就暗示你，要你就在東方「即身成就」。

我們仔細研究《藥師經》的文化，其實就是東方文化，尤其與中國儒家、道家的思想文化，基本上是相通的。因此之故，《藥師經》一傳到中國，便與儒、道思想一拍即合。

受用無盡

接下來看第三大願。

第三大願：願我來世得菩提時，以無量無邊智慧方便，令諸有情皆得無盡所受用物，莫令眾生有所乏少。

他第三條大願怎麼講？希望我將來成佛時，能用很多很多無量無邊的智慧，很多很多無量無數的方法、學識、能力等，使這個世界一切眾生在物質上沒有缺乏，永遠有衣服穿，有飯吃，生病了有藥醫，沒有貧窮，沒有苦惱。

這條大願也是人類所追求、所希望的。但人類很自私，只希望「人類」能如此，並不希望「一切眾生」得到同樣的滿足和享受。佛則願世界人類及一切眾生都能得到安樂。這又與中國文化《易經》的道理相同。《易經・繫辭傳》說：「夫易，開物成務，冒天下之道，如斯而已者也。是故聖人以通天下之志，以定天下之業，以斷天下之疑。」

「開物」是用無盡的智慧和方便，開發所有的一切；「成務」即完成眾生需要的事務；「冒」是覆蓋之意。用我們的聰明、能力，使物質被精神所運用、支配，而令眾生得利益。「通天下之志」就是發願，發大願，願一切眾生得安樂。「以定天下之業」，這是願力與行的成就。「以斷天下之疑」，就是證到了那個境界。得了「根本智」之後，又進修各種的「差別智」，用佛家的話來說，是法門無量誓願學，學了之後，回饋社會。用儒家的話來說，也就是所謂的「一事不知，儒者之恥。」

所以說：「東方有聖人出焉，西方有聖人出焉，此心同，此理同。」聖人所發的大願，普天之下都相同。把藥師佛的大願與中國文化相比較，更能證明十方三世也都有佛。

改邪歸正

現在看第四條大願。

第四大願：願我來世得菩提時，若諸有情行邪道者，悉令安住菩提道中；若行聲聞、獨覺乘者，皆以大乘而安立之。

這一條願講什麼？如果世界上有人思想偏差，行邪道，我都使其改邪歸正，「安住菩提道中」。

邪道多得很，釋迦牟尼佛在世的時候，有九十六種，而且這些外道們大部分是吃素的，外道們都很注意吃素啊！但是我沒有提倡吃葷啊！不要聽錯了。九十六種外道有拜火的，有畫符的，有唸咒的，有扶鸞的，各式各樣，一下子介紹不完。如果你要聽，那要另外開一門課了，而且要講好幾年。每一種外道都有他的哲學理論，不是沒有學理的啊！也有他的修持方法，例如瑜珈術和婆羅門教都是外道。

講起外道，那可嚴重了，連聲聞、緣覺還都是外道，聲聞緣覺是羅漢喔！得了羅漢果的辟支佛還是外道。這不只是《藥師經》這麼講，《楞嚴經》上，很多經典上都有。真正的佛法如何辨別？你以為打坐好，工夫好，又會看光，又會教你唸咒子，嗡隆嗡隆，又會手上玩花樣，那個叫作手印，那我可以玩三百個手印給你看，這樣是一個，這樣翻過來又是一個，這樣又是一個，你們認得不認得？不是騙你唷！這都是密宗的手印，這樣是一個，這樣又是一個，那叫道啊？那是拿指頭在玩花樣。但是，有沒有道理？有道理的啊！不是沒有道理。這些是佛法的皮毛，雖然有道理，但不是菩提道。

所以，佛告訴你，眾生走錯了路，沒有證得菩提，即使到了聲聞緣覺境界，走小乘的境界，也非究竟。《楞嚴經》上講，聲聞緣覺現前縱得九次第定，「內守幽閒，猶為法塵分別影事」。四禪八定，九次第定都完成了，一念清淨，空空洞洞地定在那裡，心念不敢亂動，這樣還是外道，屬於法塵分別影事，還沒有證得菩提。

你看藥師佛的大願，這不是真正的東方文化嗎？毫釐不差。不但是地道的中國文化思想，而且，還是由釋迦牟尼佛介紹出來的呢！

沒有發願　不能成佛

關於《藥師經》，各位要注意一個重點：佛說東方琉璃世界藥師如來在發願修行時，他的願力構成了願行，行就是行為，願心實踐成願行，也就是由意識修持成為力量，然後形成一個依附國土。所以，沒有願心、願行，一切免談！

現在講藥師佛開始發願的果中之因，成佛而形成佛國是果位。為何能成佛？必須要以願心為第一動因，這點是號稱學佛者要特別注意的，我一再強調，如果沒有依照佛法修持，沒有發這個願心，一切都是「夢幻空花」，毫無用處，猶如白居易的詩：「空花豈得兼求果，陽焰如何更覓魚。」

這是學佛者要特別警惕自己的重點，否則不但玩弄了自己，也玩弄了別人，玩弄了這個世界。尤其在中國的佛法，一千多年來受了大乘思想和不正確的禪宗見解的影響。此話要特別注意，並不是禪宗不正確，而是一般人所學的是不正確的禪，致使多數人都走錯了路。一般人學佛，沒有真正的願力，只想空掉妄念，但是，你空得了妄念嗎？永遠空不了；即使空得了，那也不過是意識上另外一個境界，把意識造成一個比較相似於空的境界而已。所以，大家對真正的佛法認識不清，理既不通，事又證不到。盲修瞎煉的人，成千成萬的就那麼去了，所以學佛首先一定要真正的發願。

我們要曉得「引滿能招業力牽」，發願是意識境界啊！意識要空，沒有錯，但意識不是你去空它，而是它來空你的啊！誰能空得了意識？你那個想空的念頭就是意識，所以是意識來空你。事實上，意識也不是空，它本來「非空非有」，本來「即空即有」。所以要大家把佛法的法相、唯識部分研究透徹，道理就在此。一切學佛修行都是意識的真正成就，當然，成就之後就不是凡夫分別心的意識境界了。

玄奘法師在《八識規矩頌》中，說第六意識是：「引滿能招業力牽」，業力好比弓箭一樣，弓拉滿了就發射出去受果報。如果對這句話只做片面解釋，那是凡夫境界，一般人沒有慧力，又不好學深思，對「引滿能招業力牽」的理解就不徹底、不究竟。換句話說，業包括了善、惡、無記業，你發善心的願力修持滿了，就是善的成佛的業力，屬於善業成就，那就福德圓滿、智慧圓滿，這也就是「引滿能招業力牽」。

像我們大家這樣的學佛，如果沒有融會貫通的理解，結果是一無所成，不但世間法無用，出世法也無用，變成一個無用的人。這樣只學成了兩件事：一個就是懶，越學越懶，不勤勞，不用心，懶的果報是什麼？那就不必問了，生物中最懶的動物是什麼？踢它一腳都懶得動。另一樣就是我慢，愈學愈覺得自己了不起，不知自己是什麼。所以研究藥師佛的大願，不要忘記這點。

另外還有一點要記住的是：藥師佛的十二大願與東方文化，尤其是中國文化，及世界人類的文化，有著極為密切的關係。再三提醒你們注意，這十二大願要與阿彌陀佛的四十八願作比較研究，在座各位有幾人去研究？只喜歡聽，聽過就算了，這也不是正確的學佛心態。自己不下工夫思惟、研究，這樣很糟糕，很危險！我是「言者諄諄」都說完了，如果你是「聽者藐藐」，那是你的事了，與我無關。

修清淨梵行

現在繼續藥師佛修因地菩薩行時所發的第五大願：

第五大願：願我來世得菩提時，若有無量無邊有情，於我法中，修行梵行，一切皆令得不缺戒，具三聚戒；設有毀犯，聞我名已，還得清淨，不墮惡趣。

此願簡單的說，希望來世證得佛果的時候，這個世界上所有眾生沒有什麼不道德的行為，假定有人在道德方面有一點遺憾的行為，只要聽到或想到藥師佛這個名號的內涵，包含的意義，就可重新獲得清淨。清淨很難，我們心裡總是不清淨。得清淨便能不墮惡趣：地獄、餓鬼、畜生道。

這是先說明它的大意，現在我們研究經典上的原文。

藥師佛說，希望我將來成佛證得菩提時，這個世界上所有無量數無邊數有情眾生，在我這個法門中修持梵行。「我法」有兩重意義：廣泛來說，「我法」就概括了一切佛的佛法；狹義一點說：「我法」就是指藥師如來的法門。

在藥師如來琉璃光世界修什麼法門？又怎麼修？修些什麼？「修行梵行」，就是修習自己的行為變成梵行。

何謂「梵行」？就是清淨行，究竟的清淨，沒有一點渣滓，沒有一點瑕疵。絕對清淨莊嚴之行謂之梵行。

所以初禪三天叫梵眾天、梵輔天、大梵天。大梵天主是初禪天的天主。修成梵天之行，然後證得不還果、阿羅漢果，永遠不墮入欲界、色界、無色界，這個叫清淨梵行。

因此要想學佛，換句話說，想修藥師如來的法門，隨時要修一切清淨梵行。自己內心不修清淨梵行，光想唸一聲「南無消災延壽藥師佛」，就算藥師佛想替你消災，你也得不到感應，因為你心裡有如莊子所說的「夫子猶有蓬之心也夫」，亂草一堆，琉璃光想進都進不來，你的心裡被亂草般的煩惱塞住了，得不到加庇。

所以藥師佛說，假使有人在他的法門中努力修持梵行，受到他的願力的影響和願力的感應，戒律方面就容易清淨，不會有缺漏。何以稱嚴持戒律為「不缺戒」？通常講戒律有持戒、犯戒、破戒等名稱，詳細講還有許多觀念。一般學佛很少聽到「不缺戒」這個名辭，什麼叫不缺戒呢？不缺戒就是戒行清淨，沒有甚麼缺陷，太虛法師的註解有解說。

認識戒律

守戒等於保護自己的身心，使身心兩方面永遠是充實的、圓滿的，沒有缺失、漏洞。《大智度論》比喻守戒有如乘坐一個空氣袋渡海到彼岸，這個空氣袋不能有一點缺漏，若有一點點的破洞，水就會灌進來而沉沒下去，到不了彼岸。這個比喻十分恰當，同時也點出了修行的工夫和道理。一個修行人犯戒後，身心有了缺漏，精氣神都受影響，不夠清淨圓滿，永遠到不了彼岸。所以藥師如來願一切眾生在他的法門中修行，達到毫無缺漏。

所有佛法的戒律有一統稱叫「三聚戒」，也可以說是分成三大類，三個要點。聚是累積之意，積功累德，我們的功德是一點一滴累積而成，好比做生意賺錢，是一分一釐慢慢累積成很多錢。修行也是慢慢一點一滴累積善行，功德方能圓滿，這是「聚」的道理。

哪三種聚戒呢？

（1）攝律儀戒

（2）攝一切善法戒

（3）饒益一切有情戒

一般人學佛受五戒，乃至受八關齋戒或出家受沙彌、沙彌尼戒、及至登壇受比丘、比丘尼戒等，比丘、比丘尼戒在戒律上屬於「別解脫戒」，是特別的戒。別解脫戒是只求解脫這個世間，沒有更進一步去成就這個世間。換句話說，只求自己跳出這個世間，沒有想要改造、圓滿這個世間。別解脫戒屬於攝律儀戒。攝是包括的意思，律是道德規範，儀是修道的端正威儀，也就是儒家孔子所說：「非禮勿視，非禮勿聽，非禮勿言，非禮勿動。」這些都屬三聚戒中的攝律儀戒。

菩薩道大乘戒的一部分也屬攝律儀戒。然而攝律儀戒守得好只能說成就了「一聚戒」，累積此一種戒律而得的成果，其最高成就僅是梵行清淨，尚非「攝一切善法」。要達到攝一切善法戒非常難，換句話說，戒律有許多是消極的、防避的；攝一切善法戒則是積極的，利他利世的。

何謂「攝一切善法戒」？簡單明瞭地說，就是大家都曉得的「諸惡莫作，眾善奉行」八個字。「諸惡莫作」是攝律儀戒，「眾善奉行」是攝一切善法戒。這兩句話是佛學的重點，也是中國文化的重點，其所涵蓋的意義誰都知道，但是誰都做不到。

禪宗有一則公案，唐代有一位連法名也不用的禪師，在山上一棵大樹上造了一個像鳥窩的蓬子，自己住在這蓬裡，人稱「鳥窠禪師」。白居易在杭州做刺史時，聽說有這麼一號人物，便前往參訪，白居易看鳥窠禪師住在樹上，十分擔心地說：「師父啊！下面是萬丈懸崖，你住在這裡多危險啊！」鳥窠禪師說：「我一點也不危險，我看你才危險！」白居易覺得奇怪，問說：「弟子位鎮江山，何險之有？」職位比現在的市長威風得多，哪有什麼危險？鳥窠禪師說了兩句話：「薪火相交，識性不停。」其實人人都是如此，心裡妄念像一把火一樣在煎，心裡的思想、情緒、業力停不了。白居易到底是學問好、修養高，馬上跪下來皈依鳥窠禪師，並且問師父怎麼修行？請求師父傳法。禪師說：「諸惡莫作，眾善奉行。」白居易說這是三歲小孩都知道的話。鳥窠禪師說：「三歲孩兒雖道得，八十老翁行不得。」

知道而做不到有什麼用？如果做到了就是「攝一切善法戒」。攝善法戒是行一切功德，但是還不夠，必須更擴大地饒益一切眾生，亦即成就他人而行菩薩戒。

天下一切眾生沒有不自私的，所以永遠成不了菩薩，也成不了佛。只求利益一切眾生，不求利己，才是真正的菩薩，做到「饒益一切有情戒」才能成佛。

饒益一切有情戒更是難辦，實際上一個真正學佛的人，非發願饒益一切有情不可。你看藥師佛的十二大願，都是利益一切有情，而不是利益自己，因此他成就得特別快。

有許多學佛、打坐或修道的人常常跟我說：「老師啊！我都沒有什麼進步。」唉呀！憑你那種行為、心性，想要進步？如果有進步，那真是無佛理、無天理了！一切為自己，自私自利，那你進步了，我怎麼辦？他又怎麼辦？

所以你不要問為什麼沒有進步，沒有成就，為什麼作人做事有那麼多困擾？先問你自己發心、發願了沒有？做了幾件好事？

三聚戒包含了以上所說那麼多的意義，要想做到三聚戒不缺，談何容易？那麼究竟容易不容易呢？上面有一句話可供你參考，修行一切清淨之行——梵行。

唸佛的心態

接下來是佛的慈悲。

「設有毀犯，聞我名已，還得清淨，不墮惡趣」。「設」，就是現在白話文——假使。我成佛的時候，在我的佛土中，假使有人犯了這些戒行，只要一聽到我的名號——藥師琉璃光如來，便會獲得清淨。

當我們一唸「藥師琉璃光如來」的名號，自私心就來了，心想他大概會送點藥給我吃吃；再唸「消災延壽藥師佛」那可樂了！又來給我們消災，又給我們延壽，又給我們藥吃，最後還讓我們發財，對不對？如果以這種心情唸，不知道靈不靈？莊子說：「夫子猶有蓬之心也夫。」琉璃光明怎麼進得來？並非他不進來，好比普照大地的陽光，並非陽光不照你，是我們自己擋住了光明。《拍案驚奇》的作者凌濛初有兩句詩說得好：「本待將心向明月，誰知明月照溝渠。」

所以要看清楚，「聞我名已」，不是聽人家唸，聞的下面是思、修慧。觀音法門從聞思修入三摩地。聽了這個道理以及佛的願力後，要用心思惟，要去研究。一般人大多在迷信中學佛，唸佛有三種心態：

（1）依賴心：好像唸了一萬聲佛，佛就欠了你似的。

（2）功利心：哼！我佛都唸了，結果還是沒有效果，你說氣不氣人？這是功利主義。

（3）糊塗心：只曉得唸，腦子也不思考，不知道佛號所包含的意義。

佛法並沒有禁止你思考，處處都叫你正思惟修，否則就是迷信。

然而佛法絕對不是迷信，何以不是迷信？因為任何一個法門的修持都是從「聞，思，修」而證得菩提。所以，我們看佛經，文字往往很容易懂，不要因為文字太容易懂，就不去思惟。人都有惰性，吃飽了飯就懶得用心，不喜歡用腦子，還以為自己瞭解了呢！

其實，再進一層，聽到「藥師琉璃光如來」的名號，何以能夠使我們煩惱、染污的心還得清淨？如果你修持到，你的心光、性光與藥師佛的心光相感應，自心還到自性的光明中，那是最大的大藥，這個藥是不死之大藥，所以藥師如來是修長壽法。

西藏密宗的修法很有意思，很有趣，也很有深意。他傳你修破瓦法的時候，一定同時傳你修長壽法，不死之法。因為光修破瓦法，很容易走掉，同時修藥師琉璃光如來的長壽法，你才可以留形住世，等到要走的時候，灑然而去。因此阿彌陀佛修法一定要配合藥師佛法合修。

事實上，東方琉璃光世界與西方極樂世界是相通的，這個道理在《法華經》《維摩經》都已經講得非常清楚。再說，真到了願力修持成就——怎麼叫成就啊？「還得清淨」時，梵行成就，念得一念回機，得到清淨，你的心光自然與十方三世一切諸佛光光相接。藥師如來就是光，不過不是世間的光。

藥師如來的願力使一切眾生不至於犯戒，也就是沒有一個眾生不道德，因此也不會墮落在惡道；惡道眾生都因為不道德而墮落進去。此道德之標準包含內容廣泛，那就是「三聚戒」。

看了藥師佛的第五大願，是否想到它與中國文化的「改過遷善」和《論語》「過則勿憚改」的道理完全一樣？這又證明《藥師經》與東方文化的關係密切。

色身下劣　諸根不具

第六大願：願我來世得菩提時，若諸有情，其身下劣，諸根不具，醜陋頑愚，盲聾瘖瘂，攣躄背僂，白癩癲狂，種種病苦；聞我名已，一切皆得端正黠慧，諸根完具，無諸疾苦。

第六大願是藥師佛十二大願的中心。他說將來成佛時，一切眾生身體下劣的，若能聽到我的名號，便能得毫無缺陷的端正色身。下劣之身，即身體是下等品質，像我也是，身體瘦瘦小小的不壯碩。什麼樣的色身不下劣？佛的丈六金身，三十二相，八十種隨形好，大概幾千年才出一個——佛的相好莊嚴。等而下之，一切眾生的身體，都不圓滿。更可憐的眾生，是「諸根不具」，這個世界充滿了這種人。

這一代青年在台灣二十幾年來，沒有看過苦，更沒有吃過苦。請問台北市郊有個痲瘋病院，幾個人去過？你去看看！那就可以看到病苦。殘障病院誰去過？有些學佛的人說不要去管他，那是業障，沒有辦法，這是學佛人講的話？我聽了心裡就打顫，說這個話真是，果報不可思議啊！學佛的有幾個人去照顧這些地方？恐怕有人不服，說有啊！唔！當然有，坐在那裡觀想，玩手印，大慈大悲啊！一切眾生都好啊！自己又不費力氣，隨便觀想一下，實際行為一點都沒有做到，有什麼用？

這個世界上諸根不具的人太多了，諸根不只六根，身體有缺陷的都叫諸根不具，有些人是明缺陷，有些人是暗缺陷。以佛眼來看，在座各位沒有一個人的身體是絕對健康的。毫無缺陷的人才稱得上諸根具足。譬如戴眼鏡是眼根不具，鑲了假牙是口根不具，頭腦不夠聰明是腦根不夠利，不夠利就是笨；笨得和某些眾生差不多，只是稍微好一點而已。

「諸根不具」是這個世界的眾生非常痛苦的事，所以許多醫師，和研究醫藥的人，莫不朝著改善諸根的方向努力。中國讀書人發願立志：「不為良相，便為良醫」，不作一個救人救世的帝王將相，就作一個能救人病苦的好醫生。這是中國知識分子讀書立志所發的第一大願。

宋朝范仲淹就將此語奉為一生讀書立志的圭臬，所以他醫學研究得很精深，不過一輩子沒有用上，後來出將入相，成為良相。當然啦！現代的青年也發這個願，不為「亮相」即為「晾衣」，不到社會上亮亮相，就在那裡作個晾衣服的架子，那就很糟糕了。

我們這個世界的眾生很可憐，色身多半下劣，諸根不具足，因此很醜陋。最莊嚴美麗的是佛，佛的相好莊嚴無等倫。其他凡夫眾生能得相好莊嚴的也不是偶然，均有其因果。譬如以香花供養佛的人，他生來世會得相好莊嚴的果報。此外，能把一個環境弄得乾淨清爽給別人使用，也等於是供養佛的香花，他生來世不會變醜陋之身。所以，能得「相好莊嚴」那是積功累德修一切善法的結果。

「醜陋」是諸根不具之一種。以佛法看眾生，醜陋就是病態，另外還有

「頑、愚、盲、聾、瘖瘂、攣、躄、背、僂、白癩、癲狂」等種種病，都是很痛苦的病態。

「頑」，冥頑不靈，自以為是，怎麼教都點不通。「愚」，思想癡騃，沒有智慧，笨蛋，笨得不得了，腦根不具足。「盲」，眼睛看不見。「聾」，耳朵聽不著。「瘖瘂」，聲帶有問題，說不出話，也就是啞吧。「攣」，兩手彎曲不直，不能自由伸張。「躄」，跛足。有些半身不遂，會有這種後遺症。「背」，彎腰駝背，背彎起來。「僂」，比駝背更嚴重，腰桿都直不起來了。現在比較少見，老一輩朋友中有。「白癩」，皮膚病。「癲狂」，精神病。

以上所說的病苦，大多就外形而言，人類的病痛有無數種，多得很。在座諸位都以為自己很健康，其實都在病中。

藥師佛願這些受病苦折磨的人，聽到他的名號，一心虔誠唸誦修行藥師如來法門，都能得到「端正黠慧」。人生最難得的就是這四個字，形體端正，頭腦聰明。有人聰明而不端正，有人端正卻不聰明；既聰明又端正是修很多善行的福報而來。端正聰明已經不錯，為何又加一句「諸根完具」？因為諸根完具很難，很多人外表看起來很端正，但是，卻有些暗病只有自己知道，絕對完全健康的幾乎沒有。

這一時代的眾生，眼睛的果報很壞，雖然沒有瞎，卻得靠玻璃生活；不架上一副玻璃鏡，對面不相識，這個滋味不好受。這個時代物質文明的果報愈來愈好，眾生果報卻愈來愈差。依報是莊嚴，正報卻完了；物質文明是依報，自己色身是正報。正報的福報薄了，仰賴依報而活，很可憐！這叫作「其身下劣」。所以，藥師佛憐憫後世一切眾生，發願成佛時，在他的佛光普照之下，一切眾生沒有病苦。脫離生老病死苦是人類最不容易求得的，學佛修道的人都想跳出生老病死苦的圈子，但有幾個人能真正跳出？這就要好好研究藥師如來的道理了，尤其發心學佛修行，乃至發心學醫的，隨時要修持藥師如來法門。

傳你們一個藥師如來的手印，配合唸藥師如來名號或咒語，就很靈驗。以左右手八指右壓左相叉，入掌令合握拳，以二大指并平伸，壓右食指側中節上，勿使頭屈。

經典上有藥師如來的咒語，或唸「南無消災延壽藥師佛」或「南無藥師琉璃光如來」名號都可以，最好都要結這個手印。

假如依密宗修法，那你們每個人都欠我很多錢，必須拿大紅包供養，還得把善知識供養得高興才傳你修法，供養得不高興就不傳。學密宗很難，要種種供養，種種磕頭才行，哪像我那麼輕易傳給你們，因此「莫將容易得，便作等閒看」。先告訴你們手印，誠誠懇懇地去祈求、去唸。放掉手印時，要把手印舉到頭頂上散開。

東方人為何多災多難

你看藥師佛的第六大願，與中國文化儒家思想，《禮記・禮運篇》大同世界的思想差不多一模一樣。宋朝大儒張橫渠（張載），在其名著《西銘》就說到：「凡天下疲癃殘疾、惸獨鰥寡，皆吾兄弟之顛連而無告者也。」天下老病殘疾的人，無兄無弟，無兒無女，或者孤寡的人，我都愛護他們如自己的兄弟，如自己的親人。中國文化儒家思想本來如此，你說這是東方文化的特點，那就錯了，凡是人類都有此心，西方人也一樣；西方人對社會福利及慈善事業做得比我們認真踏實。

所以，我們就要研究為什麼十七、八世紀以來，東方人的命運和國家民族的命運會那麼苦？西方人命運也苦，但比我們好得多了。

研究西方文化思想，從十七、八世紀後，社會思想的發展來看，西方在社會慈善、福利事業方面做的比我們多。東方人理想陳義很高，但是東方民族自私自利的心特別大，對群眾社會的利益毫不顧及，沒有公德心，不愛人；都要求別人愛我，我不愛別人；理論上講我愛人人，那是講給別人聽的，實際上都希望別人愛我，我不愛別人。

所以，依我看東西方這幾百年社會的結構，與文化思想的形態，一個是真正實行了慈悲愛人之心，一個則拚命講理論，實際上慈悲愛人利物之心非常差。這是我看歷史，看社會，再看個人，積五十餘年之經驗所深深體會到的，實可謂痛哭流涕者也。沒有辦法，這個民族的慘報還要受下去。這裡就可瞭解發願之重要，同時願還要變成行動。

眾病逼切　貧苦無依

第七大願：願我來世得菩提時，若諸有情，眾病逼切，無救無歸，無醫無藥，無親無家，貧窮多苦；我之名號，一經其耳，眾病悉除，身心安樂，家屬資具，悉皆豐足，乃至證得無上菩提。

第六大願有兩個重點，前面已經說了一個，第二個重點與第七大願有關，而且是相連的。

佛說世界上有這種病苦的人，只要唸到我的名號，都會得救。你去試試看，唸了那麼久，也不來一顆藥給你吃，你也沒有得救啊！對不對？

基督教《新約聖經》說到許多麻瘋病患者一看到耶穌，就拉著他的衣服不放，耶穌只是摸了患者一下，麻瘋病立即就好了。當病人來謝耶穌時，耶穌說：不要感謝我，我沒有救你，是你自己救了你。

唸藥師佛的道理與耶穌摸痲瘋病人的道理一樣，你生病求佛沒有感應，是你自己沒有救自己，沒有真懂藥師佛的道理，真懂了立刻有感應。你唸佛不是以清淨梵行之心去求，而是以妄想多慾之心、愚頑癡騃之心去求，所以藥師如來的光永遠不會與你相接。

那麼怎麼樣才能得感應？有一套修法，自古以來也有人修成：用一只空罐子依法修持，修久了以後，罐子裡就會有一顆藥；這顆藥永遠拿不完，治百病都是用這一顆藥。

過去在大陸有一位學佛的醫生朋友，我曉得他開的每一副藥裡都有他修得的這顆藥，有時我開他玩笑說：吃你的藥很麻煩，乾脆把你修的那個罐子給我好了。這就同賣糍粑的老太婆要呂純陽那隻「點鐵成金」的指頭一樣。

修藥師佛法門要先修光明。平常教你們修光明，你們不懂，而且被自己的業力擋住了，在那裡莫名其妙修，修來修去依然還是眾生。

藥師佛的第七大願是為一切被眾病苦逼切，「無救無歸，無醫無藥，無親無家，貧窮多苦」的有情眾生而發。

記得當年我在峨嵋山閱《大藏經》，看到這段經文看不下去了，不去觀想卻自然觀起來了，由自己的親戚朋友開始想起，想到世界上所有的人都在這個境界上，被「眾病逼切，無救無歸」。尤其當時在戰亂中，我親眼看到許多人無救無歸，不管窮也好、病也好，「無親無家」，沒個歸依處，世界茫茫何處是兒家？自己本身都有這種「何處是兒家」的感受。常常唸古人的詩：「早是有家歸未得，杜鵑休向耳邊啼。」

世界上處處充滿了無救無歸的人，在病苦中無醫無藥的人更是不計其數。像你們現在，我那兩個抽屜裡中藥、西藥一大堆，你們大病小病都來拿藥，也不曉得多少錢，每次拿，少說也要好幾百塊，反正有的是藥，你們多有福報啊！

「無醫無藥」的情況我本身就經歷過。我曾經有連打三年擺子的紀錄，白天打擺子，一陣冷、一陣熱，要歷經好幾個鐘頭，夜晚還要工作。無醫無藥，骨瘦如柴，如此過了三年。那時白天走路都不覺得是腳在走，覺得頭在下面走，人都變顛倒了。

我經常對青年朋友說，你們懂得什麼人生？你們太享福，都墮落了。那個時候，我隨時想到下一步可能就會死在路邊，算不定被狗分屍拖去吃了，算不定有個好心人看到，弄點泥巴把自己給埋了，算不定……算不定……下面有很多的算不定，一邊走一邊想，可能下一步咚一下，就那麼倒下去，「求仁得仁復何怨，老死何妨死路旁。」很坦然，沒有悲哀，也沒有難過。

「無救無歸，無醫無藥，無親無家」，看了這些經文應該想到自己所得的太多了，這個福報享完了很可怕的。

許多人「貧窮多苦」，貧窮以外還有許多痛苦的事。這句話不要看成「貧窮有多苦？」那就把意思看差了。

「我之名號，一經其耳」，只要聽過藥師琉璃光如來、南無消災延壽藥師佛，「眾病悉除，身心安樂」，病就消除了，身心亦得安樂。這是什麼道理？

拜佛心理

「消災延壽」是後來中國人加上的，又要消災又要延壽，好比吃飽了還要帶點走，以如此心情唸佛，你看佛有多忙啊！又給你消災，又給你延壽，可見這些人信佛有多貪啊！我看到就煩！十塊錢買幾根香蕉，五塊錢買一包香，到廟裡又拜又燒，求了半天，香蕉供完了還帶回家給孩子吃，又要發財，又要平安，要這個要那個的。所以我一輩子發願不作菩薩，菩薩忙死了，那個燒香的煙薰一天，臉都薰黑了。那些東求西求的人把廟裡搞得烏煙瘴氣，最後香蕉也不給吃，豆腐拜完了也要端走，然後要求的事情之多啊！消災、免難、發財……多啦！你說眾生有如此多的慾望，怎麼會成佛？

學佛發願是利他，而不是要求別人給予。佛發願利益眾生，結果卻往往引起眾生更大的貪慾，你看這句：「家屬資具，悉皆豐足」，佛很可愛，他說，只要聽過他的名號，求他，使你家中的人，包括外孫、外公、外婆、外甥、外外外……家屬統統發財。資具是幫助你生活的錢和物質，沒有家具給你家具，沒有摩托車給你摩托車，沒有汽車給你汽車，什麼家具都來了，皆豐足充滿。這還不算數，藥師如來的第七大願真是可愛，所以我願意皈依藥師如來，只要唸了他，又發財，又不生病，樣樣都有，還不是普通的有，都變成大資本家，「悉皆豐足」；然後成佛，「乃至證得無上菩提」。這個一本萬利的生意還不做啊？你不相信去唸唸看！你不要搖頭，你幾時唸過？什麼叫唸佛？連影子都不懂，真唸到琉璃光的境界，就來了。不過到那時來了，你也都布施出去了，因為你也會有與藥師佛一樣的願力。

「一經其耳」，包含觀世音耳根圓通的修法：「反聞聞自性，性成無上道」，這是《楞嚴經》所講觀世音菩薩聞思修的法門。「反聞聞自性」，一邊唸藥師佛，一邊反聞能唸所唸，聽自己唸佛的聲音。「初於聞中，入流亡所」，自己每一個心念、佛號，一字一句清清楚楚，中間沒有一點雜念，自己聽到自己內在的聲音，入到法性之流，「亡所」，忘記所念，念而無念，無念而念。你看看那個時候有沒有感應？

你們在這裡當學生的，一天到晚「唉呀！老師早，老師好，老師不得了。」我聽到就煩。上面所說唸佛的道理，我的書上提過，在哪一本書？你們說，「我都看過老師的書」，我看是老師的書看過你們，講下去就說「我慚愧」，我比你更慚愧！

注意啊！第七大願的重點，唸藥師佛名號不是他沒有感應，是你自己沒唸好，如果唸到藥師琉璃光境界，你自性光中，父母所生之肉身的大藥就產生了。這在道家、密宗是求之不得的，叫「天元丹」，是從虛無中自然而來。藥師如來從虛無中自然而來，大藥自然產生。你會說：「我唸過啊！」你當然唸過，偶然替人家唸唸，敲敲木魚。你曉得你在打什麼妄想？不但唸不好，唸了還有罪過。所以要真了解藥師法門的修法。

轉女成男

第八大願：願我來世得菩提時，若有女人，為女百惡之所逼惱，極生厭離，願捨女身；聞我名已，一切皆得轉女成男，具丈夫相，乃至證得無上菩提。

開刀都不需要開。現在男轉女，女轉男還需要動變性手術。藥師佛第八大願特別為女性而發，與觀世音菩薩一樣大慈大悲。觀世音菩薩同情女性，在東方的化身喜歡現女身。女性有什麼錯？女性並沒有錯。我還有個朋友發願生生世世做女性呢！但有兩個條件，第一不會有月經，是觀音身；第二不會生孩子，而且要世界上每個男人、女人看到她就要作媒。這個朋友胡言亂語開玩笑發這種願。我說願不能隨便發，這個願發不得，除非證得菩提。

然而，如果真發此願可以嗎？當然也行，你看藥師如來的第八大願就是說他成佛時，假使有女人不願作女人，可轉女成男，但是如果有女性不願轉女成男的話，那就讓她去也沒有關係，不勉強。

「為女百惡」很難解釋，《法華經・提婆達多品》提到女性有五障之身，此五障就人文文化觀點而言，是講女性的果報，但並非究竟。至於說「為女百惡之所逼惱」，偏重於心理方面，換句話說，它配合九十八結使的道理。

女性的情重，所以形成《百法明門論》五十一種心所產生的心理狀態，或者說九十八結使，很難解脫。女性喜歡纏綿，講話也纏綿，處處都纏綿，複雜得很。但以文學境界、人生境界而言，據說纏綿才是藝術呢！藝術需要纏綿、曲折，沒有纏綿就寫不出像《紅樓夢》《西廂記》《茶花女》的故事，「春蠶到死絲方盡，蠟炬成灰淚始乾」，那才夠得上「情」的味道。女性因此而得百惡，在纏綿中纏掉了。等到自己對纏綿情業生厭離心，注意哦！厭離心很難，學佛的人第一步先問自己有沒有發出厭離心。

老實說，我們大家學佛，對這個世界並不討厭，更不想離開，對一切留戀得很，一點都不討厭；大概只有跟別人吵架的時候才有點討厭，其他時候都不討厭，更不想離開。我也有朋友跟我講過，為什麼要求解脫嘛？你看這個世界多好、多美麗：熱了有冷氣，再不然有電風扇，有揚州菜、湖南菜、廣東菜……這個世界有哪樣不好？難怪釋迦牟尼佛要到這個世界來。

學佛的人要檢查自己對所處的欲界有沒有產生厭離心，否則修不上路，必須有一度真正生起厭離心，那你用功便一日千里，就上去了，這是一定的事。普通人學佛在何時發生厭離心呢？年輕人愛情受了挫折，或在家裡吵了架，做生意失敗，灰心到極點，跑到廟裡去拜一拜，很想在佛前痛哭一場。那不叫厭離心，那是受了打擊而產生的灰心，那是在槁木死灰中，「空花豈得兼求果」，冷灰裡沒有熱氣，生不出東西來的，那不是厭離心。

所謂厭離，硬是厭離這個世界，厭離這個紅塵，所以想轉女身成大丈夫身。當然不捨女身而成大丈夫身也可以，證得琉璃光如來境界，此身還是女的，已經像龍女一樣，八歲就成佛了，不需要轉此身。

「轉女成男」，什麼叫男人？我們不一定是男人，他有個註解，具有大丈夫相才稱得上是真正的男人，我們連小丈夫都不夠格，只能作「小豆腐」，不算男人。

歷史上記載五代西蜀被宋太祖趙匡胤消滅，文學家、藝術家都知道西蜀王孟昶有個很美麗的妃子——花蕊夫人，孟昶投降後，花蕊夫人進入趙匡胤的後宮。趙匡胤對花蕊夫人說：「你們立國幾十年，現在被我統一了，你們國家沒有一個會打仗的男人嗎？」花蕊夫人會作詩，她說：「十四萬人齊解甲，寧無一個是男兒。」十四萬人的部隊全投降了，沒有一個男人，甚至連女人都不如。

所以，女身一樣能成大丈夫。第八大願是為女性同學而發，諸位肯修藥師佛的法門，唸他的名號，不但即身可以轉成大丈夫相，乃至成佛「證得無上菩提」也沒有問題。你說有沒有這個道理呢？如果你懂了莊子所說「物變」的道理，心念變了，身就跟著變，並非不可能。

看了藥師佛的願力，再看世界上拚命鬧女權運動的女性，真是渺小得很。藥師如來的第八大願才是真搞女權運動，對不對？有沒有錯？沒有錯，好好發願修行，馬上變成大丈夫相。

如何跳出魔網　解脫纏縛

第九大願：願我來世得菩提時，令諸有情，出魔罥網，解脫一切外道纏縛；若墮種種惡見稠林，皆當引攝，置於正見，漸令修習諸菩薩行，速證無上正等菩提。

這些大願都是藥師如來未成佛前，在因地所發的願力。學佛必須要有願力，沒有願力的學佛，那是個人興趣所趨，也可說是迷信或嗜好，只不過與一般愛好不同而已。等於不喜歡抽煙就喝茶，不喜歡喝茶就喝酒。每個人愛好不同，有人喜歡世間法的聲色貨利，有人喜歡遊山玩水，有人喜歡跑跑宗教。這不能說哪一種對或哪一種不對，然而都不是基於理性而來。所以，學佛的第一步就是能夠發願。

藥師如來第九大願，願自己將來大澈大悟、證得菩提的時候，希望自己的功德、能力能使一切眾生跳出一切魔的罥網。細網謂之「罥」，大的網叫「網」。

我們曉得，煩惱是一種魔，生死是一種魔，慾望又是一種魔。若以修道的立場來講，無一不是魔境。縱使一個人愛好美的境界，愛好山林或城市，一有所執著便是魔境界，要真正跳出魔的罥網非常不容易。

跳出了生死之魔、煩惱之魔，也跳出了慾望之魔，才能獲得真正的解脫。「出魔罥網，解脫一切外道纏縛」。一般凡夫之所以不得解脫，因為始終在生死魔、煩惱魔、慾望魔的罥網中。縱使去信宗教，不管任何的宗教；縱使去修道，不論任何的道，終究都屬於外道，不能解脫一切外道纏縛。

外道、內道的差別何在？怎麼叫作外道呢？心外求法就是外道。一般宗教都隨便使用「外道」這個名辭，譬如，我信佛教，你不信佛教，你是外道；我信天主教，你不信我的天主教，你是外道；我信某某道而你不信，你就是外道，這些都是亂講。這個外道與世間法一樣，都是由「我見」而起。不合於我的就是外道，這種見解屬於見取見，是下列五見之一：身見、邊見、邪見、見取見、戒禁取見。「見」就是觀念，凡夫受這些觀念纏縛而不能得解脫，不能證得菩提。

這樣一來，我們便可以瞭解，凡是沒有真正明心見性，證得阿耨多羅三藐三菩提以前，一切修行、一切道理、一切作為，嚴格說起來，都只是加行，仍然在外道境界中。真正證得菩提，明心見性以後，才能解脫一切魔境，解脫一切煩惱。由藥師佛的這個大願，我們可以徹底而清楚地瞭解修持之路。

「若墮種種惡見稠林，皆當引攝，置於正見」。「種種」是簡化的翻譯。「惡見」包括很多，如身見、邊見、邪見、見取見、戒禁取見，凡是觀念有一點偏差的都屬於惡見。「稠林」就是密集如叢林般的意思。藥師佛願將來成佛的國土世界中，假使有眾生墮在許多非正知見的惡見叢林中，不能出拔，藥師佛將引導他們，歸攝他們「置於正見」。

真正學佛，除了發願還要有正確的「見地」。要有正見非常難，有了正見才好談修持，有了正見才能談正行。見地不真，那麼所有的修持都會走上邪曲之路。見地也可以說是《楞嚴經》所講「因地不真，果招紆曲」的發心的因地。所以，學佛先要有正見，才能夠起正行修持。

「漸令修習」，修習什麼呢？要注意，修習一切「菩薩行」。菩薩行是什麼呢？菩薩行就在菩薩戒本中，如《彌勒菩薩戒本》《梵網經戒本》等。總而言之，菩薩行就是很簡單、很普通、很容易懂，卻很難做到的八個字：「諸惡莫作，眾善奉行」，永遠難做到的八個字。

所以，有了正見以後，漸漸使他們修習一切菩薩行，速證無上菩提，速證無上正等正覺，大澈大悟。

藥師如來的第九大願，光看表面上的文字都很容易懂，問題是做起來很難，沒有一點是容易做到的。

同時，看了第九大願，也使我們得到一個結論：東方藥師如來注重思想教化，和西方極樂世界阿彌陀佛有所不同。藥師如來的東方世界的佛法，是以正見、正思惟拯救世界上一切有邪惡的、錯誤的觀念的眾生。換句話說，藥師如來第九大願的重點在於「教化」與「思想」。以印度佛教文化所表達的，就是經典上第九大願文字的敘述；而以中國文化來表達的，則是注重在教育、教化和思想，最後使一切眾生歸到正知正見。

唸佛能解除災難嗎

第十大願：願我來世得菩提時，若諸有情，王法所加，縛錄鞭撻，繫閉牢獄，或當刑戮，及餘無量災難陵辱，悲愁煎逼，身心受苦；若聞我名，以我福德威神力故，皆得解脫一切憂苦。

我們研究一切宗教，尤其是中國大乘佛法的佛教，藥師佛的第十大願，與大慈大悲觀世音菩薩及地藏王菩薩的願力都是相同的。

他說將來成佛時，一切眾生如果犯了國家的法令，受刑時，坐牢時，將被殺時，以及種種一切其他災難，受污辱痛苦時，悲慘時，心理受煎熬，生理遭痛苦，只要一唸「南無藥師如來」的名號，不一定是唸「南無消災延壽藥師佛」，他說以我的福德威神之力，都可以為他們解脫一切憂苦。你看這個威力有多大！這個利益有多大！不要花一毛錢。

這裡有許多問題，一般學佛信眾喜歡唸《法華經》的〈普門品〉，觀世音菩薩以三十二應身度脫一切眾生，求菩提得菩提，求長壽得長壽，求生男就生男，求生女就生女，當然求煩惱不會得煩惱，因為沒有人會去求煩惱。〈普門品〉說求什麼得什麼，但是並沒有說求鈔票就得鈔票。

如果受刑的時候，像古代的手銬腳鐐，脖子上枷鎖，至誠唸我的名號，這些刑具悉皆斷壞而得解脫。

這就值得研究了。如果你不相信，不要說受刑，我用繩子把你綁起來，你來唸唸看，看看可以解脫嗎？如果解脫不了，佛打妄語對不對？如果解脫得了，世界上沒有正義，而是神的世界了。這是哲學上兩個重大的問題。

再說，唐朝名宰相姚崇，他與唐太宗時代的開國宰相房玄齡及與他同時的名相宋璟等齊名，非但是位忠臣，而且非常正直，對歷史貢獻也很大。姚崇給唐明皇上的奏疏中，極力反對這些東西，但從他的奏議可以看出他對佛學的了解非常深，非常內行。他說，經典上說一切眾生為王法所加，求什麼得什麼，在我手裡處理過那麼多犯人，從來沒有看過他們得到解脫。

然而，你說他不信這些嗎？讀完他的奏議，看完他一生的作人，那全是佛法，他全懂。

古代在一人之下、萬人之上，享有幾十年權威的宰相，死時多半以珍珠、玉石等寶貝含在口裡而下葬，使屍體不腐爛。姚崇到七十多歲，威權也達到了極點，臨死時卻寫下遺囑，嚴格命令子孫，一概不准如此做，死時穿什麼衣服就穿什麼走，而且不准找和尚、道士唸經。但有一點，如果子孫們心裡實在過意不去，只能找七個和尚唸七天經。你說他懂不懂佛法？全懂，就是因為他太內行了，把那些不合理的都拿掉了。

我們有許多人學佛，尤其是比較迷信的，求這個求那個的，又要求發財，又要求生子，生子還要指定生男孩，生男孩子還得是第一等男孩，然後公侯萬代。

另外還有一種觀念，這是我常說的笑話。有些人光會勸別人出家，譬如就有人勸我出家，我問他什麼意思？他說如果我出家，佛教就有辦法了。我說：「你怎麼不出家？你自己想公侯萬代，叫我們去剃光頭出家，萬事不管，那你跟我去，我就出家，我帶你們去出家。」這是說笑話，但這也是思想問題，很多人學佛都是要求別人，希望人家替我求福。唸經也是這種心態，犯了法，只要一唸佛的名字，刑具就捆不住了。

過去大陸上有一派理教，規定不抽煙、不喝酒。我看過一位理教教主開堂說法，好幾年才一次，所有教徒都來拜他，從早上八點開始盤腿，不下座。因為不喝酒，每位徒弟供養一杯茶，教主每一杯茶都要喝下去，有幾萬人來拜就喝幾萬杯茶。我在旁邊就研究他喝的水到底哪裡去了？他又不起來上廁所，能七、八個鐘頭憋住不尿，這是本事吧！你說有沒有神通？後來他的徒弟告訴我，轉到旁邊看，這才看到他的褲子和襪子全都溼了，他用氣功把喝下去的水全都從腳底心逼出來。你們如果有這個工夫，一定有人崇拜你。

理教還傳一個密咒叫「五字真言」。這些旁門左道外邊都有，同善社、一貫道也都有。五字真言是六耳不同傳，就是三個人在一起就不傳你，念時在心裡念，那些老前輩、長老們工夫好的，嘴巴不動，我們把耳朵靠近聽，硬是能聽見肚子有唸咒的聲音，當然在這裡很少見，但不能不信。咒語到什麼時候唸出聲呢？有災難的時候，如被土匪抓去，準備槍決的時候，開口一唸，刑具也鬆了，綁縛也脫了，槍也打不到就走了，據說就是有那麼大的功效。

我們當年學佛也跟你們一樣，有這種利益還不趕快學？別說磕頭，就是磕腳也幹哪！把人整個磕下去拜，結果把五字真言傳給你，哪五個字？「觀世音菩薩」。磕了半天的頭，花了那麼多的錢，求到這五個字，唉呀！我的天！我早知道了，還要你傳給我？但是他有個唸法，在肚子裡念，不出聲，真到有難時才開口一唸，靈光得很。有人說小事包靈，大事不見得，靈光的道理是練氣的關係，氣發生了作用，有點科學的道理。

我一生對愈是奇怪的事愈喜歡研究，了解以後，不值一笑，連笑都懶得笑。那麼大的誠心，花了那麼多時間，磕了那麼多頭，花了那麼多的金錢，求來這五個字，真能做到嗎？你不相信，假如你犯了法，判了刑，你去唸唸看，看看能出得來嗎？絕對出不來。

所以姚崇也提到這個事，他的意思是叫大家不要這麼迷信，道理在哪裡呢？佛經說謊嗎？沒有，大家讀原經就知道，我們再念一遍第十大願：

「願我來世得菩提時，若諸有情，王法所加，縛錄鞭撻，繫閉牢獄，或當刑戮，及餘無量災難陵辱，悲愁煎逼，身心受苦；若聞我名，以我福德威神力故，皆得解脫一切憂苦。」

他只告訴你「得解脫一切憂苦」，並沒有告訴你槍彈打不進來，對不對？是不是這樣？可見都是自己錯解，以為只要佛號一唸就不必開刀了，那也有，旁門左道有這個本事，身上長瘡硬是不開刀，嘴一唸，手一劃，往身上一抓，身上長的瘡就變到鼻頭上，血和膿就從鼻頭上流出來。這不是小說或傳說，你們沒有看過，我們看到的都是真事。

以佛教看，這些都是旁門左道，然而旁門左道就是有這個本事，那是什麼道理？你把正道、邪道、魔道各種道理研究透了，只有一個真理，佛法的正理告訴你——心得解脫。尤其藥師佛告訴你：「以我福德威神力故，皆得解脫一切憂苦。」這兩句話有兩個意義：一個是依仗他力，依仗藥師如來的力量，心裡沒有憂悲苦惱而得解脫。他力是指什麼呢？你必須見到藥師如來的琉璃光，心裡寧靜到極點，放下到極點，見到他的福德威神之力而心得解脫。一個是不依仗他力，以自我的力量，「素富貴行乎富貴，素貧賤行乎貧賤」，在此境界中，一念放下，心得解脫，自性光明自然起來，沒有苦惱。

文天祥修大光明法

拿歷史一個實例來證明，大家都知道文天祥，也唸過他的〈正氣歌〉，他以一朝宰相的身分，於宋朝亡國時做最後的抗爭而被俘虜，那是何等滋味！元朝皇帝忽必烈請他當宰相，只要他點頭投降，仍然是一人之下、萬人之上的宰相，然而文天祥不幹。

有一點是後代人很少研究的，許多人不知道文天祥也是學佛的，當他被俘時，四面八方都是敵人和武器對著他，走到半路出現一個道人（詳見《文山詩集》），不曉得是和尚還是道士，告訴他：「丞相，我傳你一個大光明法。」文天祥立即應允接受，當下就進入一片大光明境界，從此把生死置之度外。到了北京，忽必烈仍不死心，極力規勸文天祥投降，投降仍能和南朝宰相一樣享受功名富貴。最後忽必烈把他關入大牢，給他三年時間考慮。文天祥坐牢的地方不是普通牢獄，那是養豬、養牛的爛地方，他一天到晚就在那裡打坐修大光明法，在那樣惡劣的環境生活，卻沒有生病，並且三年不改其忠貞之志。

文天祥有個學生怕老師最後會受不了折磨而投降，那一輩子學問就完了。作他的學生也會受到歷史的指責，因此故意寫了一篇祭文，當作老師是不投降的忠臣已經死了，然後弄些祭拜亡人的菜餚，設法送進大牢給老師吃。文天祥一看祭文，笑了，告訴送菜的人帶話給學生，他不會做出對不起人的事，意思是他絕對不會投降。

如此過了三年，忽必烈再將文天祥請出來，稱他為「先生」，對他非常客氣，勸他不必那麼固執。文天祥對忽必烈說：「你對我的好，非常感謝，你算是我的知己，但我不能投降做貳臣，如果你對我真好，希望能成全我的志願。」一成全什麼志願？就是把吃飯的傢伙割下來——殺頭。忽必烈一聽，知道無法挽回，才無奈地答應。文天祥這才依禮拜謝了，不是投降的跪拜，而是感謝忽必烈總算成全了他。

所以，講到文天祥的故事，也使我們明白一個道理，一切解脫是「心解脫」，注意！藥師佛說：「以我福德威神力故，皆得解脫一切憂苦。」有許多人在牢獄中或憂悲苦惱中，以做生意的心情，認為唸了這個經典就可以達到某種目的，這是錯誤的理解。如果沒有如琉璃光的光明磊落胸襟，沒有光明磊落的修養，這是慾望不是菩提，不是正思惟，大家要理解清楚。

接下來看第十一大願。

飲食男女的問題

第十一大願：願我來世得菩提時，若諸有情，飢渴所惱，為求食故，造諸惡業；得聞我名，專念受持，我當先以上妙飲食，飽足其身，後以法味，畢竟安樂而建立之。

注意《藥師經》不同於其他經典，在娑婆世界，尤其是東方世界，藥師佛的願望非常實際。他希望自己成佛以後，眾生被飢渴所煩惱，為求飲食而造一切惡業時，只要唸藥師如來名號，馬上可以得到上妙的飲食，最後則以佛法的法味使眾生過很好的生活。

我們曉得，這個世界的眾生有兩件事最重要，也最難解決，「飲食、男女」，即吃的、喝的以及男女之間的問題。所以東方聖人孔子就說：「飲食男女，人之大欲存焉」，這兩件事是欲界眾生的基本需求。中國俗語也講：「人為財死，鳥為食亡」，這個世界的眾生之所以造諸惡業，都是為了求食、求生存。強有力的就吃小的，人是最壞的動物，什麼都吃，連老虎、老鼠、蛇、狗等等，都可以弄來吃。

坐在這裡的人大約都沒有嚐過飢餓的痛苦，但是你要知道，這個世界有好幾千萬的人類在受沒有飯吃的痛苦，不要認為人人都有飯吃，那是因為我們太有福氣。佛家有一句話：「法輪常轉」，法輪未轉先要轉「食輪」，如果三天不吃飯，廚房飯鍋沒有鍋鏟的聲音，你看法輪怎麼轉？那你的「腸輪」就開始轉，咕嚕、咕嚕……飢餓的信號就叫起來了。

因此，這個世界的眾生從古至今都是為飢餓所苦惱，都為了求生存而造諸惡業，生存的第一個基本需求就是飲食。所以，藥師佛說：如果聽到我的名字，「專念受持」，專念受持恐怕不容易做到。有些人很努力，日夜都在念佛念咒，其實還是妄念在念啊！「專念」就是「一念」，前念不生，後念不起，中間這一念與佛相應，就是專一之念。

譬如念阿彌陀佛，要與阿彌陀佛的四十八願的光明、願力相結合，保持「相合」的一念，前念過去，後念不起，中間不是空，也不是有的這一念。如果念藥師如來，專念則是青色淨琉璃光這一念。注意啊！不是說前念已經過去，後念不生，中間這一念當體即空，不是當體即空，當體這一念是專念、佛念。

你說，我唸「阿—彌—陀—佛」這麼唸對不對？不對，那是四個念。「阿」是一個，「彌」是一個，「陀」是一個，「佛」是一個，是四念連續；「阿彌陀佛」只有一念。如果只是念念流注而構成佛號，「念念流注」就是像流水一樣不斷過來，那不是專念。若是得到專念而受持，生理、心理的感應就來了，永遠保持這個境界，自然可以不要吃飯。其實豈止飲食可斷，還真的會有不可思議的感應呢！你自然不會餓死，也不會消瘦，精神反而愈來愈好，尤其會得到藥師佛的「上妙飲食」，那種飲食無法想像，當然不是從你嘴巴進來，因為你還在專念，還在定中。再來，對一切不可知、不懂、不能理解的道理，一下子能渙然而冰釋，統統懂了，這是法味。最後畢竟安樂，「畢竟安樂」就是佛的境界。

在飲食方面，我們看到，藥師如來的東方琉璃世界，與阿彌陀如來的西方世界很類似。你在西方極樂世界想一想就有吃的，思衣得衣，思食得食，隨念而至。西方及他方佛土世界都是如此。

但是我們這個世界的飲食男女就是那麼麻煩，任何佛國土也都能解決這兩個問題，譬如西方極樂世界是思衣得衣，思食得食；在男女問題方面，則是蓮花化生，無男女相。

我們這個世界之所以鬧了那麼多事，中華民族五千年的歷史，你打過來，我打過去，這裡拆房子，那裡蓋房子，就是兩個人闖的禍，一個男人，一個女人。人如果到了無男女相，無飲食需要，不知可以減少多少煩惱。

聲色歌舞讓你玩個夠

第十二大願：願我來世得菩提時，若諸有情，貧無衣服，蚊䖟寒熱，晝夜逼惱；若聞我名，專念受持，如其所好，即得種種上妙衣服，亦得一切寶莊嚴具，華鬘塗香，鼓樂眾伎，隨心所翫，皆令滿足。

我們看了第十二大願，感覺到藥師如來真是慈悲啊！特別是年輕人，一定很喜歡藥師如來的第十二大願，因為他讓你吃個夠、玩個夠。

藥師如來說，希望他成佛的時候，一切沒有衣服穿，被蚊蟲所咬，受天氣冷熱、晝夜逼惱等痛苦的眾生，只要聽到他的名號，能夠「專念受持」他的名號，你所要求的都能滿願，獲得種種上妙衣服，也同時得到最寶貴、莊嚴漂亮的器具，包括各式各樣裝飾品、項鏈、戒指、眼鏡架及華鬘等等。華鬘、裝飾品等是印度男女喜歡佩戴的東西，像鼻子鑽洞掛個圈圈、鑲塊寶石，叮鈴噹啷一大堆，然後在身上塗各種香味。所以塗香也是供養佛的一種，燒香是中國人特有的供養，其他地方的人不一定供養燒香，而多以塗香供養佛。「鼓樂眾伎」，包括一切音樂歌舞。「隨心所翫」，你愛怎麼玩就怎麼玩，包君滿意。娑婆世界，就是我們這個物理世界的眾生，最現實、最迫切需要的就是對物質的要求，因此藥師如來的十二大願，最受此界眾生歡迎。

中國的大乘佛法對於聲色歌舞，則一概禁止。但是西藏密宗，對華鬘、飲食、聲色、歌舞等一概不禁，走的就是藥師如來十二大願的路線。所以有許多修顯教的人到密教一看，都嚇壞了！怎麼聲色歌舞、華鬘等一切都不禁止？這就是藥師如來的願力境界，滿足世界眾生一切物質的慾望。

以上是藥師如來的十二大願。研究到這裡，不要忘記一個重點：佛說「願我來世得菩提時」；又說「以上妙飲食，飽足其身」，要想得到物質生活的滿足，必須「專念受持」，這是前面十個大願所沒有提出來的四個字，要特別注意。

同時，還有一點要特別留意，我們綜合藥師如來的十二個大願，在他沒有成佛以前所發的願力、願心，都是使東方娑婆世界一切眾生現實的需求，在人間現有的國土就可得到滿足，不須另外去他方祈求，也就是說，東方國土就可以變成藥師如來淨琉璃光的國土。

接著，再看釋迦牟尼佛對藥師如來十二大願的解說和評論。

東方淨土

曼殊室利，是為彼世尊藥師琉璃光如來應正等覺，行菩薩道時，所發十二微妙上願。

佛告訴我們，上面所說藥師如來的十二大願，都是藥師佛沒有成佛以前，在他修菩薩道時所發的十二個願，到他成佛的時候，他這十二大願變成事實，成就了東方淨琉璃光淨土。

上次告訴過你們修藥師如來的手印，這個密法手印翻過來就是藥師如來成就的手印，也是長壽佛的手印。長壽佛手印的兩個指頭不須靠攏，發願或唸誦時，兩個指頭是活動的，平常打坐專念受持藥師如來名號，就可結此手印，唸完之後，手印在頭頂上散開；夏天結定印，手指靠著很熱，結此手印就比較涼快。

復次，曼殊室利，彼世尊藥師琉璃光如來行菩薩道時，所發大願，及彼佛土功德莊嚴，我若一劫，若一劫餘，說不能盡。

釋迦牟尼佛告訴文殊菩薩，關於藥師佛在行菩薩道時所發的大願，這個功德、威力，以及他成佛以後，他的佛土中所有的功德，以及功德的成果和莊嚴等等，我拿一劫的時間，乃至一劫多的時間來介紹，都沒有辦法說完。翻成中文就是一句話：「言之不盡」。

然彼佛土，一向清淨，無有女人，亦無惡趣，及苦音聲；琉璃為地，金繩界道，城闕宮閣，軒窗羅網，皆七寶成；亦如西方極樂世界，功德莊嚴，等無差別。

要注意這一段，佛介紹東方藥師如來的國土。下面有一句話，與西方阿彌陀佛的國土「等無差別」，是一樣的，但是構造稍有不同。阿彌陀佛修了一個觀光飯店在西方，藥師如來則修了一個觀光飯店在東方，看我們喜歡到哪個飯店去。

佛說藥師如來的國土「一向清淨」，注意這幾個字，要絕對真清淨，一念不清淨就不能往生。因此，所有的佛法，小乘就是大乘，有兩句話可以證明：「自淨其意，是諸佛教。」諸位學佛修道，不論你修哪一宗，要特別注意這八個字：「自淨其意，是諸佛教。」這是真正佛所教的，心不清淨，你再求佛也沒有用。

所以，藥師佛的國土「一向清淨，無有女人」。女同學要對不起了，在妳們的立場應該講「無有男人」。不過，據說，無有男人的世界，恐怕女人都在那裡打架，比男人打得更厲害，為什麼？值得研究。前面說過，世界上眾生有兩件大事：飲食、男女。飲食是基本的慾望，男女是奢侈的慾望。中國文化有兩句成語，也是真話：「飽暖思淫慾，飢寒起盜心。」一個人吃飽了沒事幹，就要思淫慾了。一個人飢餓到極點，快要死了，強盜的心念就起來了。飽暖、飢寒，是中國文學中很簡單的兩個字，卻都是真理。飽暖，吃飽了就暖，尤其冬天，就不感覺冷；飢寒，飢餓了就冷，因為身體上的熱能燒完了，就感覺寒冷。飯一吃，熱能就增加。但是，生活安定了，飽暖就思淫慾。飢寒，為了生存就去搶人家。統而言之，非但人類，整個宇宙的生命過程，就是為這兩個問題而繁衍出許許多多的事情，由生到死，沒有第二件事。所以，假使世界上沒有飲食男女這兩個問題存在，就比較清淨，不是「一向清淨」，一向清淨是個人的修養，而不是外在的環境。

佛說藥師如來的世界一向清淨，沒有女人，也沒有惡趣。惡趣是三惡道：畜生道、餓鬼道、地獄道。

還有一點要注意，那個世界沒有痛苦的聲音。如果我們往生到那個世界，不曉得大家過得習慣不習慣？注意啊！你現在拚命想修到那個世界，等你真到了那個世界，未必會習慣，因為這個世界的眾生已經把痛苦當成快樂。這個世界到處充滿痛苦的聲音，可是我們卻習以為常，還當成美妙的歌聲。那個世界沒有叫天叫媽叫唉喲的聲音。

「琉璃為地，金繩界道」，馬路自然有黃金鋪地，有金繩分界。另有「城闕宮閣」等，一切都是金銀、琉璃、硨磲、瑪瑙、珊瑚、琥珀、珍珠等七寶自然構成，與西方極樂世界同等莊嚴，沒有兩樣。

現在，我們暫時先保留這一段藥師如來國土的研究，繼續介紹其國土的內容。

藥師佛的正法寶藏是什麼

於其國中，有二菩薩摩訶薩：一名日光遍照，二名月光遍照，是彼無量無數菩薩眾之上首，次補佛處，悉能持彼世尊藥師琉璃光如來，正法寶藏。是故曼殊室利，諸有信心善男子善女人等，應當願生彼佛世界。

那個世界的眾多菩薩是由二位大菩薩所領導，一位是日光遍照菩薩，一位是月光遍照菩薩。這兩位菩薩將於藥師佛涅槃後，依次遞補佛的位置。遞補後的名號仍然稱藥師琉璃光如來。

藥師佛的「正法寶藏」是什麼？這就是我們大家需要深入研究了。不要忘記，十二個基本大願就是正法寶藏，這十二個大願的精神所在是什麼？就是「捨己為人」四個字，忘記了我自己，而為一切眾生著想。換句話說，藥師如來的正法寶藏是一切利人，不是利己。

如果我們只曉得唸《藥師經》，盲目地祈求藥師佛保佑我，消災免難，又要長壽，又要不生病。又想進醫院時醫藥費最好便宜一點，或者向醫生打個折扣，最好不花一毛錢拿三包藥，先吃一包，另外兩包還可以留著將來慢慢吃。這種心態啊！不是學藥師佛，那是三惡道的心態。

所以，我們研究《藥師經》，歸納起來，就是四個字：「捨己為人」，一切為利他而著想，這才是他的正法寶藏。

佛的序文介紹完了，接下來講藥師如來的佛法。

善惡難辨

爾時世尊，復告曼殊室利童子言：曼殊室利，有諸眾生，不識善惡，惟懷貪悋，不知布施及施果報，愚癡無智，闕於信根。多聚財寶，勤加守護。見乞者來，其心不喜。

藥師如來所以能夠成就東方琉璃世界，除了十二大願以外，還有釋迦牟尼佛代表藥師佛所說的話。現在，佛開始說法了。

佛叫文殊師利的名字，告訴他說：「有諸眾生，不識善惡，惟懷貪悋」，這是針對我們這個娑婆世界眾生的個性來講。這本經譯文很有意思，敘述十二大願時，稱一切眾生為「諸有情」，蠻客氣的。這裡就毫不客氣地稱「諸眾生」了，佛說一切眾生不能分辨善惡。

這個經典文字翻得很好，很容易懂，正因為如此，平常也就不加好學深思了。

一個人要分辨真正的善惡非常難，你說什麼是善？什麼是惡？除了佛以外，沒有人分辨得出來。世界上一切的善惡是相對的，沒有絕對的善惡，例如人與人見面握手的禮節，在歐美看來是善的行為，在東方則不一定是善，尤其到了新疆、西北這些地方，大家手髒兮兮、黏搭搭地握在一起相當難過，又怕有傳染病。所以，還是中國人傳統的見面禮貌最好，打恭作揖，握自己的手不怕有傳染病，印度的合掌也不錯。到了西北，也不握手，也不作揖，西北人民見面的第一禮貌是吐一下舌頭，鼻子還要倒吸一下，我們都學不來。因此，到底誰善誰惡，很難說。

共產黨頭子朱德，當北洋軍閥時期，在雲南任公安局長很失意，正好虛雲和尚在昆明，他跑去找虛雲，有出家意圖。老和尚認為他不適宜作佛門中人，贈送幾十塊銀洋，勸他自便。後來他就去了德國，參加共產黨，結果造了那麼大的業。（他離開四川軍隊去雲南前後，又是袁煥仙老師的幫助。）大陸變色初期，虛老在雲門遭土共毒打得死去活來，被打瞎了一隻眼。後來由陳銘樞等皈依弟子，去找朱德，共同周旋，才由專車接到北京，後再轉往江西雲居山終老。你看天下的事情，究竟什麼是善？什麼是惡？真的很難說。

因此，做好事需要智慧判斷，否則，看起來是做好事，其實是壞事，往往造很大的業。又譬如父母打孩子，打的行為是不對的，但父母打孩子大多是關愛的，因為他的動機是希望孩子好。所以，打孩子、打學生、教育學生等等的行為，表面上看起來是壞的，實際上沒有真智慧，無法辨別真善惡。

而世間法的善惡、是非則是相對的，沒有絕對的。「絕對的」在本體上，超過世間，到了道體以上，無善亦無惡，無是亦無非，那是形而上的真理。一落到形而下，必有善惡，等於物理世界必有陰陽，都是相對的。在陰陽相對之間，哪一樣恰當，在哪個時間、哪個地區對人有利，那是善的；過了那個時間、地區，對人不利，則變成惡的。又如鹽少放一點，味道鮮美好吃，放多了就感覺太鹹，糖、香水等使用的道理都與鹽相同，要用得恰如其量。

什麼是布施

所以學佛要以智慧認識善惡，然而眾生除了不識善惡以外，又「惟懷貪悋」。一切眾生的心理在基本上是貪的，貪得無厭，自我意識非常強烈。貪是追求外面的事物，你的就是我的，這是貪；悋是我的別人碰都不能碰。學佛要時時刻刻反省自己是否有一點貪悋的心念。例如天氣很熱，別人需要我們幫忙，你想貪圖一下涼快而心生厭惡，不願意去幫忙，如此則犯了貪悋之心，貪求自己的舒服，悋嗇不肯幫忙別人。

「不知布施及施果報」，這個世界眾生不曉得什麼是真正的布施，也不曉得布施的果報是什麼，以為出了錢就有功德，以為幫助了人就應得回報，說什麼有捨才有得，這種心態不是布施，這是做生意嘛！

在號稱佛國的西藏，我看到兩個奇怪的現象，一個是拉薩社會的婚姻制度，有多妻制，有多夫制，也有一夫一妻制。另一個普遍的怪現象是：工作七、八天，賺了一點錢就不做了，譬如賺一千元，八百元供養廟子的和尚，剩下二百元，一家人帶個帳蓬上山郊遊去了，唱歌、跳舞，盡情歡樂。玩了一個多禮拜，二百元花完了，一家人再回來做工，賺了錢又去供養廟子。我問他們：「為什麼要這麼做？」他們回答說：「這跟你們把錢存在銀行的道理是一樣的。」我問：「把錢放在廟子，和尚會給你利息嗎？」他們說：「供養廟子，下輩子就可以大富大貴，不需要做工啦！」這是投資嘛！這不是布施。

你說佛國西藏有沒有土匪？照有不誤。土匪搶完了，跑到廟子洗洗手，跪到觀世音菩薩前面，「唵嘛呢叭咪吽」拚命的唸，菩薩啊！我懺悔，我是迫不得已的啊！下回不搶了。等錢用完了又去搶了，搶完了又回來磕頭懺悔，就是這麼一回事。所以佛經說，一切眾生不知布施，亦不知施的果報。

我們曉得，布施不一定是金錢。我昨天還在講笑話罵人，一個當公務員的，多花一秒鐘，多說兩句話，將來子孫公侯萬代，蠻好嘛！人家來辦件公事，你多花點時間告訴他要帶身分證、帶圖章、帶什麼……免得人家三番兩次跑，要不然就是承辦人今天請假，明天不上班，害人家徒勞往返，那不是造業嗎?什麼是布施?處處給人家方便,嘴巴上、手邊上順便幫人家一點忙,就是布施,也是供養啊!連舉手之勞、開口之勞都不願幹,然後看到別人困難的時候,還用異樣的眼光看人家,這個世界的眾生之可惡,真是無法形容。我看十八層地獄還不夠,如果我當閻王,一定修它五十多層地獄。唉!那真是沒有智慧啊!正是經典上講的「愚癡無智」,沒有真的智慧。

缺信根 多聚財

「關於信根」,沒有正信就是迷信;沒有智慧的相信是迷信,一切的真理不透,佛的理不透,愚癡的相信,統統是迷信。例如你們打坐,一點念頭沒有,都在那裡昏沉,這種愚癡的果報,他生來世墮入畜生道。愚癡的行善,他生來世的果報是阿修羅。所以學佛是「大智度」,一切要靠般若,沒有智慧的學佛,迷信的果報非常可怕。

這個世界眾生愚癡無智,沒有正信,信根不夠。你們唸佛,天地良心,自己真信嗎？一邊唸一邊在心中打問號，不曉得這樣唸對不對？真的有阿彌陀佛嗎？真的能往生嗎？搞了半天都白搞，對不對？六道輪迴，三世因果，哪個真信？貪瞋癡慢疑，這個疑是與生俱來的，何以會懷疑？信根不堅固。「關於信根」，你們研究心理學的，我告訴你們，這些都是眾生心理狀態的毛病。

「多聚財寶，勤加守護」，拚命賺錢，把錢看得緊緊的，變成一個守財奴。告訴你們一個現在的故事：僑泰興公司的老闆是一位泰國來的廣東華僑，有好幾個太太，財產一大堆，台北市立體育場也是他興建的。有一天，以前憲兵司令李將軍碰到這位大老闆，問他：「你那麼大把年紀了，鈔票那麼多，人也快死了，還拚命做生意賺錢幹什麼？」大老闆回答說：「嘿！你不知道，就是因為年紀大快要死了，才要趁這個時候趕快賺錢啊！要不然來不及啦！」李將軍一聽傻了！這是什麼哲學？你說天下的是非有一定的道理嗎？抱持這種思想觀念的人很多。過去有個守財奴，臨死時看到燈草多燒一根都心疼，斷不了氣。這個世界的眾生大多如此。

「見乞者來，其心不喜」，乞者不一定是討飯的，任何人來請他幫忙，心裡就不高興。諸位反省反省，別人來找我們幫忙，你心裡有幾次是高興的？嗯？學佛的人要反省哦！表面上說好好好，我給你想辦法，心裡想：討厭死了，還不快走。見人來要求，其心不喜。

鈍刀割肉的布施

設不獲已，而行施時，如割身肉，深生痛惜。

這是佛經的形容，假使不得已而行布施，如化緣、募捐，和尚托鉢，給一點錢，好像身上的肉被刀割一樣，痛得不得了，可惜得不得了。佛經上講這四句話形容得太文學化，我覺得四川人有句話形容得最貼切，四川人說：「勸人出錢，如鈍刀割肉」。快刀割肉，一下子不感覺痛，等血流出來以後才覺得痛；鈍刀慢慢割，唉喲！當場喊叫，痛得不得了。所以，千萬別勸人家布施，錢是拿出來了，他心裡痛啊！如鈍刀割肉，很痛苦。

我也曾跟法師們講了一個故事，世界上有一次出了一個大魔王，來擾亂世界。玉皇大帝派了許多人來收妖都沒有效，後來報告觀世音菩薩，觀世音叫孫悟空來，因為世界上的妖怪，孫悟空每個都認識。孫悟空一看，報告觀世音：「對不起！別的妖怪我都知道，這個魔王的來源我摸不清楚，對他沒辦法。」最後實在沒辦法，到西方找如來佛，佛一聽世界上出了這麼一號妖怪，笑一笑說：「不要緊，我叫一個徒弟去就好了。」結果如來佛就給小和尚一個法寶，一個包袱，叫他下靈山到世上把妖怪收了。小和尚背個黃色的包袱，帶著師父的法寶下山，來到魔王面前一站；魔王一看，釋迦牟尼佛怎麼派個小和尚來，我連玉皇大帝、閻羅王都沒看在眼裡，小和尚算什麼？小和尚說：「阿彌陀佛，你別兇，我師父派我來，我也沒有對不起你，師父叫我跟你講一句話，看一樣東西。」小和尚把包袱打開，拿出法寶——化緣簿，在妖怪面前一擺，「師父講，請你拿出一點錢。」妖怪一看，算了！和尚你滾吧！我也不在這裡鬧了！魔王就跑掉了。

你看，連魔王都怕化緣簿，法師們千萬不要去化緣啊！

我們繼續佛說布施的道理，不論大小乘的修持，均以布施為先。布施在中國固有文化中是「仁」的發揮，人字旁加個二，就是人和人之間，只有愛人，慈悲他人才稱得上仁。《孟子》上說：「親親而仁民，仁民而愛物。」親親是「幼吾幼以及人之幼，老吾老以及人之老」，從自己的親人朋友開始，然後發展到社會大眾乃至全人類。仁民是慈悲眾生，由慈悲眾生而擴及其他的生命，人只愛人類仍是自私的，最後還要愛物，愛一切生命。所以，仁是佛家慈悲布施的基本，仁慈行為的第一步就是布施。佛介紹藥師佛十二大願後，第一點就說明布施的重要，然而一切眾生是不肯布施的。

前面談到一切眾生看到別人痛苦，當別人來請求幫助時，起初心裡不高興施捨，即使後來不得已而行布施，心裡愈想愈痛，如鈍刀割肉。佛為什麼要說這些道理？《藥師經》所提的布施與藥師佛的修法有什麼關係呢？關係可大了，我們先看原文再來研究原因。

慳貪不止　累積病情

復有無量慳貪有情，積集資財，於其自身，尚不受用，何況能與父母妻子奴婢作使，及來乞者。

佛說世界上還有很多很多無量眾生，喜歡聚積財寶、物品，他自己本身都捨不得用，更何況對他的父母、妻子、兒女、奴婢以及來乞討的人。

慳悋是捨不得施捨，吝比慳好一點，悋是比較上捨不得，即使拿出來給人家也不過是十分之一或百分之一。慳是內心堅固的捨不得，一毛不拔。慳悋就是對他人不肯慷慨，不肯幫助人，不願付出仁慈。不過，節省不是慳悋，如果對自己要求淡泊，嚴格地管制自己的慾望，卻對別人慷慨則是節省。中國文化儒家的教育是「躬自厚而薄責於人」，躬是指自己，對自己要求很嚴格；對別人則寬容體諒，不要嚴厲責備別人。這類行為就屬於布施。

然而，我們看到人與人之間，夫婦之間、兄弟之間、同學之間、朋友之間，幾乎沒有一個人真正做到躬自厚而薄責於人。責備人家，要求人家都嚴格得很，道德標準都是拿來要求別人，不是要求自己，這就是凡夫眾生。菩薩道的道德標準是嚴以律己，寬以待人，如果做不到就是慳悋。凡是慳悋的人一定貪，貪的人必定兇狠，這種心念是連帶的，必然的。為什麼呢？因為貪慾得不到滿足，相反的作用就是兇狠。一個寬大淡泊的人，一定是仁慈的。世界上一切眾生幾乎全體都在慳貪中，慳悋是不能捨；貪慾是侵佔別人，在別人那裡沾到一點利益就高興，乃至在言語上佔了便宜都高興。總之，想盡辦法以損害他人為滿足。

所以，慳貪是一切眾生基本的心理，這是心病，這種心病只有用心藥才能醫，心藥就是自己瞭解道理後懂得布施。慳貪的心念久而久之會轉變成身體上的疾病。我常對研究中、西醫的朋友說笑話，但也是真話；我說不管今天的醫學如何高明，如何發達，中國人有兩句老話：「藥能醫假病，酒不解真愁」，一切醫藥再高明只能醫假病，不管中醫也好，西醫也好，真正醫不好的是死病，人要死的時候，你一點辦法都沒有，怎麼都醫不好，如果能把人醫到無病，人就不會死了。所以儘管醫學那麼發達，人還是照死不誤。

佛法標榜「了生脫死」，醫治生老病死的病。事實上，佛法在世間，一般信佛、學佛的人照樣生老病死，原因就是人始終沒有醫好自己的心病。有慳貪心理的人，立即會被一個智慧高、定力深或者定慧等持的人一眼看穿。不僅是人，一切眾生乃至動物如有慳貪心理，很容易被看出來，這是什麼道理呢？因為心理會轉變生理，心有慳貪的結，他的表情、神氣，在生命的四大上就呈現出來，一望而知。所以無量眾生慳貪不止，就已經在累積病情。

提一件小事，有一天香港有個朋友打電話來，這個朋友一家人做了很多好事，全家五、六口擠在一個小房間。我們這裡的同學到香港，他都儘量不讓同學花錢住旅館，招待到他家住，連我的兒子從美國回來經過香港，他也把他拖去住。後來我的孩子寫信告訴我，很感謝香港那位朋友盛情招待，可是回去病了一個月。夏天香港很熱，那位朋友又捨不得裝冷氣，有一點錢寧可做好事，一家人擠在一起，把房間讓給客人住，結果我的孩子說他痛苦極了，熱出病來了。昨天夜裡，那位朋友打電話來說：「老師！挨了您的罵，我下狠心啦！買了一台冷氣。」我說：「好啊！你裝冷氣可別當土包子啊！把冷氣開得非穿棉襖才過癮，你那個小房間我雖然沒看到，但是同學回來都跟我提過，只要開到涼快就好啦！」他說：「我知道，我知道，我還捨不得電呢！」

他這種捨不得是節省，不是慳悋。為什麼告訴你們這件事？很多人有電風扇，夜裡貪涼吹一整夜，告訴他不要這樣，會受寒啊！結果不聽，天天到這裡來拿藥吃。再不然頭也痛，身上刮痧刮得紅一塊、紫一塊的。你告訴他這樣會生病，他還是要貪涼。什麼叫貪心？你不要認為我不貪錢、也不貪名、不貪利就是不貪，你錯了，我們的心理行為隨時都在犯貪。貪涼得了病又捨不得看醫生，一方面捨不得，一方面倔強。有時候我拿藥逼著他還得拜託他吃，拜託不了，我罵起來，他怕了，只好吃藥。實際上我這裡一包藥成本也是好幾百元，他不知道，當便飯吃，那你夜裡不要貪涼吹風吹一夜好不好呢？他不幹。所以眾生處處犯慳貪的毛病。

回想我們小時候，哪裡有什麼電風扇。天氣熱得要命，頂多穿條短褲，套件汗衫；有些老太太們上身脫得光光的，兩個大奶子像口袋一樣掛在肚皮上，反正老了，倚老賣老，我們看見也不覺得怎麼樣，對老太太一樣恭敬，老太太搬把椅子坐在弄堂，過道風一吹，手上的扇子一搖，不時喝口茶或吃口綠豆湯，那種享受勁兒，好像到了色界天天頂上啦！那樣的日子我們也過了，而且過得很好。現在有電風扇又有冷氣，還覺得這樣受不了，那樣不舒服。物質文明越發達，人類慳貪的心理越嚴重，不知名的病痛也越來越多，怎麼來的？心理慳貪來的。

所以《藥師經》提慳貪和布施這些道理，有什麼關係呢？其中意義很深，能在心理上解脫得開就是內布施。譬如夏天出出汗也蠻舒服嘛！從生理衛生和養生之道來看，夏天應該出汗，一個人夏天不流點汗，毛病都積存在體內無法排出。冬天則講究時髦，暖氣開得像夏天一樣，要穿夏天的衣服才舒服。在美國、加拿大這些地方，由冷暖氣引起而醫不好的病特別多。

再講一件事，有一個年紀大的老學生，是坐在辦公室上班的，膀子瘦，抬不起來，各醫院都檢查遍了，沒有毛病，只有一點風溼，風溼藥吃了也醫不好。有一天跑來看我，向我訴苦，連字都不能寫，痛苦極了。我問他看醫生沒有？他說中西醫都看過啦！我說：「你的辦公桌很大，桌上有玻璃板。」他說：「對啊！老師沒有去看過，怎麼都知道？」我說：「知道，因為你的兩隻手抗議了嘛！」他說：「這有什麼關係？」我告訴他我以前也學時髦，辦公桌上擺塊玻璃板，夏天兩手肘一放，很涼快，幾天以後打坐，這個地方氣脈通不過，我就知道問題出在玻璃板上。我叫他們把玻璃板統統拿掉不准用，也不准用尼龍、塑膠，改用厚紙板，上面鋪一層布就好了。辦事的同學捨不得，說一塊厚玻璃板要一千多塊錢，換新的墊板又要花錢。我說花錢就花錢，那樣氣就通了嘛！

我告訴那位膀子痠痛的老同學，把辦公桌上的玻璃板拿掉，也用不著吃藥，過一陣子就好了。結果照我的辦法做了，不藥而癒。為什麼？因為手放在涼冰冰的玻璃板上辦一天公，他貪圖享受，玻璃板下面墊一塊布，綠油油的多神氣啊！又有專人伺候泡茶，當主管的雖然不是一呼百諾，那種氣派也很夠味，可惜兩手受不了，這個道理何在呢？講病因病症是如此，講原理則歸咎於心理慳貪。所以科學文明愈進步，大家又不曉得求心理解脫，一味過著物質的機械的生活，慳貪愈厲害，疾病愈多。又如燈光也要越亮越好，所以眼睛的病也多了。

那麼，這與布施有什麼關係呢？內布施就是解脫、放下，一切外境都能夠擺開。外布施是把自己的財物，一切的好東西給別人用，他要用拿去用，眾生慳貪嘛！滿他的願。所以《藥師經》要講慳貪的道理。

功名富貴最迷人

「復有無量慳貪有情，積集資財」，資是資產，是有形的物質；財是金錢、鈔票等。累積財物，拚命賺錢，賺了又賺，多了還要多，有了更想有。我也玩過名利，也玩過權位，功名富貴，我清楚得很。我常常聽同學們講對名利一點都不想，我說放狗屁，他們被我罵得愣頭愣腦。我問：你看過名利沒有？你求名利求得到嗎？功名富貴不想，你做得到嗎？功名富貴很可愛啊！你到了那個位子就會曉得，心裡想喝茶，眼睛這麼一看，一排茶葉就擺過來了，烏龍啊！鐵觀音啊！鐵羅漢啊！清茶、花茶、菊花茶，應有盡有。因為你是名利中人、權位中人。你如果想一樣東西，馬上擺在面前，那多麻醉人啊！隨便講一句話，明明講錯了，下面站著幾千人喊「是！」那個味道是很好，自己馬上覺得長高了。我當年就有這個經驗，站在台上隨便說一句話，自己心裡都覺得講錯了，可是大家卻表示很對。我心想完了，不能再這樣下去，再搞下去會把自己埋掉，這得自己有警覺性。

所以說功名富貴永遠不會有滿足的時候，越多越好，那真是好玩。隨便到一個地方吃飯，吃完了算帳，如果一餐飯一萬五，好！連小費給兩萬，五千塊小費，功名富貴要錢哪！下一次再來，隨便要什麼位子有什麼位子，要什麼菜有什麼菜，都是錢玩出來的。你們不要功名富貴，嚐過這個味道沒有？充其量吃碗牛肉麵，還你請我，我請你的，以為這樣就不要功名富貴？不要吹了，你到了那個位子一定昏頭的。像你們年紀輕，什麼都不要，到這裡來試試看，「老師早！老師好！老師不得了！」你頭都暈了！你自己也會覺得很偉大，而且越看自己越偉大，與積集資財一樣，有了錢要啥有啥，山東話說：「要兮麼，有兮麼。」那是可愛啊！迷人啊！

慳貪積聚

慳貪積聚是連著來的，慳貪後馬上喜歡積聚，要了還想要，多了更想多。像我現在別的什麼都可以不要，一聽到香港或其他地方有本好書，就貪了。只要有人打電話告訴我：「老師啊！這裡發現一本好書。」「什麼書？」「唔！好！好！快寄來！不管多少錢。」還是貪啊！佛像莊嚴的，好啊！買啊！趕快寄來！一大堆佛像圍著，想想自己真是慳貪，對不對？我是有錯就要坦白出來，學佛人自己要隨時反省。不要認為「積集資財」是光指錢而言，錢比較明顯而已，任何物質都算，所以出家人的衣服只准有三件，不能有第四件。我過去也守這個戒律，西裝始終保持三套，有第四套非送人不可。不過我有好幾件長袍，送也送不出去，如果送給跟我個子一樣高的年輕人，穿著長袍在街上逛，人家看了會說不像話，什麼東西！沒有辦法，只好把長袍掛起來。想把這個衣鉢傳出去，無奈傳不出去。

下面佛說的是感嘆的話，「於其自身，尚不受用，何況能與父母、妻子、奴婢作使，及來乞者。」佛說那個又慳悋又貪的人所喜歡的東西，他自己本身都捨不得好好享受。你們想想看，不要看別人，看看自己，好東西藏在冰箱捨不得吃，一個月下來，壞了，只好扔。捨不得給父母、妻子、兒女、奴婢，更不願意拿給別人。現在講的是我們的心理狀況啊！不要看文字好像勸世文，佛經講一切眾生的心理狀況就是如此，《藥師經》的祕密在哪裡，它明白地告訴你，身上的病是心理慢慢形成的。

不但自己捨不得用，也不給家人用，更不肯給乞討的人，世界上都是這樣的眾生。因為有如此的心態，所以變成了疾病。譬如說錢財損失了，那種內心的痛苦、煩惱、懊悔，不知不覺就形成身體上的病。所以一切眾生，隨時要反省自己的心念。

講到這裡，我要提一件幾十年前的往事。有一次我講經講到布施，我的一位朋友坐在下面聽，聽完了回去大罵我，他說：「他講布施的意思是叫別人把錢拿出來給他，因為他曉得我有五萬塊美金的存款。」其實我真不曉得他有錢，唉！你說有什麼辦法？眾生慳貪。所以，你們在座的有好幾位都有經驗，想在這裡捐錢，無論如何我們這裡不接受。為什麼呢？這要看你是否真的能捨，否則你將來想起來，後悔痛苦得不得了，那個果報不可思議。不是我們這裡接受的果報不可思議，而是你自己心裡痛苦、煩惱的果報不可思議。痛苦的果報形成日後的病，日後指的還不是來生，就是這一生。這就是修行的道理。

慳貪的果報

現在佛繼續說因為慳貪心理，來生所得的果報的情形：

彼諸有情，從此命終，生餓鬼界或傍生趣。由昔人間，曾得暫聞藥師琉璃光如來名故，今在惡趣，暫得憶念彼如來名，即於念時，從彼處沒，還生人中，得宿命念，畏惡趣苦，不樂欲樂，好行惠施，讚歎施者，一切所有，悉無貪惜，漸次尚能以頭目、手足、血肉、身分施來求者，況餘財物。

日夜在慳貪中的人，死了以後墮落惡道變成餓鬼。餓鬼的果報就是從慳貪心理而來。佛經上如何形容餓鬼呢？餓鬼眾生的體積大，喉嚨食道管非常小，或者胃不好，接受不了食物。你問哪裡可以看到？研究生物的就知道，深海中有些生物，除了極少數如鯨魚會浮到水面吐水外，許多都不會游到海面上，很可憐！深海下面是黑暗的，有些生物本身會發光，但是喉嚨很小，也不太容易找到東西吃，如果活上幾百年，幾百年大多都在飢餓狀態中，這就是餓鬼道。

人的餓鬼道在醫院也可以看到，好多人患「吃不得」的病，嘴巴插一根管子，但是吃的慾望仍大得很，現在醫學發達，打葡萄糖補充體能，病人飽嚐「吃不得」的痛苦，實際上已經進入餓鬼道的境界了。所以，看世界眾生相，天堂、地獄在人間都看得很清楚，只因你智慧不夠，觀察不出來。

「傍生趣」，什麼是傍生呢？傍生就是畜生；什麼是趣呢？趣就是趣向。這一條路上，有許多人活著是人，但是心理的結使影響到生理，已經變成畜生道了。世界上畜生道的人很多，非人形的也不計其數，尤其到很痛苦的地方，如醫院、麻瘋病院就會看到。不過你們不要輕易地去接觸，痲瘋病傳染得很厲害。

可是話說回來，我有一個學生在痲瘋病院已經服侍病人十六年，我真是佩服他，我問他不怕嗎？他說怕呀！可能現在已經被傳染了，所以跟老師講話站得遠遠的，我問他不難過嗎？他說不難過，願意這一生奉獻給他們。這位學生不是佛教徒，也不是其他宗教徒，真是偉大，我只有向他合掌。我說你不要叫我老師，我要叫你老師了，你這個行為就是菩薩道嘛！他說這沒什麼了不起，我說我都做不到啊！那裡面的人差不多都變了形，痛苦得很。差不多的動物、生物都是橫行或爬行，所以叫傍生。

佛說，這些眾生或者在畜生道，或者在餓鬼道，如果多生多世以前聽過佛法，聽過《藥師經》或藥師如來名號，在遭受極痛苦的刺激下，不知不覺突然唸出「南無消災延壽藥師佛」或「南無藥師琉璃光如來」，「即於念時，從彼處沒，還生人中」，畜生的身體死了，解脫了，馬上可以投胎變人。

這是真的，在座很多人都有經驗，從來沒有學過佛或唸過某個咒子或結過某種手印，突然自己會唸咒會結手印。有位同學有一天問我是不是有「這個」手印，我問他怎麼會？他說打坐看到自然曉得，我說對啊！這是某某佛的手印。這就涉及到阿賴耶識的問題，多生多世以來，你聽過一下，那個種子留在你的八識田中，因為痛苦到極點，刺激阿賴耶識功德智慧的靈光發現，偶然把握住，自己念起來。因此，阿賴耶識那一念的種子之重要可想而知，「因緣會遇時，果報還自受」。所以，人於一念之間，不要隨便輕易動貪瞋癡的念頭，否則隨便一動，阿賴耶識的種性便種下了惡根，以後就要結惡果的。相對的，種下了善根，就會結善果。

以苦為師

要成功任何一件事，都必須因緣具足，用現代話來講，就是要具備充分而必要的條件，學佛這件大事更是如此。所以學佛的人都發願他生來世再得生命時，不要遭遇三災八難。三災即世界上的劫數：刀兵劫、瘟疫劫、饑饉劫。

刀兵災難就是戰爭，你們這一代大都沒有碰到；我們這一生可是親眼看到，戰爭一來，首遭其害的就是老弱婦孺。當年我坐在車上逃難，車行之處，只看到老人、小孩、婦女，像錢塘江的浪翻下去一樣，一排一排倒下去，回頭一看，眼淚都沒有了。你救誰啊？人的生命像螞蟻一般。所以古人說：寧為太平雞犬，不作亂世人民。亂世的人，生命不值錢，你要知道，這個色身都是母親懷胎十個月所生，含辛茹苦所帶大，一個戰爭一來，一聲命令一下：「開槍」，機關槍一掃，人就那麼一排排倒下去，沒有把人當人，哪裡有人就往哪裡打。一顆炸彈下來，只看到血肉橫飛，一條大腿吊在樹上，一隻胳膊掛在電線桿上……真是慘不忍睹，這是刀兵劫的災難。

瘟疫劫就是傳染病，情形嚴重的，幾天當中，一個地方乃至全縣的人全都死光。

饑饉劫，就是饑荒，大旱災或者大水災，弄得沒有吃的，持續上好幾年，當然就要餓死人了。

所以古人發願他生來世再來投胎，第一先避開三災。但是你真避得開嗎？能避開三災，已經是多生多世修行，累積功德所得的結果。

八難，其中一難是生在北俱盧洲，還有一難是生長壽天，因為這些地方沒有痛苦、沒有煩惱。沒有苦惱的刺激，也就不容易發心學佛，活得快快樂樂的，無病無災無煩惱，要什麼有什麼，就在神仙境界中，何必學佛修道？所以佛說，以苦為師啊！這個娑婆世界有苦有樂、有煩惱、有和平，差不多都是一半一半，一陰一陽。因為痛苦的刺激，往往激發你自性中善念的靈光現前，此所以阿賴耶識種性如此之重要，一念經過八識田中，有了這麼一點種子，在極苦的時候，善心就會發現。

再看看世人的心理，最壞的人在臨死的時候也會起善念。中國人講：「人之將死，其言也善；鳥之將亡，其鳴也哀。」這幾乎是必然的。你看許多土匪、強盜，真要殺他，一身都軟了，然後告訴旁人不要學他，這是在遭受最大的刺激時，善念出現了，這種心理是阿賴耶識的作用。

再說天才是怎麼來的？都是多生多世喜歡在某一方面貪執，他生來世種子爆發，所以有些人生來就會畫畫；有些人生來就認得字，像唐朝白居易三歲能認「之」、「無」二字，家裡人不信，拿一堆亂七八糟的字試驗他，他也能找出來。這就是阿賴耶識根性的問題。

所以佛說有些眾生在極大苦難當中，在三惡趣中，「暫得憶念彼如來名」，阿賴耶識的種子忽然爆發，「藥師如來」的名號莫名其妙地閃現腦際，就由這一念，念力堅強的話，當時受痛苦業報的身體即刻死亡，或在畜生道死，或在餓鬼道死，然後「還生人中」。不過，生在人中也有業力重不重的差別，如果業力重，從餓鬼中來，或是從畜生道來，或是天人中來，或是阿修羅道中來，他身上所帶的業習未斷，稍有定力的人一望而知。

宿命通

有些人過去生的善業重，惡業輕，一生下來就有宿命通，知道自己前生是什麼。過去我有個朋友，是位名氣很大的老前輩，也學佛，那時我還不到卅歲，他已經五六十歲了。他相貌很好，紅光滿面，白髮蒼蒼，白頭髮白鬍子，飄飄欲仙。抗戰勝利後，我準備回南京，他知道我要離開四川，特地老遠趕來陪我一天，他說這一次離別不知幾時再見面，我怪他說這種沒出息的話。這位老前輩文章寫得很好，說他自己過去生是宋朝的歐陽修，所以這一生寫歐體，字體也像歐陽修；又說他在清朝是某某人；前生的果報最壞，是一條狗，因為再前生造了一個很大的惡業，所以前生變成狗。狗報八年，煩得不得了，大便都不肯吃，後來把自己氣死了。我罵他怎麼說見不到面，大不了再來嘛！

我以前年輕的時候很狂妄，比你們狂妄多了，那才是真太保，跟你們現在的狂妄不一樣，現在年輕人的狂妄，我連看都不要看。那些老前輩，學問好，地位高，看到我，摸摸我的頭，喊我小孩，我都不高興，我說：「什麼小孩？你兩三歲的時候，我還抱過你呢！那時我七八十歲，為什麼叫我小孩？」我那個時候就有那麼討厭，老前輩被我搞得一愣一愣的。

人，就是生生世世在輪轉。有些人生下來就有宿命通，知道自己的前生或他人的前生。宿命通是從定力來的，不要認為打坐就是定，你說那我坐了三年，都坐不出宿命通？你那是昏沉、散亂，不叫定力，兩條腿雖然盤得很好，心裡念頭卻不斷。定，是心境如青天白日無所不照，既不昏沉亦不散亂，也沒有妄念，這麼一定，身體已經忘了。你以為坐在那裡不動就是定嗎？那叫盤起腿來睡覺。還有，打坐坐不住的，是氣脈不通，東扭西擺的，完全跟著身體搞，那是病態，你還以為是氣脈通了呢！那是病，什麼病？神經病，不是精神病，是神經不對，神經硬化、老化，氣走不通，這裡脹痛，那裡難過，趕快唸藥師如來啊！不要誤以為是工夫。

宿命通是從真正的定而來，但有些人不修定也有宿命通，這叫報通，是善的業報而來，多生多世因唸佛號，或持藥師如來，或唸阿彌陀佛，或稱釋迦牟尼佛，這一生善報現起，天生就有宿命通。所以報通並非修定而來。得宿命通的人曉得前生是貓、狗、蟑螂、泥鰍，如果是蟑螂、螞蟻、泥鰍等等，還得先變成貓、狗之類高一級的動物，然後才能轉換成人身，很不容易。他曉得惡趣的痛苦，因此不追求人世間的慾望，這種「不樂欲樂」不是修道成功，而是害怕。有許多人這一生清閒淡泊，不須守戒而自然在戒中，那是因為膽子小，並非有道行，受罪受夠了，心理上怕那一念，不是戒律嚴謹，也不是智慧、道德成就，而是過去生阿賴耶識習氣上變畜生、餓鬼，受罪受夠了，下意識害怕，所以很老實，不算是道，道不是這個境界。

講一點現代人的心理，我看過也經歷過很多，許多孤兒出身的人，長大後有兩種極端的心理，一種是將來發達了，對別人非常好，既慷慨又喜歡幫助別人，因為自己曾經受過孤兒的痛苦，不希望人家再受；另一種孤苦伶仃成長的孤兒，日後有了成就，對社會上任何人都是仇恨，因為當時受苦沒有人幫助，認為社會上沒有好人。所以有些從苦難中出來的人，不是喜歡幫助別人變成大好人，就是慳悋慳貪，比壞人還要壞。這其中就有阿賴耶識發起善根、惡根的關係。

讚歎施者

因此，由於過去多生多世修習佛法，雖然這一生生命是從三惡道中來，但因善根發現，「好行惠施」，喜歡給別人恩惠，喜歡布施，甚至「讚歎施者」，看到別人布施就讚歎。讚歎施者很難啊！一般人聽到別人誇讚某人，心裡就不是味道，總是不以為然，總想轉個彎或三天兩天轉過來破壞他，眾生的惡業就是這麼造的，不願意讚歎別人的布施。所以，雖然自己沒有力量做到，也應該多讚歎別人。

不過，讚歎也會產生反效果，根據我的經驗，會出毛病。你們都知道，我喜歡捧人，尤其喜歡捧學生，結果卻把學生捧壞了。被捧的人認為老師都講他了不起，就驕傲起來。本來看他有一點善而讚歎，他就應該更善才對，結果是越讚歎越「起不了」。幾十年的經驗告訴我「此路不通」，所以我現在反對獎勵，非得拿金剛怒目來對待，這樣才乖一點，否則，你了不起啊！了不起！最後變成起不了。

可是話又說回來，還是要行讚歎功德，因為某人原來只有一分好處，宣傳他十分，某人經這麼一宣揚，不好意思，一定要做到那個標準。本來讚歎的動機在此，可惜往往得反效果，可見讚歎施者多麼難。

佛說這些多生多世有善根的人，因為「讚歎施者，一切所有，悉無貪惜」，自己的所有一切，肯布施出來。布施很不容易，財物布施還比較容易些，慢慢還得把自己的頭顱、眼睛、手腳、血肉等交出來給需要的人。施捨身體，現在更方便，醫院中的捐血、捐獻眼角膜等都是。要死的時候立個遺囑，把身體的器官都捐贈掉，更何況財物。

內布施　外布施

所以講內布施，能夠放下，解脫，非常難。人生難以布施的，第一是錢財；第二是生命，這兩樣做到了，不成佛也是菩薩。

現在講一件事給你們聽，是聽來的故事，當時聽了就不勝感慨，是學生告訴我的。

「印度某某人來了，想來見您。」

我說：「不認識啊！」

「他認識您。」

「忙得很，算了！」

「老師！這個人有道理哦！」

「什麼道理？」

「創辦『眼庫』，發起全世界捐獻眼角膜的就是他。」

捐獻眼睛非常痛苦，人在將斷未斷氣時，把眼睛挖下來冰凍。這個人「擁有」很多眼睛，分送各個國家，分配權在他手上，所以每個國家都爭取他，譬如送某國多少隻，這個國家就可以醫治多少失明或眼睛壞了的人。「現在我們這裡的公私立醫院為了爭取他，都變成冤家，因為多爭取幾隻眼睛，就能多救幾個人，醫院聲望高，生意也會好。」

我說：「此乃布施之過啊！」做好事會出毛病的，想想看天下的好事容易做嗎？所以六度萬行都需要智慧。

所以，要真正布施，讚歎施者，很難！能將頭目、手足、血肉……拿來布施，更難！用精神布施也難，多講一句話，多照顧別人一點，多犧牲一點時間，絕不幹。我看得很多，叫他多勞動一點，多受點委屈，絕對不幹。表面上慷慨很容易，仔細反省自己，一點都沒有做到，既然沒有做到，你求藥師佛有什麼用？學佛第一條就是叫你外布施、內布施。

眾生能夠以醫藥布施給別人的，他生來世無病無痛，而且得長壽。這類朋友我也見過，一輩子沒有病痛，活到八九十歲，連頭痛是什麼滋味也沒嚐過。也有一輩子沒有做過夢的，這種人躺下就睡著，睡醒了就起來，不曉得夢是什麼樣子。多幸福啊！在人位上講，他福報大，一生無夢，可見他心中也沒什麼煩惱，但是實際上睡著了做不做夢？必然做夢，只是醒來就忘了，那是無記業重（業有善業、惡業、無記業）。

所以你們記憶力不好的，讀書記不得的，那是前生造的無記業重，無記業的果報是畜生道。所以你們打坐要小心，拚命求無念，都落在昏沉中，修了半天，結果鑽到牛胎馬肚去了。什麼是定？定的影子都不懂，以為無念就是定，你那個無念正是往牛胎馬肚裡的因。小昏沉是無記，是失念。注意喔！修持不要亂搞，把這些道理真的搞懂了，本身自然就得藥師佛感應。什麼感應？唸藥師佛的名號不算感應，必須一念清淨，身心內外一片琉璃光，在藥師佛的境界中，自然得到藥師佛的灌頂、加庇，自然無病無痛，這也就是長壽的修法。

以上是關於布施的一段，如果不說明，你看這一段也沒什麼了不起，只不過勸人為善，講一下布施而已，與藥師佛有什麼關係？關係就是剛才向大家報告的。

持戒

現在繼續講持戒。

復次，曼殊室利，若諸有情，雖於如來受諸學處，而破尸羅。有雖不破尸羅，而破軌則。有於尸羅軌則，雖得不壞，然毀正見。有雖不毀正見，而棄多聞，於佛所說契經深義，不能解了。

佛說：再其次，文殊菩薩啊！有些眾生雖然在佛那兒受教求學，包括出家、在家的，換句話說，有些眾生跟佛學習，而且是真正學佛，接受佛的一切教法。「諸學處」包括經教、教理、大小乘、顯密教、戒律等。經律論三藏皆通的學佛者，「而破尸羅」，卻破了戒，尸羅就是戒。

很多人包括我在內，口口聲聲說自己守戒，或以戒律標榜自己，嚴格講起來，處處犯戒，因為菩薩戒第一條就是不能「自讚毀他」。自己認為是以戒為標榜，以禪宗為標榜，或以淨土為標榜，其他都不好，早已犯了根本戒，根本尸羅已經犯了。

佛教有一句通俗的話，「若要佛法興，唯有僧讚僧」，出家人必須彼此讚歎，彼此恭維，彼此講好話，佛法才會興盛。結果今天的佛教卻是「唯有僧毀僧」，問題相當嚴重。再不然，就是看不起他人，尤其是標榜某一宗、某一派的人，這種過錯犯得很嚴重。以我的眼光看，我是個凡夫，以可憐眼看天下可憐人，世界處處都可憐，看到學佛的人都在可憐的破戒中，很嚴重，很可悲。

佛又說，有些學佛的人雖然沒有破戒，但是卻破壞了團體的規矩。譬如各個寺廟因環境不同，有其特定的規約、原則，有些自認了不起的人，不願遵守這些原則，就叫「破軌則」。破壞共修團體生活軌則，所犯的罪業更大，所以我們這裡寧可罵你，把你趕出去，不希望你再造這個業。那是慈悲啊！共修道場所訂的規則就是戒律。有些人不但不守尸羅，還要破壞規矩，佛法的真正教育就是叫人作個規規矩矩的人。你到一個團體，到一個環境，不能守規矩，可見你作人不守規矩，吊兒郎噹的不在軌道上走，那還有什麼用？在人中已經不算一個分子了。

佛進一步又說，「有於尸羅軌則，雖得不壞，然毀正見」，一層比一層嚴格，不是一層一層罪輕，軌則比尸羅嚴重，正見又比軌則嚴重。有些人學佛不犯戒，也沒有破壞規矩，但他心裡的眼睛已經瞎了，沒有正見，對於什麼是真正的佛法？什麼是真正的修持？看不清楚，那是因為缺乏智慧，沒有頭腦。沒有正見即是佛法的瞎子，縱然在修持也是盲修瞎煉。我經常看到許多人佛法講的頭頭是道，自己認為比任何人都聰明、都高明，講出來的話好聽得很，實際上，一點都不是佛法，行的全是魔道，甚至是地獄道，為什麼？就是因為沒有正見。所以正知正見是學佛最為重要的，非常非常重要的關鍵。

有了正見　才能講戒律

我們曾經講過布施和持戒，有一點大家必須留意，幾乎每一本經典都會提到菩薩道的六度——布施、持戒、忍辱、精進、禪定、般若，為什麼《藥師經》也提到這些呢？一般人的觀念總會認為《藥師經》應該是講如何得長壽？如何消災免難？如何使人所求如願？怎麼也講起六度來了？這個問題的關鍵就在於：要想無災無難，沒有煩惱病痛，必須從心地上的修持開始，也就是從改變自己的心理行為開始做起，才能獲得藥師佛相互的感應。因此《藥師經》亦不免重提六度的重要性。

「有雖不毀正見，而棄多聞，於佛所說契經深義，不能解了。」如果沒有真智慧、正知見，六度萬行有時候看似做善事，實則是做了壞事。所以一切以正見為首，因為正見能破除迷信而起正信。正見從何而來？正見必須有高度的、真正的般若，真正高度的般若又自何而來？必須要懂得方便般若、文字般若、境界般若、眷屬般若。般若意即智慧，因中國文字「智慧」

一辭，不足以概括般若的內涵，所以不直接譯成智慧，而以梵音「般若」代替。五般若就是：

一、**實相般若** 悟了道，見到道體的本身即實相般若。

二、**境界般若** 見到道體，有「見道」的境界。

三、**方便般若** 見到實相般若，屬於「根本智」。有了「根本智」，還必須求「差別智」，對一切差別法門要儘量透徹了知。因此，善財童子悟道後，他的老師文殊菩薩還要他再出去參學。當然，見道後有時各種方便般若會觸境而發，無師自通。但是我們不能因此不繼續學習，要知道「法門無量誓願學」。

四、**文字般若** 有了方便般若的人，文字般若自然殊勝。

五、**眷屬般若** 包括布施、持戒、忍辱、精進、禪定。

般若就是正見，有正見的人才能談修持與成就，否則都是在盲修瞎煉。

那麼，真的正知見從何而來？靠多聞而來，沒有正見的原因就是自己不肯求多聞。

佛學所稱的多聞，並非聽聞的聞。佛經記載，佛的十大弟子中，阿難尊者多聞第一。多聞包括一切學問、一切差別法，阿難尊者因為隨佛多年，對佛所講的一切經、一切律等，一切學問都能深切記聞，所以多聞第一。

我們知道正見自多聞而來，不是光坐在那裡不求多聞，不研究佛的經律論的深義而能得。

「契經深義」，契是完全相合，對佛經深義完全了解，古代翻譯為契經。如果對於佛所說經典的真正意義不能瞭解，文字看得懂，經義重點卻不能證到，因此無法成就多聞，亦不能成就正見。

舉例來說，現代佛學很流行，研究佛學的人也很多獲得碩士、博士學位，也能成為教育他人的大專教授，如果真要問起有沒有研究佛經原典，所獲得的答案多是否定的，那麼這些學者所看的佛學著作是不是近代人所寫的文章、註解呢？答案則多是肯定的。現代研究佛學的人大部分走此路線，情況非常嚴重，這就犯了「於佛所說契經深義，不能解了」的毛病。看了一點現成的佛學文章，什麼空啊！緣起啊！而提出一些佛學看法，這些與真正的佛學根本毫不相干。

又譬如我們現在所看的《藥師經》原文，文字都看得懂，如果要達到「契經深義」，則不但要理解文義，更要完全解了，所謂「了了見」，每一句話都要在心地上求證過、通達後，才能謂之「解」，也才能「了」。

解了佛經後，增加多聞；有了多聞後，增加正見。換句話說，我們把文字倒回去看，有了正見才能講戒律，不破軌則，不破尸羅。那麼，順著文義下來就是說要想不毀正見，對三藏十二部經律論必須通曉無礙，尤其是經典，因為戒律來自經典。佛所講的稱為經；律是釋迦牟尼佛當時所制定的戒條，有些是佛的弟子們針對現場發生的事所訂立的規範；論是後世菩薩們的著作，如《成唯識論》《大智度論》等等。

佛法經律論的真正深義在什麼地方呢？在一切佛親自所說的大小乘經典中。所以大乘經典、小乘經典均要研究，才會了解經文深義，進而增加多聞，成就正見，如此才是真修行。

眾生與生俱來的傲慢

有雖多聞，而增上慢；由增上慢，覆蔽心故，自是非他，嫌謗正法，為魔伴黨。

有些人學問很好，尤其是學佛的人，研究過經律論，也了解佛經，成就了什麼呢？成就了一個很嚴重的錯誤——「增上慢」。一切眾生，不僅僅是人，所有一切生命的貪、瞋、癡、慢、疑都是與生俱來的。貪、瞋、癡，大家都聽得很多了。慢，慢是什麼呢？慢就是我，我們常聽見別人講口頭禪，或聽到街上發脾氣的人罵一句「格老子」，這句「格老子」就是我慢。世界上沒有一個人不覺得自己了不起，即使是一個絕對自卑的人，也會覺得自己了不起。有自卑的人都是非常傲慢，為什麼傲慢？因為把自我看得很重要，很在乎自己，但是又比不上人家。自卑與自傲其實是一體的兩面，同樣一個東西。一個人既無自卑感，也不會傲慢，那是非常平實自在。

中國文化裡莊子有一個比喻傲慢的典故：「螳臂當車」，他說螳螂發起脾氣來，舉起兩隻細長的手臂，想把車子擋住，不讓車子過，結果可想而知，不但被壓扁，連漿都壓出來了。莊子這句話是比喻人「不自量力」，超過自己能力、智慧範圍的事非做不可。螳螂當時怎麼會有那麼大的勇氣，想用兩隻手臂去擋車子？就是因為「我慢」。一般人常說：「格老子，我不在乎！」你不在乎，就變成肉醬啦！

眾生的我慢與生俱來，一個人如果能去掉慢心，那就快要修到「無我」了！從心理學的觀點可以看出，我慢特別高的人，所做的事情都古里古怪，由於傲慢的變態心理，在某一方面就顯現出來了。一個怕羞的小孩，看到人就躲，是不是窩囊？根本不是，他表面上怕羞，內心卻非常傲慢。

還有疑，多疑，對任何事、任何人，尤其對修持信不過。貪瞋癡慢疑是眾生的劣根性，不容易去掉。慢與疑包含在貪瞋癡中，癡是沒有智慧。在修持上慢與疑比較容易看到，比較容易了解，因此通常只提貪瞋癡，比較少提及慢、疑。

增上慢

我們對我慢已有了瞭解，再看什麼叫「增上慢」？增上慢是人本來只有慢心，因某種原因又把慢心的作用發揮得更淋漓盡致。譬如學問好、多聞的人，最容易產生增上慢。豈止學問，一切人在任何方面有成就，更高更上的慢心必然隨之增加，像聰明人本來就自以為了不起，聰明人若再加上學識、經驗，如果走上壞路子，就是古人所說的：「學足以濟其奸」，不學還好，有了學問更助長其作惡。

中國歷史上的奸臣，都是人才，都是學識一流的人才，像眾人皆知的秦檜，學問之好，頭腦之聰明，在一人之下，萬人之上，可以一手遮天，矇騙上面的人，其本事之大，可想而知。一個部下，能把高明的老闆瞞住，看不到下面的事情，那絕非普通人所能做到。這些人往往是「多聞之士」，學佛最容易犯這個毛病。

我經常公開告誡大家，菩薩道很不容易做到，以我自己為例，如果今天有人要我一隻膀子，那我捨不得，我還要用它，我還要寫字呢！我做不到。頭、目、腦髓一切都拿來布施，我做不到。所以我不敢輕易說自己在學佛。但是我看到許多人一學佛以後，不管在家出家，經常犯「天上天下，唯我獨尊」的毛病，我也常提醒他們注意，「天上天下，唯我獨尊」的是教主，是我們的老師釋迦牟尼佛，可惜不是你也不是我呀！甚至還有一種謬論，常聽有些人說：「不識字、不研究佛經不要緊，六祖還不是照樣開悟，六祖並沒有靠讀書開悟。」我說：「那是六祖，你不是六祖半，更不是七祖，對吧？」六祖是沒有讀書，但是他碰到了五祖，有位好老師。像釋迦牟尼佛也不靠祖師開悟，他可沒說不讀書。釋迦牟尼佛在十八歲以前就成就世間一切學問，為什麼你不肯讀書？不肯跟佛陀學呢？

學佛講皈依，皈依佛，皈依法，皈依僧；講四無量心，早課晚課，不知唸了多少遍。法門無量誓願學，無量法門也包括邪魔外道吧！無量，你學了幾個量？統統犯了增上慢戒。增上慢是個戒，增上慢的反面就是謙虛，絕對的謙虛，就是老子所講的「虛懷若谷」。所以，大家要學習不犯增上慢，這裡講的只是戒，更重要的是：要戒除增上慢的心，才會增長多聞。

我經常碰到學術界學識很好的人，一來，一談問題，劈頭就是一句：「我問你一個問題」，我就眼睛看看他。他再說什麼，我說我不懂。他說我問你，我說我不懂。用這種態度、這種口氣請教別人問題，多大的增上慢！連個請問、請教的「請」字都不肯用。

增上慢的果報是什麼？往下看。

「覆蔽心故」，增上慢把自己的本心蓋住了，以為自己了不起，自認自己觀念是對的，別人都是錯的。也許現在我年紀大了，比較少見；年輕時在大陸上看到增上慢的人可多啦！他們的聲望、名氣都嚇死人的，那種增上慢之重，那真是不得了。話說回來，我們年輕的時候也相當增上慢。

過去，看到老一輩的大居士，學識、名氣都是第一流，到了生病、臨死的時候，手忙腳亂，痛苦萬分，一點辦法也沒有，這時候所有的學問、佛法都不得力。最後一大堆人圍著他，大居士告誡後生晚輩：「你們以後還是老老實實唸佛吧！」我不提名字，一提名字就犯了增上慢戒，大概你們也可以想像得到。究其原因，沒有真正的修持，因為學問好，文章比人家寫得好，所以就犯了增上慢戒。

這種增上慢沒有方法制伏，除非你比他還要慢，那麼如何做到呢？你要多聞，學問要比他好，有正見，有真修持，否則沒有辦法。

佛在經典中告訴我們，學問越好，所知障越多，修道證道越難，他生來世的果報，是一個思想家、一個學者，不能證果。不但大乘菩薩果位證不到，小乘的果位也不可能。

你們常掛在嘴邊的「外道」，外道並不是你們所想像的其他宗教，或是邪魔歪道，外到哪裡去啊？凡是心外求法都是外道，有學問，有思想，能言善辯，講理頭頭是道，叫他拿身心來證明，一無所能，因思想、念頭靜不下來，不能專一，不能定。所以學問越好，越容易產生增上慢，自己把自己的本心本性蓋住了，「自是非他」，自己認為自己的觀念才是對的，別人不對。

所以，大乘菩薩道的大戒第一條就是「自讚毀他」，大乘菩薩道首先要學習的是真正的謙虛。

我常跟同學說，我看到學者就怕，看到文人就怕，看到藝術家就怕，看到能幹的人就怕，很多人我看了就怕，怕什麼？自古以來，文人、學者、藝術家都犯了同一毛病：「文人相輕」，看不起別人，文章是自己的好，兒子是自己的好，不過妻子是別人的好，是不是這樣？

我們小時候讀過一首名詩：

天下文章在三江　三江文章屬我鄉
我鄉文章算舍弟　舍弟隨我學文章

三江就是江蘇、浙江、江西。講了半天還是我第一。文人個個如此，人人一樣。算命的、看相的、玩藝術的，都彼此「千古相輕」，相互嫉妒，甚至於打架。看別人生意好就眼紅，某某人八字算得好也不服氣。

搞宗教的，基督教、佛教、天主教都是「千古相嫉」。你的廟子旺，我的廟子不旺，恨死你，恨不得夜裡一把火燒了你的廟子，或唸個咒子把你的廟子毀掉。

「文人相輕，自古而然」是古人說的，我則加了兩句：「江湖千古相仇，宗教千古相嫉」，我三樣都碰到過，真是可憐哪！有時我閉眼睛一想，都覺得還很稀奇，在「千古相輕」、「千古相嫉」，「千古相仇」幾重的壓力之下，竟然還能活著，而且活到幾十歲，也差不多啦！

談這些事實和道理，就在說明人根本上所犯的錯誤，就是慢心太重，自讚毀他，認為自己都是對的。我經常講，天地間的人，絕沒有自己承認自己犯錯的，都是別人不對。我坐計程車有個習慣，一上車就先說：「對不起！請你幫我開到某某地方。」司機回頭看看我，一臉莫名其妙的表情，覺得你這個老頭真奇怪，怎麼說對不起？對我說：「我從來沒見過你這樣的人。」我說「是啊！請你啊！麻煩你，勞駕你。」最後我下車又對司機說：「謝謝你啊！」

任何人只要一犯錯，他心裡也明白，臉色立刻變紅，過了一會兒，自己再一想，馬上又找了很多理由支持自己，認為自己的對，錯的還是你。你看我們每個人是不是這樣？當然包括我在內。

嫌謗正法

人都是「自讚毀他」，我的對，錯的是別人，因此不叫作修行人，因此不能成道。更加嚴重的是：「嫌謗正法，為魔伴黨」。「謗」是毀謗正法，注意「正法」這兩個字。什麼是正法？很難講，你說佛教是正法，他說其他宗教也不是邪教，到底哪個宗教才是正法？宗教有一個相同點：勸人為善。信仰宗教的人總不敢勸人家做壞事吧！真正的教義，誰的高深？誰的徹底？另外再討論，這裡不談。但是，一般的宗教徒喜歡毀謗人家的信仰，認為不是正法。

什麼叫正法？沒有悟道，沒有證得實相，你知道什麼是正法？沒有正見，何以知道正法？正法又是哪一法？根據佛經，自己去看看，你去找出來哪一法是正法？

當然，三十七菩提道品、四諦、十二因緣是正法；聲聞、緣覺是正法。但是到了《楞嚴經》，佛親口將聲聞、緣覺斥為外道；到了《法華經》，佛說沒有三乘道，只有一乘道；到了《金剛經》，佛說未曾說過一個法，沒有說過一個字，一概否認。請問哪一樣是正法？不要認為我一學佛，我的就是正法，這是增上慢，正是毀謗正法。「正」的上面還有個「不」字，合起來唸是什麼字？叫歪。

真的正法是無可說的，我們今天在這裡講《藥師經》已經是多餘的了；沒有講《藥師經》以前早就大澈大悟，這才是正法。八萬四千法門樣樣都是外道，也樣樣都是正法。所以禪宗六祖對當時的弟子們所開示的話，有他的正確理由，古德說：「正人用邪法，邪法亦是正；邪人用正法，正法亦是邪」。

所以，正法在哪裡？正法在正知見——正知正見。然而嚴格說起來，真正的正知見對不對呢？還不行，你還要無一法可得，真了了，無正無邪，無善無惡，無是無非，連無也無，那差不多進入正法了，否則一切人說法都不是正法。像我現在上課，現在說法可以說在毀謗正法，因為正法無可說。

「謗」字上面還有個「嫌」字，嫌是討厭。很多人的根器不能跟他講正法，一講正法，他就討厭，自然無緣，他也聽不進去。你們將來年紀大了，慢慢變成善知識，就有了經驗，對方不但聽不進去，你正要告訴他時，他馬上走開，使人內心真是無比的憐憫，無比的悲傷，那真是沒有辦法。所以我有時候婆婆媽媽，「你注意聽，不准多說話」，這樣他還是聽不到，不相干的話他聽進去了。重複三次以後，我就不再講了。為什麼？他的業力太重，非要等他業力消了，轉好幾個大圈過來再說吧。眼前你就是想慈悲也沒有辦法，你讓他出去磨煉，消業障是大慈悲；不去受些苦，不去受挫折，業障消得慢。

所以，有許多人「嫌謗正法」，討厭正法。你自己知道嗎？不容易知道。很多年紀大的人跟我談話，你跟他講了一百次，你說你的，他說他的。我說我已經告訴你了，他又說：「老師啊！我忘記了。」不曉得多煩啊！只好用極大的耐性、極大的智慧去教導他。

這些情形都是嫌謗正法。嫌謗正法是怎麼來的?就是從「我慢」、「增上慢」心理而來,所以要戒慢心。

《藥師經》這一段講戒律的重點,首先要我們好好熟悉戒律,然後好好守戒,不要破戒;要不破戒必須有正見、多聞;要正見、多聞的最主要條件,必須去掉增上慢,去掉以自我為主的心理。所以,歸根究柢,重點還是在一個「增上慢」。經文的要點搞清楚了沒有?不要又被自己的慢心蓋住了。

邪見與正見

如是愚人,自行邪見,復令無量俱胝有情,墮大險坑。此諸有情,應於地獄、傍生、鬼趣流轉無窮。

「自行邪見」,什麼是邪見?在哲學道理及佛學因明的論辯中,很難下一定論。但是,我們所講的邪見,除了正見以外,妨礙我們成道的心理觀念和思想，歸納起來有五大類：身見、邊見、邪見、見取見、戒禁取見。

所謂見，不是用眼睛看，譬如我們通常都會說某人沒有見解，以現代話來說就是沒有正確的觀念。什麼叫觀念？一般人如果沒有正式學過哲學，只曉得說「你觀念不對」，並不完全清楚觀念的意思。觀念就是見，你的思想見解構成了心理上的一個確定的模式，就叫觀念；你認為這樣對或不對，就是習慣性的觀念。換句話說，第六意識非常堅固，認為這個理解、看法是對的，就是觀念。

譬如我們老一輩的人有一個很古老的觀念——穿長袍。舊社會沒有電風扇，夏天要去看朋友或者見長輩，非穿長袍不可，熱得汗流浹背也不敢脫。萬一在家裡穿個短褂，聽到某位長輩或老師來了，趕緊跑進房裡穿上長袍，一邊扣鈕子一邊說：「對不住，對不住，馬上來。」長輩說：「沒關係，熱天無君子嘛！寬衣，寬衣。」這邊回答：「不敢，不敢。」那邊再說：「寬衣，寬衣。」催了兩聲才敢把長袍脫了。在古代這是禮貌，是觀念形成的一種習慣，現在唯恐不剝得光光的。古代認為是錯的，現代卻視為當然，這就是觀念，也就是見。

我們之所以不能得正見，不能證道，便是因為我們的心時時刻刻被「五見」遮擋。

這五見，第一個是身見。你們反省反省，哪一個想修道證果？免談了！坐在那裡打坐，「唉喲！身上氣脈動啦！」「唉呀！這裡氣脈不通。」這是身見，身體丟不掉、空不掉，光說四大皆空，你來空空看！三天不給你飯吃，打坐餓得發昏，你去四大皆空吧！腸子你空吧！胃你空掉吧！不要叫餓！看你空得了空不了？為什麼空不掉呢？修道人的觀念問題，不是空不掉，而是你身見的觀念太牢固。有時你把身體丟了一下，一會兒又回來了。剛上座那一剎那好像沒有身見，蠻好；等到一坐正，手一擺好，整個身見來了。唔！這是阿拉（我）坐在這兒。全是身見，怎麼成道？

什麼叫初果羅漢、二果羅漢？貪瞋癡慢疑五毒加上身見、邊見、邪見、見取見、戒禁取見，這十個根本你去掉多少便能證多少果。什麼叫證果？你以為拿廿塊錢買個蘋果就叫證果啦？要用五毒、五見來測驗自己，想想看你身見去掉了多少？

邊見，譬如你有時候坐起來也清淨，也空啊！你那個空有多大？水桶那麼大。自己覺得：「唔！好空喔！唔！現在我沒有了！」仍然有一個量，處處在邊見中。佛法是無量無邊的，你處處有量有邊，還邊得厲害，邊到歪邊去了，怎麼證果？學佛、打坐、修道、唸咒、唸佛，唸到哪裡去了？求往生西方極樂世界，坐也不敢向東方，非得向西方坐，萬一你死的時候是朝北方死怎麼辦？統統被邊見困住，怎麼往生？宇宙是圓的，《藥師經》告訴你：東方藥師佛土與西方佛土平等無差別。邊見的意思，並不是說我天天坐在這裡也沒有看到邊的那個邊，而是說你心量有範圍。

戒禁取見，這更嚴重了。什麼叫戒禁取見？譬如信所謂鴨蛋教的有不吃雞蛋的禁戒，因為吃雞蛋會墮落，吃鴨蛋才會成道，這是戒禁取見；又如拜火教認為要拜天主就要拜火；又如有些人認為不吃素不能證果，也是落於戒禁取見，當然你不能說不吃葷不能成道，那一樣是戒禁取見。所以別說是惡法，你的善法執著了一點也不能成道。

戒禁取見有很多，許多人犯了戒禁取見而不自知。不要看世界很文明，其實相當落伍。提到文明，以日常生活為例，過去我們的媽媽祖母那一輩，她們的內褲，我們連影子都看不到，那時女人的內衣褲放在床的內側陰乾，床像宮殿一樣，四周圍著，絕對不能拿到外面用太陽晒乾，見了天日不得了，罪犯天條。哪裡像現在的三角褲掛在外面到處晾，還透明的，管他幾角，像「萬國旗」一樣掛在高樓頂上。以前人的觀念，男人的頭頂不能在女人的衣服下走過，現代人在「萬國旗」下走過來走過去，從來沒有怎麼樣。

戒禁取見包括很多，又如有些觀念認為，人死了，手要擺在哪裡，燈要放在哪裡，衣服要怎麼個穿法，不那麼穿不得超生等等，都屬戒禁取見，只要有一「見」存在就不能了道。

見取見，就是有所見，但卻捉著不放。例如從「畢竟空」或「勝義有」的法門走進去，要是沒有圓融的話，只見到「有」或「空」的一面，卻以為究竟，那就是一大障礙了。

邪見，邪見當然是歪了，歪見與正見很難分辨。好比我們的嘴一樣，看起來滿正的，稍稍歪一點就歪了，正見有時錯誤了一點就歪了。

所以真正達到正見，談何容易，譬如禪宗語錄有一則公案，一位師父悟道了，但是衣缽還沒有傳，大弟子工夫好，打坐、不倒褡樣樣行，認為師父應該把衣缽傳給他，不料師父臨走前把師弟叫回來，把法印傳給了師弟。大師兄心裡很不高興，增上慢來了。師弟回來接方丈位，一看便知道師兄不高興。當然，這些人修養很高，表面上看不出不高興，其實修持到他們那種境界，別說面子上，念頭一動，立刻感應得知，他心通的本事很容易。眾弟子替師父焚化時，接法的弟子接了位，等於皇帝傳位給小太子的道理一樣，小太子登上寶座，做哥哥的照樣要下跪叩首。師弟看看師兄的態度說：

「師兄啊！師父傳位給我沒有錯，你還要好好努力。」

師兄說：「師弟，你不認可我嗎？」

師弟：「不管認不認可，我問你，師父平常教我們參禪作工夫，要一條白練去，這是什麼意思？」

師兄喊：「點香來。」

古代叢林的香有小指頭那麼粗，禪堂打坐點一支香要兩個半鐘頭。

師兄說：「香煙未斷，我就走了。」師弟笑而不語。

當然，生死來去自如，說走就走，要來就來，可沒那麼簡單，難上加難。香未點完就要走了，這個本事有多大！是否能要生就生？我們看不出來，但至少他說走就走，當然不是吃安眠藥，也不是上吊。

師弟在他身上拍一拍說：

「師兄啊！你這樣搞沒有用啊！『坐脫立亡即不無，先師意尚未夢見在。』」

「坐脫立亡」，腿一盤或站著，說聲走啦！就死了。這個本事只是定力的工夫而已，不是悟道。

「先師意尚未夢見在」，師弟說。你對佛法的正見，做夢連影子都沒有夢到，你以為說走就走，就叫佛法嗎？

這一段公案就在說明，這位師兄修道能到達「坐脫立亡」的境界，仍未得正見。以佛法而言，證到聲聞緣覺的羅漢果位，不算得正見，乃至成就了辟支佛果還不算；唯有證得阿耨多羅三藐三菩提，彈指之間，當下澈悟，這才是正見。

所以《楞嚴經》提到：「見見之時，見非是見，見猶離見，見不能及」，這是正見。「見見之時」：大菩薩悟道見道的時候。「見非是見」：那個見道之見，不是眼睛看到什麼，也不是心裡或打坐時看到什麼的見。「見猶離見」：那個見道的見，離開能見所見。「見不能及」：不是你的思想觀念所能達到的。這四句偈還不是正見，只是正見的第二層投影，形容辭而已。

由此可知一切眾生學佛，要對佛法產生正見之難，學佛沒有正見，大部分都在邪見中。所以佛說一切眾生因有增上慢覆蔽心故，「如是愚人，自行邪見」，自己走入邪見之路不說，還影響別人，害了別人，令無量俱胝有情，墮在大危險的深坑，永不超生。為人師者，一不小心就走入這個道路。那麼，他的果報如何呢？

邪見的果報與藥師佛的威力

「此諸有情，應於地獄、傍生、鬼趣流轉無窮。」嚴重的下地獄，輕一點的變傍生——畜生，有些變餓鬼道眾生。因為犯了邪見，不得佛法的正見，有了增上慢，又因為自是非他，嫌謗正法，因此輪轉到下三道受果報。「流轉」就是輪迴的現象，是形容辭，像流水一樣在旋轉流動。

若得聞此藥師琉璃光如來名號，便捨惡行，修諸善法，不墮惡趣。

佛說這些人等如果聽到藥師佛的名號，拋棄了惡的、壞的觀念，再轉來修正法，自然不墮地獄、餓鬼、畜生道。但是，除非他自己的阿賴耶識憶想起來，否則很難有這個機會。

這裡有沒有問題？你們沒有問題，我替你們提個問題，藥師佛有那麼大的威力，咱們去地獄、餓鬼道玩玩有什麼關係？多去體驗，多去瞭解嘛！將來也好多度眾生。沒有做過豬，去嚐嚐變豬的滋味，將來懂得豬說話，到豬國留學度豬也容易一點嘛！這樣行不行呢？你要注意，經典上講一切學佛的人要先持戒。由於過去戒律持得很有基礎，後因走入邪見，走錯了路而不求多聞，而自是非他，而增上慢，這一類根器的人墮落三惡道中，在他的根性中，多生累劫以前持戒的種性還在，那點靈光並沒有完全毀壞。所以一聽到藥師琉璃光如來的名號，便捨棄惡行，修諸善法。

讀經要注意，尤其出家同學，將來都有機會出去弘法，不要瞎子牽瞎子，滾進一堆沙子，那就越滾越糟，流轉無窮了。因此我特別跟你們講這部經典，你們要仔細閱讀，要如佛所說，「契經深義」。你說我只想修行打打坐就好啦！不想研究經典，那是愚癡心，犯了「不求多聞」的戒，將來會更愚癡。要注意哦！我們中國翻譯佛經，把釋迦牟尼譯成什麼佛？「釋迦文佛」，文章的「文」，所以不要偷懶；不研究經典，不看佛經，是不行的。

這裡的問題已經替你們解答了，要有多生累劫以前學佛持戒這一點靈光的「因」，才有一聞藥師琉璃光如來名號「便捨惡行，修諸善法，不墮惡趣」

的「果」。

與佛作對的提婆達多

設有不能捨諸惡行，修行善法，墮惡趣者，以彼如來本願威力，令其現前，暫聞名號，從彼命終，還生人趣，得正見精進，善調意樂，便能捨家，趣於非家，如來法中，受持學處，無有毀犯，正見多聞，解甚深義，離增上慢，不謗正法，不為魔伴，漸次修行諸菩薩行，速得圓滿。

剛才說三惡道的眾生，因為過去有持戒的靈光、根器，所以能捨惡，修一切善法，因此解脫跳出惡道。但是也有眾生很習慣在惡道中，這是觀念問題。譬如在佛經中有一個大祕密：多生多世與佛唱反調的提婆達多，是佛的兄弟，當釋迦牟尼成佛時，提婆達多才出家，要跟佛學神通，佛不願意教他，就找另一位堂兄弟——阿難教他。阿難聞佛說法，方法都記得，但本身沒有修持。阿難教提婆達多，修了七天，就五通具足了，當然未得漏盡通，然後就開始要當教主，反對佛。

提婆達多處處與佛為難，佛出門時，他用神通施展法術，從山上滾下一塊大石頭，準備把佛壓死，靠一位原來什麼都不會，五百生以前還在當狗的徒弟周利槃陀迦救了佛。起初佛教周利槃陀迦唸經唸佛唸咒，他都不會，佛又教他唸「掃把」兩個字，他唸了「掃」字忘了「把」，唸了「把」字忘了「掃」。後來周利槃陀迦證得羅漢果位，以神通知曉提婆達多施法害佛，用掃帚把石頭頂回去，石頭雖然沒有打中佛，卻又彈回來壓傷了佛腳上的大拇指。

後來提婆達多生生世世墮入地獄，他在佛面前，地自動裂開掉下去。據說現在到印度還看得到這個坑，不過很淺。佛的兄弟都很感嘆，問佛何以會如此？佛嘆氣說：「你們不知道，他不只這一生，而是多生多世與我作對。過去有一生，我變成蝨子，他變成跳蚤，比我聰明、靈光，又跑得快。有一個又窮又乾又癟的羅漢在打坐，我跑到他身上找不到東西吃，快餓死了。變成跳蚤的提婆達多吃得烏黑油亮，我問他：你老哥在哪裡謀生呢？他告訴我，羅漢入定，頭頂正好充滿血，爬到頭頂上咬一口就吃飽了。我聽跳蚤的話，到羅漢頭上咬一口，結果這位羅漢入定蠻好，但是身見沒有忘，他一痛，手一捏就把我捏死了。」佛說他變成蝨子已經夠可憐，提婆達多還要變跳蚤來害他一下。

然而，佛講到《法華經》時才說：「你們別搞錯啦！提婆達多是何許人也？他是我最初發心學佛時的老師。他引導我，怕我道心退轉，所以生生世世來折磨我，其實他早已成就，你以為他真下地獄啊？」阿難同其兄弟觀察提婆達多在最深一層地獄。阿難請求世尊用神通把提婆達多從地獄度上來。佛說：「阿難你好愚癡啊！不是我不肯度他，是他不肯離開地獄。」阿難不信，佛把阿難送到地獄，果然看到提婆達多，阿難問哥哥在地獄苦不苦？提婆達多回答說：「哼！我在這裡比三禪天還要快樂，有什麼苦？」阿難問他想不想離開地獄，提婆達多說：「去！去！去！誰把你送下來的？我在這裡比三禪天境界還快樂，為何要離開？」這是個大祕密。所以地藏王菩薩願意在地獄等我們，等我們這些業障重的眾生下去。

捨惡行善

但是話又說回來，有些人以惡法為樂，不肯捨，縱然度他，他也不願意捨棄惡法，修習善法。這些人在三惡道中，「以彼如來本願威力」，因藥師如來願力宏大的關係；「令其現前，暫聞名號」，怎麼講「令其現前」？注意喲！靈光一現，忽然莫名其妙的聽到藥師佛的名號；或者自己多生累劫的因緣，因為藥師佛的本願、願力、光明、名號的力量，在他睡夢中偶然現一下；或者臨死的時候見到佛或佛光現一下就消失，如《西藏度亡經》所說。

「從彼命終，還生人趣」，受到佛的威神或佛光所照，從三惡道中脫離，投生變人。「得正見精進，善調意樂」，得了人身以後，具備了正見，也相當精進修道。所以有許多剛從三惡道中來的人，因為曾蒙佛光加庇，修行精進而有正見。這些人善根具足，很容易做到「善調意樂」；沒有正見，又不精進的話，很難做到這四個字。我們的思想意識，一天到晚都在煩惱、憤恨、痛苦、憂愁中，意境上沒有一剎那的快樂。

這些人等，善於調整自己的意樂，因此也能出家。「非家」就是出家，不是一般人世間的家庭，而是如來法王之家。慢慢在佛法中受持七學處，也就是所有自利利他的戒、定、慧，再加上這一生有真正正見的修持，又肯求多聞，又能理解一切經典甚深意義，遠離增上慢心，不毀謗正法，不為魔作伴侶，而漸漸修習諸菩薩行。修菩薩道，行菩薩萬行，不是一時能夠做到的，而是「漸次修行」，在大乘道上慢慢求進步，最後得到圓滿菩提成就而成佛。

行到有功即是德

戒，是一切要有正見，而且最重要的是去除增上慢心，以多聞培養自己的正見，因得正見而戒行清淨。不得正見，一切眾生自心已經成病了，縱然聞藥師如來名號，也很難相感應。由於有正見，聞到藥師如來名號，即身就得感應，即身可得成就。

其實一切佛法，不論小乘的四諦、十二因緣，大乘的六度萬行，都離不開戒。所謂戒就是行，什麼行呢？為善去惡而止於至善，行到了就是有功，就是德行的成就，所以千萬注意古人的一句話：「行到有功即是德」，也就是事到有功即是德。什麼是功德呢？必須一切有成果，行為到了，有成果，有功勳，才是真正的功德。譬如有一天和大家一起吃飯，跟同學們談起，任何一個人做任何一件事，甚至做最起碼的一件小事，像抹個桌子清掃室內環境，我們可以反省自己，誰能做到「久要不忘平生之言」這句話？往往是五分鐘熱度。

也許同學知道我有過分的潔癖，而且還有整齊癖，東西一定要擺整齊。有一次某某教授與另一位教授談話，在我案頭拿了一本便條紙做記錄，用完了又放回原位，放得很整齊。他一邊放一邊戰戰兢兢地看我，深怕自己放得不整齊。我曉得他平常在家裡不是這樣做，因為有太太服侍他。當著我的面，惴惴不安，特別要把紙條放整齊，意思是說：這回我總合你的意了吧！結果他放好後，我又把本子拿起來，重新放一次，這下他傻住了。當時有很多長官、客人在座，他不好意思問我，我也不會講。過了三天他來了，我跟他提起這件事，他說是啊！老師，我曉得在你面前放東西要放得很整齊。我說你放得很整齊沒錯，那是表面上看起來很整齊，實際上那本便條紙下面有幾張摺到被壓住，你卻沒有看到，因為你過於小心，眼睛又不斷看著我，所以沒有注意到下面。

一個人行菩薩道，講到戒的行為，像這樣小的一個動作都不能麻胡。「莫以善小而不為，莫以惡小而為之」，這就是戒。我常跟同學們說，我曉得你們很發心，發心是佛家的話，就是一般人說的立志。但是我曉得不到三天，第四天就鬆懈了，慢慢地不動了。一個人入世也好，出世也好，一生有沒有成就，就看他能不能做到「久要不忘平生之言」。這是非常難做到，因為環境的改變，自己馬上變了。變了還找許多理由原諒自己，為自己作解釋，結果還覺得自己沒有錯，錯的都是別人，再不然就說這裡的環境不好。

所以大乘佛法的布施也是戒，布施就是犧牲自我。誰能夠真正犧牲自我？做不到的。朋友生病了，自告奮勇來幫忙照顧。三天？三個月？三年？乃至十年？你不會埋怨自己嗎？不埋怨他，也會自己埋怨自己，唉！我當初為什麼要答應呢？對不對？所以很難啊！修行要在這些行為上下工夫，由心裡的行到外面的行為，因此說「行到有功即是德」。功德不成就，想修道打坐開悟？行嗎？那你早「誤」了，耽誤了。

學佛注重在行

所以一切在行，尤其目前世界各地風起雲湧的崇尚談禪，千萬要注意，真正的禪宗是行到，不是嘴裡講的口頭禪。光談禪沒有用，要行到，因此要特別注重達摩祖師所傳的禪宗，達摩禪以「二入」及「四行」為要義。所謂二入是理入和行入，四行是報冤行、隨緣行、無所求行、稱法行，四種行都要做到。如果行不到，在見解上偶然有超脫的見解，在修定的心境上打起坐來偶然有一下空靈，那不是禪，那是任何人都可以做到的。

一個藝術家或文學家，乃至一個極度勞苦的人，挑個擔子行百里路，偶然把擔子一放，地上一坐，心情一鬆，此時沒有雜念，很清淨。要得到心境的清淨很容易，可以用各種方法做到，但那不是禪。如果認為這就是道，學佛到最後什麼都沒學到，只學會偷懶，貪圖那一點清淨；而那並不是畢竟清淨，真清淨必須智慧、功德圓滿。

功德是在行上來的，不是在打坐；打坐本來在享受嘛！兩腿一盤，眼睛一閉，萬事不管，天地間還有什麼比這個更享受？這是絕對的自私自利。但是話又說回來，打坐不需要嗎？需要啊！那是先訓練你自己的起心動念，或者空掉念頭，或者克制念頭，或者為善去惡的訓練。

譬如某天有位同學答應要來這裡工作，結果搞了一天就不來了，而且也不告訴我一聲，這是學佛的行為嗎？連這麼一件小事都做不到，學個什麼佛？作人連信義都沒有，還學佛？什麼叫信？言出有信，不來也該有個理由嘛！一天到晚婆婆媽媽說自己學佛，自欺欺人。

學佛注重在行，不在枯坐。天天在家裡坐，坐一萬年也坐不出個道理來啊！光打坐可以成佛？那外面的石獅子坐在那裡風雨無阻地動都不動，坐了二、三十年不是得道啦？行不到沒有用啊！千萬注意。

慳貪

復次，曼殊室利，若諸有情，慳貪嫉妒，自讚毀他，當墮三惡趣中，無量千歲，受諸劇苦。

「復次」，以現代白話文解釋就是再說，現在再告訴你。我們看佛經，大家往往都會被它的宗教氣氛、宗教形式所覆蔽，實際上它與中國文化儒家的孔孟之道，講作人做事的「行」是完全一致的。不過，在一致中又有所不同，孔孟之道是告訴我們作人做事的大原則；佛家講作人做事是從檢查自己的起心動念開始，從內心開始修正，所以叫修行，也叫修心。乃至慢慢觀察自心，起心動念是否純善，到了完全沒有惡念還不算數，乃至惡念空，善念也空，恢復到本來非善非惡、無我無心，本無所住而生其心，這個畢竟的清淨，才是正路。

現在佛告訴我們這個世界上的眾生基本心理上的壞習性。佛再次告訴文殊菩薩說「若諸有情」，世界上一切有靈知、有思想、有感情的眾生稱為有情。「慳貪嫉妒」是四個心理習性，我們曾經講過。慳悋表現出來的行為與節儉差不多，但有所不同。例如以儒家道理來說，我們對朋友、親戚、父母、兄弟子女等人，乃至對社會上其他不相干的人，捨不得幫助，就是慳悋，而不是節儉；對自己要求非常節省、捨不得，則是節儉，不是慳悋。悋是一個人對任何東西都捨不得，抓得很緊，這還屬於比較淺的一層；再深一層就是慳了，內心非常堅固的悋是慳。

內心慳悋是怎麼來的？要仔細反省，尤其大家學佛學禪，處處要觀心，觀察自己作人做事的起心動念，慳悋是從自我來的，因為一切都是我第一。比方我原來坐在一個涼快的地方，來了一個胖子，天氣熱得不得了，想在邊上坐一坐涼快涼快，我故意不動，甚至把屁股移過去多佔一點位置。連這一點涼爽的風都不願意讓給別人，不讓人家沾一點利益，這是慳悋，自我在作祟。

記得大概是三十年前左右，不是現在這種社會狀況，有一個朋友問我是不是在學佛？大家都說我學佛，我說沒有，因為我沒有資格學佛，學佛談何容易？後來他問我什麼是菩薩？我告訴他，當你餓了三天，而只得到僅有的一碗飯，看到別人也沒有飯吃，可以把這碗飯給別人吃，自己餓肚子，這是菩薩道。我做不到，所以我不能算是學佛的人。之後他又問我菩薩在哪裡？是不是在廟子上？我說菩薩在人世間，很多不信仰宗教的人，不論佛教、天主教、基督教，甚至什麼教都不信，但他們的行為卻是菩薩。

「貪」，凡是慳悋的人必定貪，貪與慳悋是在一起的。譬如我們說某人一毛不拔，下一句一定說：「攢了很多錢」，這是必然的，捨不得嘛！慳貪，所累積的錢財就多了；慷慨好義的人大多沒錢，除非有特殊情況。所以中國人有一句古話說：「慈不掌兵，義不掌財」，心腸慈悲的人不帶兵，慷慨好義的人不做生意。有些同學出去做生意，我以八個字吩咐他，這是賺錢的原則：「愛錢如命，立地如釘」，站在那裡守著攤位像釘子釘在地上一樣，連吃飯都不重要，可以忍一忍，賺錢要緊，這樣才能發財。以佛法來講，這個基本道理就是以慳貪為主。

其實，我們整天在這裡打坐、唸經，求佛、求福報、求智慧，不也是慳貪嗎？絕對的慳貪。有時別人請你幫個忙，「等一下，我要上座盤腿，我工夫還沒有作完」，人死了都不管。因為你貪圖成道，以為這樣就可以成佛。成鬼啊！成什麼佛？真正學佛在哪裡學？不在你那些形式主義，也不在於你擺出一副儼然學佛修道的樣子。坐在那裡佝腰僂背，好像老僧入定，實際上是在貪圖享受，自私自利，萬事不管，哄騙人家，唉呀！我在打坐用功，全是慳貪的心理。這方面的惡業是與生俱來的，修行就要在這些根本的地方下工夫，把自心慳貪的根根去掉。

嫉妒

「嫉妒」，嫉是嫉，妒是妒。嫉妒二字都用女字旁，中國古人發現，嫉妒的情緒變化表現最明顯的是女性，並不是說男人沒有嫉妒心，男人同樣嫉妒得厲害。凡是眾生都有嫉妒心，不過女性表現最顯著，嫉到了極點就生病；妒到了極點，人的心都死了，像塊石頭一樣。

我經常跟青年朋友說笑話，嫉妒心理哪裡沒有？女性最明顯，你到街上看看，一個女性在街上走，對面來了另一個女性，或者穿著比她漂亮，或者長得比她漂亮，或者手上拿個東西不同，她會斜起眼睛看，然後「啐」一聲，嫉妒。街上走路的人比妳漂亮，同妳什麼相干嘛？她也看不慣，要嫉妒一下。女性類似這種心理可多了，或某件事，或某一點，人家只要有一點好處，她非嫉妒不可。

男性的嫉妒心似乎比女性好一點，其實一樣，但有所不同，在名利場中，在同事陞遷的時候，或經理、老闆對某人好一點，無比的嫉妒，「格老子，他算什麼？啐！」就這麼一聲啐！嫉妒，其他的可多啦！

嫉妒的心理也是與生俱來，現象非常多，這兩種心態是毒啊！根據佛經，嫉妒的心理是由男身轉女身的根本業力，這種心理非常巧妙。大家自我檢查，小時候同班同學，字寫得比自己好，文章作得比自己好，功課比自己強，你真佩服他嗎？你也沒有討厭他，不過你有個心理：「我其他方面也很強哦」，「我自尊心受了傷害」，什麼叫自尊心啊？嫉妒，講好聽點叫自尊心，那是給你遮羞，那是痱子粉。所謂自尊心就是增上慢、我慢，變個名字叫自尊心。為什麼要自尊啊？以自己為中心，自己吹自己，天大地大我大，月亮底下看自己，越看越偉大，那叫自尊心？那是我慢，因為我慢而變成嫉妒。

我們看歷史上有很多人物，談到歷史偶然想到一個問題，中國人講五倫：君臣、父子、兄弟、夫婦、朋友，前面四倫還講得過去，為什麼加上朋友呢？朋友還是非常重要，朋友有時比父母、兄弟還重要，為什麼呢？人有時遭遇某一種事，產生某一種心理，父母、兄弟、配偶不一定幫得上忙，唯有朋友才能解決。然而中國歷史上標榜朋友之道的，也只有管仲與鮑叔牙的故事，難道中國幾千年歷史只有他們兩人之間有朋友之道？當然不是，除了他們之外，在非知識分子中有很多，知識分子反而不容易做到。

據我這幾十年經驗，到現在更承認古人的兩句話：「仗義每從屠狗輩，負心多是讀書人。」我最近寫給別人一副與此有關的對聯，「報德者寡，報怨者多」，現在的時代，你付出再多，所得的都是怨恨。古人也說「仗義每從屠狗輩」，社會上真正能夠幫助別人，同情、可憐他人的是窮人，窮人才會同情窮人，痛苦中人才會同情痛苦的人，屠狗輩就是殺豬殺狗的，沒讀過什麼書。「負心多是讀書人」，知識分子知識高，自己思想解釋就越多，不願意做的時候，他會刻意加以解釋；知識低的人不會解釋，朋友嘛！怎麼不去？為朋友沒有理由不去，因為他思想不複雜。學問越高，思想越複雜，高學問而變成單純專一的人，那是天下第一人，由高明而歸於平凡。

管仲與鮑叔牙是知識分子的交情，他們之間永遠沒有嫉妒，為什麼？管仲窮困可憐的時候，兩人合作做生意，管仲的個性素來如此，結帳時總要多拿一些。譬如賺一百萬，他要拿八十萬，鮑叔牙說拿去。這很不容易啊！到了管仲當宰相快要死了，齊桓公問他死了怎麼辦？宰相找誰呢？以我們的看法，管仲一定推薦鮑叔牙。齊桓公也問管仲，鮑叔牙可不可以接他的位子，管仲答說不可以，因為鮑叔牙個性太方，太求完美，要求太過分得好，胸襟無法包羅萬象，不能當宰相。於是阻止齊桓公找鮑叔牙當宰相，而另外推薦其他的人。

所謂知己朋友在哪裡？假使是別人，一定這麼想：我跟你管仲幾十年朋友，窮的時候是我培養你，在政治上也是我協助你上去的，犯了罪也是我保你不殺頭的，現在你當了幾十年宰相，死了這個位子也該讓我坐坐，連皇帝都示意要我做，你卻反對。一般人一定會罵管仲可惡。可是鮑叔牙一聽到管仲告訴齊桓公不要讓他當宰相，卻非常感謝，「只有管仲知道我」。實際上管仲是愛護他，宰相肚裡能撐船，個性太方，心胸太窄，坐上宰相的位子，會被自己搞砸；管仲為了保全鮑叔牙而反對他當宰相，也只有鮑叔牙懂得管仲的心理是愛護他。他們兩人之間永遠沒有嫉妒的心理，這個相當難。

嫉妒的心理很可怕，以我的看法，男女之間也有嫉妒，新婚夫婦最要好了吧！彼此也有嫉妒，信不信？研究心理學的去研究看看，如果夫婦倆到某個場合，有很多人讚美太太，丈夫心裡很不舒服，別說男人讚美他的太太，就是女人讚美太太多了，沒有誇讚先生一句，坐在那裡心裡真不是味道。反過來看，在某個場合讚美先生的多，太太雖然高興，心裡不是味道，這「不是味道」的心理就是嫉妒。你以為夫婦之間不嫉妒啊？你以為兄弟之間不嫉妒啊？連父子、師生之間都在嫉妒啊！

人如果能去掉了慳貪嫉妒，它的反面是什麼？只有幫助人，只有恭維人，只有培養人，都希望別人好，一切榮耀都歸於老兄你，那才是做到了不嫉妒。什麼叫學佛？這就是學佛啊！你以為磕頭拜佛，唸經吃素，求佛保佑就是學佛？你還是求這四個字保佑你好一點，你把「慳貪嫉妒」這四個字真去掉了，你成佛的路走上一半還有餘。

自讚毀他

跟著慳貪嫉妒而來的，是「自讚毀他」。在這裡的同學每天誦戒，都知道《菩薩戒本》的第一條，最嚴重的就是「自讚毀他」，自己讚歎自己，毀謗人家。這種心理所表現出來的現象多得很，尤其這方面心理業力重的人更厲害。這幾十年我看得很多，尤其在競選時，現在的競選都在自讚毀他。拜託拜託！懇請惠賜一票，我怎麼怎麼好，某人如何如何不好，千萬不要投他的票。有些毀人家的話極其高明：

「某某人你認識嗎？」

「認識啊！」

「你看此人學識怎麼樣？品德怎麼樣？」

「自讚毀他」技術高明的人，可用一個字形容：「奸」，若有人問他某某人怎麼樣，他就說：「他啊！不知道！」這種人最壞了，很多人在我面前做這種動作（行為），我心裡就知道這種人非常壞，那是一把無形的刀在殺人，也就是孔子所講的「浸潤之譖，膚受之愬」，「譖」即講人家的壞話，「愬」是心理的埋怨攻擊。這種破壞好像是浸水一樣，看起來沒有關係，無大礙，慢慢浸久了就爛了。歷史讀多了就知道，奸臣毀謗忠臣都用這個辦法，今天搞一點，明天搞一點，累積多了，使皇帝不知不覺對那個忠臣生起厭惡之心，最後非殺了他不可。

自讚毀他的方法很多，再不然在他人背後講壞話，用盡心機毀人家。你說這是為什麼呢？他也不為什麼，這樣才過癮啊！

有些人表面看起來很謙虛，看到人那種彎腰弓背，打躬作揖，講起話來又那樣謙恭，其實他是自讚，在謙虛中充分表現傲慢。

所以，「慳貪嫉妒，自讚毀他」的心理、行為，與修行是絕對關聯的。止觀法門的觀心，也要觀這些。你以為坐在那裡觀心，啊！我得一個清淨，啊！氣脈動了，到了屁股了，啊！到了頭頂了，督脈通了，通你的鬼！你慳貪嫉妒的心理牢固得很，動都沒動過。

注意啊！「自讚毀他」是兩個字單獨成立一個心理觀念，自讚是一個心理觀念，毀他是一個心理觀念。「慳貪嫉妒」則是四個不同的心理觀念。綜合而言，「慳貪嫉妒」必然會「自讚毀他」。

佛繼續告訴文殊菩薩，一切眾生都在慳貪嫉妒、自讚毀他。關於這些心理行為，真正要學佛、研究佛法的人，不要輕易放過每一個字，怎麼說呢？當我們看到經文，就要確實徹底地檢查反省自己的思想行為和心理狀況。譬如我們講戒，傳統佛法的大乘戒律，《瑜伽師地論》〈菩薩戒本〉的第一條就不能「自讚毀他」。自讚毀他是菩薩道中最嚴重的事，如果拿這四個字與一般心理學一起研究，你看這個社會活著的人，哪一個不是走這條路線？如果不自讚毀他，就沒有辦法活下去，為了想出人頭地，總想盡辦法去傷害別人。假定有人自己站起來，不但沒有傷害別人，同時使別人也站起來，這就是菩薩道，學佛的關鍵就在這個地方。然而一般人做不到，自己站起來都犯了菩薩戒，在自讚，在毀他，都是打擊他人，自己才成功。

我們看中國文化中，唐宋以來有多少文人、文學家對亂世戰爭厭惡的描述之辭，像唐代最有名的一首詩中說：「憑君莫話封侯事，一將功成萬骨枯。」戰爭的狀態豈止如此？唐末天下大亂，韓偓一路逃難所看到的景況是：「千村萬落如寒食，不見人煙空見花。」清明前夕叫寒食，一路下來，走過千千萬萬人家，或行過一省、兩省，連個人影子都沒有，只見房子裡長出野花、野草，那是個什麼境界？

所以我常說，英雄的事業是建築在大眾的痛苦上，聖人則把天下人的痛苦一肩挑起，英雄與聖人的差別就在這個地方。

其實，講到自讚毀他，在歷史上留名的人物都是「一將功成萬骨枯」。我們這個社會上任何一個行業，任何一個人的成就，都是算計了別人，以許多人的失敗而成就了自己。假定有人做到了我成功，別人也得利益，那就是佛道、菩薩道。學佛的重點就在這個地方，千萬要注意。

慳貪嫉妒　自讚毀他的果報

佛說一切眾生如果往慳貪嫉妒、自讚毀他的路上走，當墮三惡趣中，下地獄，變畜生，作餓鬼。在三惡道的眾生中，尤其是「慳貪嫉妒，自讚毀他」的眾生特別多，都是以此為根本而來。鬼道中的慳貪嫉妒更厲害，所以我們經常聽到罵人的話：「你這個傢伙怎麼啦？撞到鬼啦！」那個鬼跟人有什麼相干？嘿！他偏要整你一下，為什麼？嫉妒啊！沒有其他原因，習氣上嫉妒。所以他們在三惡道中無量千歲「受諸劇苦」，受極大的苦楚。

我們先不說慳貪嫉妒、自讚毀他的人死了以後，墮地獄、餓鬼、畜生道中受苦受罪。我們只要想一想，現實人生在慳貪嫉妒中，當下就已下了地獄，非常煩躁，非常痛苦，怎麼想怎麼不對，睡也睡不好，總想辦法去整人、害人，挑撥是非，搞些名堂，此人的心理就已在鬼道中，畜生道的樣子和性情都出來了。姑且不論身後的果報，人有這種害人的心理，一望而知。現代心理學已和醫學結合，人的心理有了重大改變，血液細胞立刻跟著變化。尤其發大脾氣的時候，當場抽出他的血液來檢驗，血液都會變色，具有毒素。所以，修行的人不殺生，不吃葷。任何生物在被殺時都會起瞋心，血液含有毒性，吃多了就中毒。

人的心理如果有各種壞心思，久了以後，生理上的神經、細胞必定跟著變化，不過他自己並不知道。過去在大陸上看到許多死刑犯，他們的樣子的確不同。所以從前作官問案，要先學會看相，犯罪人的樣子就是不同。為什麼如此呢？心理影響生理，現身就下了三惡道。

受劇苦已，從彼命終，來生人間，作牛馬駝驢，恆被鞭撻，飢渴逼惱，又常負重，隨路而行。

在地獄、畜生、餓鬼道中受報完了，「從彼命終，來生人間。」一來到世間還不是作人啊！來這個世界還要經過「牛馬駝驢」的過程，而且還是不好的。畜生道的命運也有好壞之分，在印度作牛，永遠不會挨打，也不會被宰來吃，跑到人家家裡拉屎拉尿，人家還得馬上供起來拜。印度人崇拜牛，把牛當聖牛看，要作牛也要到印度去投胎，果報總是好一點嘛！

所以作牛作馬也有幸與不幸，好命的馬，一天到晚喝白蘭地、高粱酒，吃黃豆，那舒服得很，當然跑起路來也很要命，日行千里，五百里不走，三百里也總要走的；你看作那種拖東西的笨馬，真是可憐哪！你們大概很少見，我們都親眼看到，拖東西的騾瘦骨嶙峋，瘦得和我一樣還要拖，我現在也變牛變馬了，瘦成那個樣子，每天還要拖。我也知道自己下了地獄境界，我給自己的評語「牛馬精神」就是這個意思。你以為真要變成畜生才叫「牛馬駝驢」啊！

「作牛馬駝驢，恆被鞭撻」，永遠挨打，為什麼挨打呢？果報嘛！因為過去生慳貪嫉妒、自讚毀他的心理所得的果報。譬如婦女們的嫉妒，那還得了！歷史上皇后嫉妒妃子，什麼花樣都想得出來，乃至把妃子的手腳剁了，放在酒缸裡用酒淹死、醉死，叫醉妃，因為妳漂亮嘛！要陪皇帝喝酒，把你醉死。你說那些是什麼果報？你說現在不會這樣，現在各種不同的花樣都有，人的嫉妒心理真是無法形容。

因此，即使地獄、餓鬼的罪受完了，還要變成動物被鞭撻，還吃不飽，甚至找不到東西吃。同樣是牛是馬，同樣是動物，如果養在動物園可舒服得很，撞到我們這裡來算不定就被宰掉吃了。

「飢渴逼惱，又常負重，隨路而行。」沒有吃的、喝的，也沒有好的地方住，又要常常載負重物。佛說由於過去生有自讚毀他、慳貪嫉妒等種種心理，而得到這樣的果報。這種因果報應是宗教的迷信嗎？你仔細研究看看，當一個人有慳貪嫉妒、整人害人、言語傷人等種種思想行為出來的時候，令對方遭受到比牛馬被鞭撻的痛苦還要痛苦數倍，是不是這樣？是這樣的話，這個迴轉來的果報是很自然的。

什麼是果報呢？就是中國文化中所講的四個字：「天道好還」。「還」也就是回轉來，你怎麼樣付出去就怎麼樣收回來，不但回來，連本錢加利息一起回來。中國《易經》的道理是：「無平不陂，無往不復」，一條平路走久了一定會有起伏；也沒有永遠向前走而不回轉的，因為地球是圓的。所以因果的道理是什麼呢？也可以說是這個宇宙、地球的物理法則。人到了太空就知道這個原理，把一隻手錶扔出去，它自然浮一圈又回到原位。人在地球上丟手錶會落在地上，那是因為地心引力的關係。果報就是迴旋、輪迴的道理。當你起一種心理，「慳貪嫉妒，自讚毀他」，使人家心裡難受，給人家痛苦，你已經開始了變牛變馬被鞭撻的痛苦果報了。

因果報應是誰作的主？沒有人作你的主，都是你自己造的，這叫自作自受。

至心歸依

或得為人，生居下賤，作人奴婢，受他驅役，恆不自在。若昔人中，曾聞世尊藥師琉璃光如來名號，由此善因，今復憶念，至心歸依，以佛神力，眾苦解脫；諸根聰利，智慧多聞，恆求勝法。

佛說有些人因為過去生這種壞的心理行為比較輕，「或得為人，生居下賤」，仍然投胎變人，但是作下等人；「作人奴婢，受他驅役，恆不自在」，永遠不得自由。那麼，佛說，在這樣的眾生中，如果過去生有一點善根，

「若昔人中，曾聞世尊藥師琉璃光如來名號，由此善因，今復憶念」，當他在造惡業之前，或正在造惡業那一生當中，曾經接觸過佛法的教育，曾聞藥師琉璃光如來名號，就是聽過那麼一下，多生多世不曉得哪一劫聽過那麼一下，這一生在極痛苦中，偶然引發他的一點通力，在凡夫就是憶念，回轉去想到，莫名其妙起一個佛的念頭。這個時候，「至心歸依，以佛神力，眾苦解脫」。

注意唷！你說我們現在唸了半天藥師琉璃光如來，也沒有得到解脫啊！你要曉得，「至心歸依」你就做不到。你說我跪下來啦！又磕頭啦！我口袋的錢也拿出來啦！這還不算啊！這不叫「至心歸依」，因為你沒有明心見性嘛！「至心」是到達了，認識了自己的本心本性，這才是真正的皈依佛法——「至心歸依」。那麼，這個時候佛的力量就加庇你了，其實，也不是佛的力量加庇你，而是你自己的力量加庇了自己，這個時候，你心到了，你也就是佛了。所以要「至心歸依」，一切苦難才得解脫。假使自己沒有達到至心的境界，以妄想心去唸，是有效果，種一點善因而已。欲得解脫，必須修持到「至心歸依」。

所以啊！一邊唸佛，一邊觀佛理，把理參透，一邊觀心修解脫，沒有不見效的，這一生就可見效。

假使有人如此修持「至心歸依」，此生就見到自己心性了，得到自己本身的佛力加持，解脫了痛苦，還要不要再修呢？那就是禪宗五祖告訴六祖的話：「不識本心，修法無益」，要明心見性，要觀心，那才是真正修行。因為明心見性以後，你自己的思想行為、起心動念，善念、惡念一動，自己清清楚楚，因為「覺性常在」啊！佛者覺也，你的警覺心就高了，這叫真修行。

凡夫眾生自認打坐坐得好，清淨境界啊！我悟道了！好多人狂而妄之，沒得辦法！自己在習氣業力中，自己都看不清楚，那還叫悟道嗎？佛者菩提，菩提翻譯過來是覺悟，你那個覺性不高，一點警覺性都沒有，怎麼叫修行呢？修行就是理性的警覺性特別強，自己的起心動念，一舉一動清清楚楚；是罪是福、是功是過，自己要看得很清楚，這才叫修行。

解脫後要不要修行

所以「至心歸依」以後「眾苦解脫」，得了解脫以後，還起修不起修呢？解脫是解脫了三界六道一切苦難，這只是解決問題了，等於欠了債把帳還光了，但是往後還要不要錢生活呢？那只是解脫，還沒有成就。解脫、般若、法身三者不可缺一。得解脫後正好修行，況且我們連解脫都還沒有做到，妄以為自己談談禪就悟了道。唉！天地間這一類狂妄之人不計其數，根本上就犯了增上慢。

所以，真得了解脫的人，正好修持，那麼，他生來世「諸根聰利」，六根特別聰明。聰明這兩個字，就是耳聰目明，耳朵靈敏，眼睛好，頭腦清楚。有許多人，耳朵聽力好，眼睛不好；有些人眼睛好，耳朵不好，再不然鼻竇炎，鼻子不好；鼻子好了，嘴不好，或者身根不好，身根的毛病最多了，身根包括心、肝、脾、肺、腎、胃等五臟六腑，乃至身上的肌肉、骨節都屬身根。身心內外絕對健康的人，世界上沒有一個，除了成道的人。所以，要諸根聰利極難。聰明，反應快，智慧高是利。「智慧多聞」是智慧又高，學問又淵博。什麼都聽過，學過，這還不算，「恆求勝法」，常常學的都是一流的東西，即使學佛，也是碰到第一流的善知識，第一流明師，學得第一流的修持方法。

常遇善友，永斷魔罥，破無明㲉，竭煩惱河，解脫一切生老病死，憂愁苦惱。

「常遇善友」這可難了，經常碰到、交到善知識的朋友。我們在座有年紀輕的、年紀大的，想想看，自己在社會上一輩子交到幾個好朋友？半個都沒有，包括你的丈夫、妻子在內，都不是真正知己朋友。人生得一知己，死而無憾，所以中國文化始終標榜管仲與鮑叔牙，那是知己；像孔子與晏嬰二人也是知己，孔子讚歎齊國矮子宰相晏嬰說：「晏平仲善與人交，久而敬之」，與他作朋友久了，愈覺他可愛，愈對他恭敬，這就難了。

所以，社會上到哪裡找一個善友？好朋友變成冤家的太多了。學佛修道，出世法中的善友更難了。善友幫助你向上，不會引你墮落，更不會破壞你向道業的路上走。在這個世界上，我看惡知識、惡友非常多喔！

「永斷魔罥，破無明𣪊」，永遠斷了生死魔、煩惱魔等等，破掉了無明的外𣪊，「無明𣪊」，注意啊！換句話說，我們本來是光明，因為業力這層外𣪊把我們罩住了，看不到自性光明，把無明外𣪊這一層破了，自性光明就顯現了。「竭煩惱河」，永遠不起煩惱。「解脫一切生老病死，憂愁苦惱。」我們人生在世，生、老、病、死、憂、愁、苦、惱，這八個字是永遠的魔障。憂與愁的心理狀況不一樣，愁是今天有要緊的事情發愁；憂是永遠擔心害怕，前路茫茫。苦是現象嚴重的；惱，煩惱、懊惱則是輕微的痛苦。誰也沒有脫離過痛苦煩惱，所以生老病死、憂愁苦惱是我們這個世界上永遠的魔障。

那麼，如何才能解脫呢？要真正唸藥師琉璃光如來名號，要真正了解東方琉璃世界，從內到外是一片青天一樣的光明清淨，此心此身內外沒有一點殘渣，這是琉璃光如來的境界。

人性壞的一面

接著佛講另一個心理犯罪境界的行為。

復次，曼殊室利，若諸有情，好喜乖離，更相鬪訟，惱亂自他，以身語意，造作增長，種種惡業，輾轉常為不饒益事，互相謀害。

經典就是戒律，就是修行的範本。這一條，佛告訴文殊菩薩，眾生具有劣根性，喜歡乖離，喜歡破壞人，天生的喜歡破壞團體，喜歡破壞別人的事。我們在社會上經常看到，與他毫不相干的事，他聽了就去破壞。出家人或者對社會的事少接觸，我們在家人在社會上接觸的事多了，看的更多。

有時碰到一個朋友告訴你一件事，說了半天，三十三天或十八層地獄毫不相干的事。有人來跟我講這些事，我說：「你啊！吃飽沒有？」「吃飽了，你問這什麼意思？」「你吃飽了沒有事做是不是？我還以為你有要緊的事要告訴我，我忙得很，誰有時間聽你這一套？我問你，你說你聽來的那些事，你看到過沒有？」「沒有。」我再問：「你表哥看到啦？」「嘿！嘿！那也沒有。」我說：「那你表嫂看到啦？」「那也沒有。」我說：「你更吃飽了沒事做。」

天底下有許多謠言，但是「謠言止於智者」。誰看到？我表哥；把表哥找來問，表哥說是老李；把老李找來，結果是鬼看到，人沒有看到。這個原因就是人愛犯口過。

兩舌，兩面講話，討好人。所以做主管的人，經驗久了有心得，很簡單，來說是非者便是是非人。在上面位子坐久了，這方面頭腦要清楚。甲來說乙，甲跟乙之間早已有了意見、過節，如果沒有意見，好得像親家一樣，他會來說他壞話嗎？他只會講他好話。但是你也要曉得，如果甲來講乙的好話，也同樣是問題。所以主管當久了，我承認一句話：老奸巨猾。在一個聰明、高明人面前，你少說話，你一提某人好壞，立刻被懷疑，「你這傢伙幹什麼？某人好壞我還不曉得？要你來多嘴？」

像我經常碰到這種事。什麼人好壞我還不曉得？我活了幾十歲，兩隻眼睛是瞎的嗎？如果我看錯了，那我承認我瞎了眼睛，但是你本身也犯了兩舌戒，喜歡挑撥是非，尤其是婦女特別喜歡，無事生非，破壞人家。其實，豈止是婦女，男人也一樣，不過，方式不同。人總喜歡這麼做，就是古人兩句話：「誰人背後無人說？哪個人前不說人？」人與人見了面，一定講人家，兩個人一見面，「噯！你看到某人沒有？」「沒有看見。」「這個傢伙好幾天沒看見，不曉得搞些什麼？」這就在說人家了。在人面前說別人，這是眾生與生俱來的業力。

好喜乖離　更相鬬訟

「好喜乖離」，就是喜歡做破壞人家的勾當。破壞了對他本身有沒有好處呢？他有時也替人家掉眼淚，但不要這樣做好不好呢？他自己也控制不住，這是他的業，他的地獄業。

所以學佛在哪裡學？就在這裡，要檢查自己的心理，做這一件事，說這一句話，是不是犯了「好喜乖離」？犯了這種戒，磕一萬個頭也沒有用；有用啊！那是你善心磕頭得的好果報，但那筆帳是另外算的，兩筆帳不能抵銷的。善有善報，惡有惡報，不能抵銷、沖淡。人情可以沖淡，宇宙法則是不能沖淡的；就像黑暗與光明不能中和，一樣的道理。因果報應是宇宙間的天然法則，並不是迷信，也沒有人作主，天道好還。

經常有人說，因果報應很難相信。我說年紀大了，越看越相信，越看越害怕，尤其現在更可怕。我們年輕時，哪裡有冷氣機？夏天熱得把上衣脫了，一邊看書，一邊搖扇子，稱得上是「江上朔風清」了，尤其一陣涼風吹過來，真有說不出的舒服，那個時候看果報就慢。現在這個時代，我經常感覺到，閻王那裡的地獄都是電腦作業，現世報的事情太多了。科學時代，報應也很科學。你們自己去研究，去看這個社會，去看這個人生，就能了解自己。

「好喜乖離」，乖是乖，離是離。離是離間，挑撥是非，破壞人與人之間的感情。乖是把人與人之間弄得彆扭，本來大家好好的，他會把彼此搞得彆扭起來。

「更相鬬訟」，還有一種心理喜歡挑撥人家，與人相鬥、打架。打架這個名辭，在河北、東北、北方有不同的涵義，辯論也叫打嘴仗，兩人對吵叫「打一架」。人性好鬥，喜歡講別人壞，有些人就利用人性這個壞的一面，使別人互相鬬訟。古今中外，到處都可發現這種令人髮指的事實。

「訟」，就是打官司，打嘴仗，嘴巴好辯也叫訟。有些人嘴巴講得頭頭是道，而且道道是頭，他都有理由，你跟他講話還沒有提，他理由一大堆就出來了。

鬬訟兩個字是相連的，這些都是人性的罪業，所以修行就要在這些地方挑自己的毛病。止觀，觀心法門，觀什麼？就是把這些病根都挑掉。

所以，好喜乖離、更相鬬訟的人，「惱亂自他」，不但使別人痛苦，自己也很痛苦，自己一天到晚不開心，在煩惱，在擾亂；擾亂別人，更擾亂自己。

「好喜乖離」，一切眾生的劣根性，喜歡挑撥離間，喜歡破壞人與人之間的感情，破壞別人的好事。基本上，這些都是由於人性的嫉妒心理而來。乖離的個性人人都有，不是某一個人的特性，這是一切眾生的根性，是第八阿賴耶識帶來的種子，這個根性的種子有三種：善、惡、無記。人的起心動念與他形諸在外的行為，不是造善業就是造惡業，沒有中間路線，勉強說個中間，就是無記，無善無惡，也就是我們通常說的不知道為什麼這樣做了。實際上，無記也屬於惡，不過，是最輕度的惡。

修行，就是把根性中善的種子擦亮，擦乾淨，使它開發出來。換句話說，修行就是為善去惡，自己把劣根性轉過來。

人人都有「好喜乖離」的劣根性，喜歡在人與人之間鬧事。只要幾個人在一起，往往就有人故意糗你，逗得你左右為難，下不了台；或者故意講反面的話，使大家一笑。甚至故意嚇唬你一下，使你難受一下，逗得別人哈哈大笑，然後說是開玩笑。

這些是屬於身口意業中口業的一種，口業有四種：妄語、兩舌、惡口、綺語。人與人之間的相處，往往會因為一個微小而且不相干的動作，或一個很輕微的笑話而引起爭鬥、吵嘴，甚至打官司。有一位同學在日記中寫到，他們一家人有爸爸、媽媽、媳婦、哥哥、弟弟，很快樂，很和諧，鄰居一位太太喜歡把他們搞得不和睦，弄得家人很痛苦。這就是人性的基本弱點，看到別人家好，喜歡把人家弄得不好。有時候好像是無意的，嚴格說起來，不能算是無意。從心理上來說，是出自於潛意識的劣根性，絕對不能說無意，說無意這句話不能原諒。真講佛法修行的人，不能原諒自己的無意。原諒別人是你有寬容的德性，原諒自己就是罪過。

所以，我們已經知道「好喜乖離，更相鬪訟」的劣根性是天生的，但是結果呢？「惱亂自他」，不但使自己起煩惱，也使別人起煩惱。擾亂了別人，也擾亂了自己。所以佛說一切眾生「以身語意，造作增長種種惡業，輾轉常為不饒益事」。

十惡業

我們曉得佛法無論大小乘，基本上都重視身、口、意的清淨。身口意所造的惡業，歸納起來，就有十樣：身體造的惡業是殺、盜、淫；嘴巴造的惡業是妄語、兩舌、惡口、綺語；意念上造的業是貪、瞋、癡。像我們的身體本身也會使人乖離，拿現代語來說就是「肢體語言」，怎麼說身體會挑撥人家呢？譬如眼睛是身體的一部分，有時候用不著說話，一群人坐在一起蠻好的，對方故意跟你眨眼睛，示意某人對你不好，挑撥一下，就可使你們起仇恨。那個眨眼睛的動作就是身在造業。

言語上造業更厲害，中國儒家也經常講到言語的嚴重性。《書經》上說：「惟口出好興戎」，也就是說，一言可以興邦，一言可以喪邦。如果不深讀歷史，不會相信這句話；看歷史就知道，往往因為一句話可以使國家興盛，一句話也可以使國家滅亡。

事實上，身、口兩種業力的總指揮是意，也就是意識、意念、思想，意所造的業主要是由貪瞋癡而來。例如我們偶爾有一點不高興的心理似乎沒有什麼了不起，在修行來講，對人對事有一點不高興，就已經犯了瞋戒。瞋的心理行為有很多，微細的較難察覺。

譬如一個好人討厭一個壞人，這是天經地義的事嘛！然而這個起厭惡的心，就是瞋恨心。這在人道行為來看，不能說有多大的錯誤，但也不能說完全沒有過錯，因為不高興的心理絕對是厭惡的、瞋恨的。但是在菩薩道看這個壞人，卻是憐憫的、慈悲的，等於我們看到自己最疼愛的兒女做壞事一樣，雖然也憤怒，也打罵，然而當父母打孩子，往往一邊打，一邊流眼淚，那等於是菩薩的行為，內心沒有真正的瞋恨。如果沒有這種父母的心腸則不然，是非太明，善惡太清，已經是瞋心的種性。

「阿修羅道」譯成中文是「非天」的意思。阿修羅道也是天道，很高哦！人死後能到阿修羅道，談何容易？我們通常所說的神道就是阿修羅道，此道眾生善惡分得很清楚，因為瞋心重，不得證果，連天人的境界都談不上，不過他有天人的功德福報。理由何在？因為他的意念上有戒禁取見，是者是之，非者非之，善惡是非清清楚楚、明明白白。所以一個人在佛菩薩面前犯錯，乃至打罵菩薩，往往還可以逃過去，如果在鬼神面前玩這一套，他非處罰你不可，因為他的善惡觀念分得很嚴謹，但是在菩提道上卻犯了瞋心的戒，正因戒禁取見的觀念太重了，無法證果。

貪，三毒之一，如果一個人說他能萬緣放下，只喜歡清淨，那也是貪喔！貪戀清淨也是貪，貪戀空也是貪。所以菩提道的究竟，連空也要徹底畢竟空。清淨與空還要放下，否則雖然放下萬緣，住在清淨和空的境界上，也算貪戀。

大家喜歡打坐，修清淨的定，目前尚未得定；就算得了定，如果貪圖定的境界，則是犯了菩薩戒。為什麼呢？因為貪戀禪定境界不會起慈悲心，不會犧牲自我而利他，慈悲利生做不到，因此犯菩薩戒。

癡，那更多了。總而言之，在沒有明心見性、大澈大悟成佛以前，乃至於在菩薩地都是癡，都沒有到達究竟。

殺、盜、淫、貪、瞋、癡、兩舌、惡口、妄語、綺語叫十惡業。我們修行的重點在哪裡呢？不論大小乘，它的基礎是先修十善業道，把身口意的惡業轉成善業，這才叫修行。所以修行是隨時隨地檢查自己的思想、言語、行為。

佛說一切眾生「以身語意，造作增長，種種惡業」，意是在思想上製造，製造什麼呢？時時走上錯誤的思想，「好喜乖離，更相鬬訟」，總認為我的觀念對，你的觀念錯。「惱亂自他」，一有這種心理，第一個煩惱就是看不慣，我討厭，跟著也使他人受害。

我們看到世界上有許多人做善事，看似種了善因，結果所得的卻是惡果，其理由就因為欠缺般若智慧。修行在智慧，不要自認為在行善，往往身語意在造作增長種種惡業而不自知。

身、口、意這三種惡業相互輾轉，譬如意識一動，嘴就講話，身體也起行動，面部等六根的表情也出來了。或者看了別人的表情動作，受了外在境界的影響，而更增加自己內心的煩惱。「輾轉」兩個字，就是由別人的因助自己的緣，或以自己的因助別人的緣。因緣相互輪轉，像一串連環圖一樣，相互連鎖發生關係，一切眾生常在因緣輾轉之間做不利他人的事。

「互相謀害」，就是你害我，我害你。謀就是在打主意害人家，假如沒有辦法明著幹，就在暗地裡加害，即使信了宗教，還是一樣。

畫符唸咒

告召山、林、樹、塚等神，殺諸眾生，取其血肉，祭祀藥叉、羅剎婆等；書怨人名，作其形象，以惡咒術，而咒詛之。

信仰宗教而有一點宗教迷信或宗教情緒的人，這些情況更多。世界上有很多人想害人家，但是力氣又打不過人家，怎麼辦呢？就去拜山林樹神，或者到祖宗墳墓，對鬼神禱告，或唸咒、畫符。害得你生病，使你家人不安，或使你們夫妻永遠吵架，那麼，懂得的人，又去畫一張符把這個法術破掉。以前大陸非常普遍，畫一張符唸唸咒，死人就附身到迷迷糊糊的女人或小孩身上講話，然後開出條件，向你要一隻豬頭或一隻雞，要你怎麼拜怎麼唸。

這些都犯了極大的過錯。

還有些人拜些邪神，「祭祀藥叉」。《藥師經》中說到護法的大將是藥叉，又名夜叉。男性叫夜叉，有地上的夜叉、虛空中的夜叉、天夜叉三種，為惡鬼之流，但有些是菩薩化身。一般而言，虛空中與天人中的夜叉大部分是好的；地上的夜叉則有部分是壞的；地球上的夜叉、神之類眾生，喜怒好壞不一定。這些講起來好像很迷信，但是本身沒有經驗過，對迷信一辭不要貿然下斷語。

譬如從前到西北的新疆、蒙古一帶，或者到西南的雲南、貴州等邊疆，乃至西藏、西康，經常會碰到一種怪現象：一個人在山裡面走，會聽到有人叫你的名字，像我們以前就有經驗，很小心，決不隨便答應，不管你是外國人或中國人，只要一應聲，你就昏倒了，就死了，這是叫魂。然而這是什麼道理呢？大概有個科學的原理，我們一直在研究，還不能下斷語。

這些山精鬼魅之流不可思議的事很多，即使在科學時代也有很多這類神話，不過大家沒有去注意。所以人的生命、鬼神、宇宙等奧祕，我們到今天為止，始終無法搞清楚。

「羅剎婆」是代表女性一類的夜叉，屬惡鬼之流，多半很漂亮並不醜陋。專門拜這類神的人，過去有許多各種各派的修法，譬如在四十九天或一百天內專修一種符咒。修成以後有小通，小事很靈光，大事就不知道了。

記得七、八年前我在大學講課，有位學生問我相不相信符咒，我說相信啊！我問他問這個問題是什麼意思？他笑了半天也不肯講。我說你會，他說對。我又問他為什麼學會這些？他說是家傳的。我說你會些什麼東西？他說例如替人家止血啦！很靈吔！我告訴他不要搞壞的東西喔！他說壞的沒有學，而且老一輩的也不肯教。

這位同學很年輕，他說他已經唸到大學了，對科學不能說沒有相當基礎，總有一點常識，以科學道理來說，他始終想不透那是什麼原因。你說它沒有用嗎？它有，但不知那些作用是什麼道理。

有些學了這些東西的人，專門拿來對付自己的仇人。像我們老一輩的都不隨便拿八字去算命，如果要算，也不告訴算命先生是誰的八字。有些算命先生也會作怪，因為算命看相的與這一套古里古怪的東西相關聯，一般通稱為「江湖」。據我所知，也有人把別人的照片拿去做這類怪事的，畫符，唸咒，慢慢使冤家生病，這也是「好喜乖離，更相鬪訟，惱亂自他，以身語意，造作增長，種種惡業」。

在中國儒釋道三家的看法，這類果報非常嚴重，就是在西方國家的宗教，如基督教、天主教、回教等，也不許可這類事情，非受大果報不可。可是，這個世界上真有這種邪門的事。例如西藏有一教派叫黑教，所用所穿都是黑色。四川人稱黑為烏，而四川土話則稱為烏教，烏即是黑的意思。四川人罵很壞的人說「你這個傢伙是烏教」，「烏教」代表罵壞人。黑教也稱苯教，專搞這一套。

中國歷史上有名的，如三國時代的黃巾賊，元朝的白蓮教等，演變到同善社、一貫道，都是這麼來的。不過，現在的一貫道恐怕沒有這個本事，只曉得扶鸞，現在連扶鸞也漸漸不用了。

真有這一套本事的，那很好玩，你們坐在這裡，他隨便一畫符，一唸咒，不須乘飛機，這個位子就飛走了，任憑你到想去的地方。或者剪張紙鳶，咒語一念，小紙鳶變大，人坐上去就飛走了。所以，相傳這次西藏人逃難，烏教的人全逃出來了。現在，烏教在歐、美也很流行，有人專傳烏教的書，但是烏教派的人很少。西藏人逃難，僅有少數的喇嘛逃出來，怎麼烏教的全都能逃出來呢？喇嘛說他們有法術嘛！把全教的人叫來，站在一張蓆子上，教主一唸咒，蓆子就起飛了，飛到尼泊爾、印度，所以全教連法器都沒有損失，相傳如此，是否屬實不可知。

不過，這些旁門左道本身也不是叫你害人，但就是瞋心大。學密宗的喜歡看《密勒日巴傳記》——《木訥祖師傳》。密勒日巴開始學害人的法術，就是烏教法術，後來他能放冰雹，一唸咒，天上就下冰雹，把人、畜統統打死，所以他痛切懺悔才得救。

現在科學時代，不會有這些玩意兒，但是用化學藥品、麻醉藥品害人的太多了，同這個道理是一樣的。這一類人很可憐，過錯犯得非常大。

魘魅之學

魘魅蠱道，咒起屍鬼，令斷彼命，及壞其身。

「魘」，也叫壓厭，包括密宗的降伏法，但現在中國藏傳的密宗，大部分把這個法門去掉了。如對某人不滿意，有仇恨，硬是把他咒死，這是「厭勝」的作法。

「魅」，傳說有些符咒可以派鬼來把人迷住。修煉這些方法都很殘忍，膽子要大。我真服了他們，必須挖墳開棺，把剛死之人的頭顱拿下來，要五個集中起來唸咒。難的是還得曉得生辰八字，幾時生幾時死都要知道。叫我們把死人棺材打開就已經做不到了，更遑論把頭割下來唸咒。偷來死人骷髏唸一百天，死人的靈魂就不得超生，跟著你，成了你的奴隸，任憑指揮。這就叫「魘魅」。

還記得民國四十三年，我在基隆講《楞嚴經》的時候，有位同學特地跑來告訴我，他聽了一個月的課，受益很多。他的國語又講不好，碰到我台語也講不好，兩個人對起話來很滑稽。他告訴我是他父親叫他來這裡聽經，我問他是什麼意思？他說他父親會「符籙」，我又問他父親會些什麼法術？

他說：「是當年大陸老師來台灣傳的，我爸爸法術可大了，他姓簡，很正派，台灣所有這一類的人一提到『簡老伯』都怕死了。我爸爸剛死，臨死前就吩咐我不要學這一套，要我來老師這裡聽經。」

我說：「你回去把你爸爸那些書拿來我看看。」

他說：「我媽媽統統把它給燒了。」

我說：「唉呀！真可惜！」

因為他父親走的完全是正道，台灣這一類人很多，做了壞事的，一聽到他的名字嚇死了。他父親把幹壞事的人叫來，也沒有繩子，手這麼一指，人就懸空吊起來，好像很多人打他，打得他求饒說以後不敢再做壞事了，他父親用手一指一劃，人就下來了。

這位同學講得活神活現，又說：「夜裡父親一個人睡覺，我半夜睡醒總聽到父親房間有好多人講話，也聽不懂說些什麼？等我進去看，一個人也沒有，只有父親一個人，夜裡也不睡覺。父親一輩子在外面到處做好事，人家有病的就替人家醫病。在南部還替人家割稻子，農忙的時候，一個窮農家請不到人割稻，我父親看他可憐，夜裡幫他割完。在外面做好事，別人給他錢他也拿，但是從來不把錢拿回家，專門放在一家藥店，什麼人有病，他給人家看病吃藥，都用他的錢。所以我媽媽氣死了，我們家窮一輩子，有機會發財也不要。因此父親一死，媽媽就把書全部燒掉，不准我們學這些。」

我問他父親有沒有教他一點，他說：「我也想學，父親帶我去學過，小時候跟著父親到墳墓多的地方睡覺，在死人棺材上我怎麼睡得著？不過挨在父親身旁只好睡了。等睡醒了，一看父親不在，四面都是棺材、死人，我真嚇壞了。嚇過四、五次以後，也慢慢不怕了，我總算訓練到這一步，在死人堆裡睡覺不怕。後來父親認為我不該學這些，就不教了。」這個人大概還在，我也有很多年沒有看到他。

若講中國文化，這一類東西也算是中國文化，但屬於壞的一面。一個累積幾千年的文化，好的壞的人那麼多，好的文化固然多，壞的流傳也不少。這一類就是魔魅，修鬼道的一種。

小心中了蠱

「蠱」，修蠱道的在台灣看不見，到了雲南、貴州，我們就害怕了。到了苗族地區也不敢隨便在人家裡吃東西、喝茶，恐怕裡面放了蠱，無色無味的毒藥，吃進肚子也沒有問題，如果你被苗族區裡漂亮又多情的小姐看上，男法師去，照愛不誤，你吃了她一餐飯，喝了一杯茶，你就非跟她結婚不可，不娶她就離不開那個地方。傳說結了婚以後，如果你要離開當地回家，說好三年回來就必須按時回來，超過時限，病就發作，死得很痛苦。

西南邊疆有很多放蠱的，西北邊疆則又是另外一種，蠱是細菌性的動物。所以我們到邊疆先把防蠱的藥準備好，即使沒有防蠱藥，也要先叫穿：「喂！

這裡頭有沒有蠱啊？」我們曉得西南邊疆，像四川的川東、川南，西南角靠貴州一帶，有這個東西。到飯店吃飯，地上、桌子擦得特別乾淨的一定有蠱，因為放蠱的人家一定要乾淨才能養蠱。真是害怕，無聲無臭無色無味，在哪裡中了蠱道都不知道。

此外，還有飛蠱，邊疆風景很好的地方，夜裡看到一點一點的亮光在飛，碰到就不得了。

所以，我們這個國家，地區這麼大，比美國都大；文化之優厚；好壞的玩意之多，可惜你們年輕，書也沒有讀破萬卷，路嘛也沒有行萬里，這些稀奇古怪的東西見都沒見過。

咒起屍鬼

剛才講到蠱，還有一種「咒起屍鬼」，傳說用咒語可以使死人的屍體起作用。過去聽說在湖南的西部、廣西的北部一帶，就有趕屍的。在中國人的觀念裡，人死在外地，同伴都希望把他的屍體送回家裡，這是很大的道德，但又沒有錢，怎麼辦呢？就請趕屍的，請到這一類的人，屍體就聽他的使喚，跟著他走，可以走上半個月或一個月，屍體也不發臭。怎麼走？電影上看過吧？我是沒看到過，不過，聽他們講過，一個道士在前面帶路，敲個鑼，敲一下，走一步，後面跟著屍體。據說有些法力大的，可以跟上幾十個，一個個排隊跟著走，一家一家送。大部分都在夜裡走，他們也住旅館，所以，我們在西南邊疆住旅館，就要先打聽清楚，這一家裡面有沒有趕屍的。假如先住進去，半夜碰到趕屍的來，那也沒辦法。

後來我有個軍人朋友，他叫了一個人專門去學，他說有個令牌往屍體背上一插，而且，插的時候有個方法，有個手勢這麼一比劃；手法不對，屍體就趕不動。詳細情形如何？我們也搞不清楚，反正「咒起屍鬼」有這麼一回事。

傳說如果把屍體拿掉，咒起鬼，又是另一種法術。這些都是旁門左道，有些人練成了，幹什麼呢？「令斷彼命」，叫鬼去把人掐死，害死。或者不弄死人家，「及壞其身」，故意把人弄瞎了眼睛，或者把人家弄斷一條腿，為什麼呢？「好喜乖離，更相鬭訟」，學這些旁門左道來害人。不過，學這一類的人，也要付出代價，一輩子要在外面流浪，過年也不能住在家裡，要住在茅坑，要在廁所過年。另外，也要一輩子窮，孑然一身，什麼都沒有，而且還要絕子絕孫。

這一類的人，我們以前也碰到過，本事很多，怪里怪氣的。我以前在成都碰到一個人可以看得到鬼，可以把鬼招來和你講話。那個人的眼睛是藍的，不像外國人那種藍，眼睛一塊藍，白白的，沒有神，蠻可怕的。一看就很怪，站在他身邊就覺得不舒服。我也當場要求他弄個鬼來給我們看看，一邊講，心裡還是有點怕，毛孔也都立了起來。跟我去的人都看到了，可是我始終沒有看到。

我年輕的時候，聽說哪個房子有鬼，我偏要進去看看。不能睡，我來睡睡看。他們都看到了鬼，我進去了就沒有事。奇怪！大概是我人太壞了，鬼都怕。

世界上有沒有這一類人？有。學這一行的，多半是仇恨心理、乖離心理，喜怒特別無常，有一點不對，臉一下就變青了，很難相處。所以，追根究柢，這是第八阿賴耶識的根性，喜歡以這些方法來造作壞事，這種果報是很慘的。

是諸有情，若得聞此藥師琉璃光如來名號，彼諸惡事，悉不能害。一切輾轉，皆起慈心，利益安樂，無損惱意，及嫌恨心。各各歡悅，於自所受，生於喜足，不相侵陵，互為饒益。

佛說：「是諸有情，若得聞此藥師琉璃光如來名號，彼諸惡事，悉不能害。」就是說人家唸咒或用蠱毒謀害你，如何避開呢？唯有念南無藥師琉璃光如來的名號，可以免除了外界這些壞東西的干擾，人家想害你也害不到。「一切輾轉，皆起慈心，利益安樂，無損惱意，及嫌恨心。」而且你心裡至心在念藥師琉璃光如來，反而使對方心理起了轉變，起了慈悲心，使他們也得到利益，得到安樂，沒有損害，沒有煩惱，也不會起怨恨人家的心理。

「各各歡悅，於自所受，生於喜足，不相侵陵，互為饒益。」換句話說，因為念藥師佛的名號，可以改變這些壞人的心理，使他們的仇恨心變成歡喜心，發起一切歡喜心，不會再想害人。如果你以這樣的慈悲心去修持，你自己可以免除災難，也可以改變壞人的心理，可以相互得其利益。

佛教的稱謂

復次，曼殊室利，若有四眾，苾芻，苾芻尼，鄔波索迦，鄔波斯迦，及餘淨信善男子、善女人等。

四眾弟子是佛學上的專有名辭。廟子上常說四眾弟子，佛的四眾弟子也是佛教所稱的四眾弟子。所謂四眾，就是比丘、比丘尼、男居士、女居士。出家的男眾比丘，普通稱為和尚。「和尚」兩個字很大喲！佛教流傳了幾千年，現在大家都搞不清楚，把和尚兩個字當成笑話了。其實，「和尚」就是上師、法師、大師。真正佛教的大廟子、大叢林，只有方丈一個人可以稱為和尚，其他的不能叫和尚，也不能隨便叫法師。過去幾十年在大陸上的佛教，始終還保持這個傳統，我們到了大叢林，只稱方丈一個人為「和尚」，其他一般的出家僧眾，我們稱「某某師」，一個「師」字就含有很恭敬的意義。通常大陸上的在家俗語，把廟子上的大和尚、男眾出家比丘，稱為「大僧」；把女眾出家的比丘尼稱為「二僧」，也是僧，很少稱法師的。法師不論在修持方面或教理方面都相當有成就。所以過去有太虛法師、印光法師、圓瑛法師等，全國沒有幾位被稱法師的。

可是民國三十八年到台灣以後，很多名稱都變了，尤其現在，今天出家，明天就稱法師，而且男眾比丘、女眾比丘尼都稱法師，這對傳統佛教而言，很不習慣。不過天下事有時將錯就錯，現在不那麼叫，變成我們不對了。所以天地間的是非善惡很難講。

過去在大陸上，對年齡大的比丘尼尊稱為「師太」，非常恭敬。其實「尼姑」兩個字在中國佛教之初，毫無輕慢之意。「尼」是印度「女性」的譯音，等於中國文字「女的」意思。「姑」，稱出家的女性為姑姑，等於父親的姊姊或妹妹，我們叫姑媽一樣，合稱為「尼姑」。現在「和尚」、「尼姑」兩個名稱變成不好聽的名辭。

真正佛教的大叢林，只有一個方丈才能稱為和尚，和尚代表了佛法僧三寶，從密宗觀點來看，更代表了肉身佛、現在佛。對於比丘尼，我們在家人看到年齡大一點的稱師太，一般的就稱某某師，極為恭敬。

「鄔波索迦、鄔波斯迦」（按：今多譯為優婆塞、優婆夷）是講真正的男居士、女居士，受了三皈五戒的居士。廟上稱普通在家人為居士。

以前在大陸人家叫我居士，我不大接受，為什麼呢？不敢當，真正的居士也同法師一樣，很難當，年高、有道、有德，而且能真正為佛教做弘法工作，能真正供養三寶，能真正作在家出家人的善知識的，才有資格稱居士，不是普普通通一個在家人就稱居士。女居士亦然，甚至更嚴格。

現在這裡的宗教形態，對皈依的信仰者稱為「信徒」，我非常反對。過去在大陸上，真正的佛教沒有用這個字眼的。「信徒」二字是日本佛教亂用傳過來的，其他宗教也用。「徒」有奴役性、控制性。大陸上對四眾弟子，尤其對在家弟子稱「信眾」。信眾多好！為什麼要稱「信徒」呢？我的信徒，你的信徒，變成黨派了，非常犯忌諱。如果嚴格研究宗教管理的話，這個名辭就要修正。

我們看舊的小說上，可以看到「檀越」二字，就是居士、大護法的意思。「檀」，六度的布施波羅蜜，叫檀波羅蜜，大護法就是布施者。「越」是梵音的稱呼，是很恭敬的長者的意思。所以，在唐宋之間，出家人稱在家的道友為「檀越」，就是愛布施、有功德、有道的長者。到了明清以後，習慣上稱「大護法」。

關於這些道理我們要瞭解，還有一點要留意，出家同學將來寫信給信眾，以很恭敬的心稱年紀大的為居士；如果年齡更大的稱某公居士，並不失禮，也很合戒律。但是我曾發現出家同學寫給居士的信，有稱某某維摩的，這是絕對不可以、不通的。維摩是維摩居士，在邏輯範疇上屬於特稱，其他的居士縱然到達與維摩居士一樣的境界、程度，也不能叫他某某維摩。你們不要犯這些錯誤，否則被人家笑文化程度低落。

「淨信善男子、善女人」，有些經典，尤其玄奘法師翻譯的經典，稱「近事男、近事女」。普通沒有受過三皈五戒的，也天天跑廟子拜拜，充其量也只能稱近事男、近事女，慢慢接近，慢慢向佛道這個路上走。

佛的弟子有七眾弟子，比丘、比丘尼、沙彌、沙彌尼、學法女、近事男、近事女。如果說今天廟子四眾弟子都來了，我們一聽就知道有和尚、尼姑、男居士、女居士。如果說今天法會七眾弟子都來啦！那就很盛大了，乃至剛剛對佛教、佛法有一點印象的都來了。

如何得到佛菩薩的感應

講到這裡要插一個問題，你們注意啊！與《藥師經》的唸法、修法和唸佛都有關。

這幾天我事情特別忙，尤其各地的中國人、外國人來信問問題的非常多。有一位住在多明尼加的同學，來信前還打過長途電話。有一天夜裡，打來電話說，他父親突然死了，他又急又氣在電話裡發脾氣。我勸他人生終歸要死，他說不是啦！父親是被人家打死的。他說《藥師經》唸了多久，《金剛經》唸了多久，結果父親反而還被打死，佛法有沒有道理啊？他在電話裡大吼。我說：「這個道理怎麼跟你講呢？你現在情緒不對，先穩定下來。」我說你記不記得《金剛經》有一段話：「受持讀誦此經，若為人輕賤，是人先世罪業，應墮惡道，以今世人輕賤故，先世罪業，即為消滅」？為了這兩句話，在長途電話中一個字一個字解釋給他聽。

後來他又寫信來問，根據《藥師經》該如何如何，已經唸滿十萬聲以上的藥師佛，又如何如何，然後還遭遇如此的痛苦。

而且還有要求：「老師你要告訴我，第一，我父親剛剛被打死送醫院那個時辰，我的姊姊剛好肚子痛生下一個孩子，很多人說那個孩子就是我父親投胎的。老師你要給我解答，那個剛出生的外甥是不是我的父親？」

唉！為人千萬莫當人家的老師啊！什麼事都要負責，都要給他解答。生病找老師，有問題找老師，吃不下飯找老師，大便祕結也找老師……反正啊！做人家老師是倒了八輩子楣，我是深深感到痛苦。如果你們是老師，他的第一個問題你們怎麼答覆？我也沒得神通，就是有神通也不能說，決不能講，否則犯菩薩戒。你們說我該怎麼答？

第二個問題，我一接到電話，第二天就請從智法師給他父親做法事超度了，當然現在也已經入棺埋葬了，他要老師顯神通，讓他父親復活過來（眾笑），因為我叫你老師嘛！老師啊！大家都說你有神通，這下你非顯個神通把我父親復活不可！你說這孩子不是發瘋了嗎？

這封信很嚴重，等於外交上「哀的美敦書」一樣，再不然我跟你宣戰了。你說怎麼答？世界上有很多近事男、近事女就是這個毛病，一不對就好像跟老師成了寃仇。這種人還學藥師佛哩！可是你說他有沒有罪過呢？對父母的孝心激動得幾乎瘋了一樣。

然後第三件事告訴我，本來要出家的，現在不行了，因為父親被打死，不管怎麼樣，先找個女的給他生個兒子要緊。

這三個問題都是我很難答覆的。所以你們千萬注意啊！年輕人，為人千萬莫當人家的老師，當了人家老師，倒了八輩子楣！

我提這件事要注意啊！你們也會覺得《藥師經》講得那麼神妙，我們又唸《藥師經》，又唸藥師咒，又拜藥師佛，怎麼照樣生病呢？

這個道理我在前面也講過，首先，藥師佛有十二條大願，你檢查自己的行為，有哪一條做到？沒有做到而想得到藥師佛最大感應，未之有也。第二，藥師佛的每一條戒律、心行（心理上的修行），自己反省有哪一點做到？沒有做到，要求菩薩感應很難。好比你是部下，長官對你要求的行為，你做好了沒有？沒有做好，只一味要求上面應該對我好，應該給我待遇高，不可能。

所以，「感應道交」四個字要特別留意，要想菩薩加庇，你本身不是那個材料也不行。比如杯子裡裝滿了尿，你想裝茶水進去，能嗎？你必須把髒的倒掉，變成空杯，才能再裝茶水，才能感應道交。

所以，一個學佛的人、信仰宗教的人，沒有把自己修持好，一信就要求那麼多，好像唸一唸藥師佛就有天大的不得了。像這位同學，又要父親好，又要發財，又要公侯萬代……你看多自私啊！如果上帝、菩薩是這樣偏私的話，對不起！我想我是不敢信了。那是偏私，跟普通人一樣，拍馬屁的就照顧，不拍的就不理，這還叫佛叫菩薩嗎？

大家學佛要把道理搞懂。接下來就要講這些道理，學佛要想得感應，要怎麼做呢？

有能受持八分齋戒，或經一年，或復三月，受持學處，以此善根，願生西方極樂世界，無量壽佛所，聽聞正法，而未定者；若聞世尊藥師琉璃光如來名號，臨命終時，有八大菩薩，其名曰：文殊師利菩薩，觀世音菩薩，得大勢菩薩，無盡意菩薩，寶檀華菩薩，藥王菩薩，藥上菩薩，彌勒菩薩。是八大菩薩乘空而來，示其道路，即於彼界，種種雜色，眾寶華中，自然化生。

這一段是《藥師經》最重要的關鍵，要特別注意。你說沒有感應，現成的就有個例子：有位丁老師，是位醫生，他剛剛告訴我，學佛很多年，奇怪，當他聽到藥師佛發心這一段，突然心境到了另外一個境界，非常平靜，持續好幾天。當然以後怎麼樣我們不去討論，這就是真的、自然的發心。他學醫多半在布施，與《藥師經》特別有緣，我心裡有數，講這本經他一定到。講別的經、別的佛學課，有時誘惑他，叫他來陪襯陪襯，他說老師啊！不是不來，實在沒有空。這是半真半假的話。這回他也真是沒空，因為他跟《藥師經》有緣，有興趣，就來了；他來了就會有這個感應，所以因緣生法，各有不同。

要想得藥師佛的感應，第一，要「能受持」，受是接受、領受；持是保持。譬如你今天皈依三寶，或者皈依某某法師，受了皈依，沒有永恆保持皈依時那一剎那的境界，不算「持」，只能算「受」，能夠有受有持才是真修行。

修行沒有成就，是因為不能受持，所以讀經典、看經典要特別注意這些地方。

受持八分齋戒

「有能受持八分齋戒」。注意啊！「八分齋戒」，不管在家出家，這是學佛的初步。什麼是八分齋戒呢？要注意，普通一般人對佛法的經、律沒有研究，一提到八關齋就想到吃素，就想到過午不食，對，但不完全對。

現在我們正式看看經典，一切戒律的根據是經典，好比政府的一切法律是依據憲法，憲法是一切法律之母。一切大小乘的經典是戒律之母，所以真正的戒律必須根據經典。現在戒律來了，想修藥師佛、藥師法，要受持「八分齋戒」。拿白話翻譯要加一個字：「八分齋的戒」，就容易懂了，觀念就清楚了。這句話的意思是說：有人能夠受用保持八分齋的那一種戒律，或整個意念在又受又持中；換句話說，就是當時受戒的境界在一念中一直保持下去。不要說上午唸了經，打了坐，心境很好，下午為了一點小事，又恨人，又罵人，又恨不得殺人。那還叫受持啊？那叫受持魔戒，受持地獄戒，馬上又是一分果報累積下去。

受持八分齋的那種戒，或者經過一年，或者經過三個月。做什麼呢？這三個月、一年當中專修，保持那個境界，晝夜不變，一心不變受持八分齋的戒。

「齋」不一定吃素，把齋字解釋成吃素是大錯而特錯，錯得一塌糊塗。但是說齋不是吃素，難道是吃葷？那又不對了。齋是中國文化，語出莊子的「心齋」，心裡一點雜念、妄想、欲念都沒有，保持清淨的念頭叫「齋」。這個無關乎吃素，真的吃素是內心素到了極點，素淨、乾淨到極點叫「心齋」。中國文化幾千年來講齋，是講心的清淨，而不是佛教的吃素。

所以古代的皇帝碰到國家大事或大災難的時候，就要「齋戒沐浴」。譬如有三百年歷史的清朝，在關鍵時刻，要決定國家重要大事之時，皇帝與皇后、妃子都要分房，不准親近。齋戒沐浴不是光洗頭、洗身體，你以為光洗了澡就乾淨啦？心裡頭還有一點雜念就已經不是齋了。所以孔子告訴顏回，你要「心齋」，我才傳給你。禪宗也是一樣，你心不清淨，想靠人接引？接引什麼？有很多同學叫老師接引一下，你能夠做到心齋嗎？

所以，能夠在心齋的階段，保持心清淨、念清淨、意清淨，如此經過三個月，你想想看，不成道也成道了。

吃素歸吃素，吃素在戒律上嚴格而言是不吃葷，葷是指五葷，並不是持齋。一提到八關齋就想到吃素，邏輯觀念錯了，對於佛法的思想也錯了，要特別注意。

我們就依據太虛法師的註解，來解釋八分齋戒，分者，支也，就是說有下列八條戒：一不殺，二不盜，三不婬，四不妄語，五不飲酒，六不著香花鬘、不香塗身、不歌舞倡伎，七不坐高廣大床，八不非時食。

這八條戒，居士、沙彌都可以受，換句話說，不管在家、出家，基本上都從受八關齋戒開始。

小姐們受八關齋戒，香水、口紅都不准擦，當然身上要洗乾淨。頭上不准插花，不准唱歌，不准跳舞。有時洗菜，一高興起來，邊洗邊唱一下歌都不行。

何謂不坐高廣大床

第七條不坐高廣大床，一般人說出了家的沙彌不坐高廣大床，受八關齋戒的出家人、居士，不能坐大床、大椅子。這是什麼道理？一般人不懂戒，好了，為了守戒，只敢坐矮板凳。我在大陸上看得很多，老朋友幾十歲了，一大把年紀出家。出家同學注意，尤其是老沙彌，佛門是先進山門為大，哪怕他是六歲小孩，昨天出家，你是九十歲老頭兒，今天出家，六歲小孩就是你師兄，而且對師兄要恭敬，早一分鐘出家就是師兄。在大陸上，有位老朋友出家，我們看到叫老沙彌，實際上他在廟子上是小沙彌。真正的小沙彌，準備受沙彌戒，尚未受的叫「驅烏」，在山裡頭曬穀時趕鳥的，還稱不上是沙彌。那麼這些人怎麼不准坐高廣大床呢？

我過去在廟子上看到這類事，心裡就覺得好玩。我有個老朋友，講起地位都不錯，結果出了家，年齡七十幾，是老沙彌，那時候我還年輕，交了很多忘年之交的朋友。有一次我們在廟子上碰到，我說我要看老和尚，那是老沙彌的師父。他說可別讓老和尚叫我哦！要不然我得端張矮板凳坐在旁邊。我問為什麼？他說不准坐高廣大床啊！我說：「豈有此理！你這個老不正經，怎麼這樣呢？」他說：「老兄，不要亂來，我現在是出家人。」我說：「我知道，你沒有辦法，我有辦法，你的師父也是我的師父。不過，我是居士，可以在他旁邊坐。」

這位老和尚名氣很大，我一進去給老和尚頂禮之後，老和尚說你來啦！中午在這裡吃飯。我說當然啦！當然在這裡吃飯。我問：「師父！某人在這裡出家？」師父說：「對啊！」我說：「找他也來談談。」師父說：「好嘛！」我說：「不過不准坐在矮板凳上噢！」師父說：「這是廟上一般的規矩啊！」我說：「師父啊！我們倆今天要談一下了，您是我師父，我也皈依您了，我要請教，為什麼受八關齋戒的人，同沙彌不准坐高廣大床？再說大床有多大？單人床還是雙人床？六尺長還是八尺長？師父請您解釋。」

我那個時候很恭敬啊！說「請解釋」的時候，站起來合掌跪下請法。不像你們問老師一個問題，老師慢一點回答，就擺出那個臉色，就好像老師該死，唉！造什麼業！不曉得我造什麼孽！

我那個時候很有意思，如果記載下來寫小說也蠻有意思。老和尚答完了，我磕個頭，站起來說：「師父啊！你講錯了。」

居士不可以談戒啊！可是我這個居士向來有人稱是魔王居士，頭號的。錯了就是錯了，對了就是對了，非者非之，是者是之，魔王稱號就是這麼來的。

「不坐高廣大床」是印度的制度，在中國古代也用得通。中國在唐朝以前，秦漢時代沒有椅子，印度也如此，都是席地而坐。現在日本的榻榻米，就是漢朝以前，秦始皇時代傳去的規矩。到了唐朝，看歷史就知道，某某人或皇帝坐在「胡床」上。什麼叫胡床？是西域傳進來的，我們的高腳八仙椅，打坐用的「繩床」，繩子編的，也是唐朝以後才有。

北方人叫「坐炕」，釘一個又寬又大的架子，那是給年紀大的、地位高的或腰腿不便利的人坐的，免得坐下來腰痛，坐骨神經痛，所以要坐高位子。北方人看老一輩人來，說「請上座」，晚輩人站在下面陪著。因此學佛的人要謙虛，不准坐高廣大床，意思就是說不准坐上位。

我說：「師父您去查，看你對還是我對？」老和尚說：「你完全對！完全對！」我那位師兄終於不必坐矮凳，可以一齊同坐。我到廟子就是這樣辦，所以許多老和尚看到我去，很歡迎也很頭痛。

有一個朋友出家，要把媽媽也帶去出家。他媽媽一輩子有酒癮，不喝酒要死的。這下可要命了，出家要受戒，把酒戒了，非死不可。可是不受戒又何必出家？我說我來送，送到上海龍華寺，我對龍華寺方丈說：「請師父開遮，我有一個朋友的媽媽來受戒，三、四百條，包括毗尼耶戒，不管七百條、八百條，什麼戒都可以受，我這位伯母當了比丘尼，有一條戒，我現在給您跪下，請求允許不受酒戒。」

龍華寺長老好開通啊！他說：「南居士，你講的！你作保。」我說：「是啊！」師父說：「好！我答應，收了，進戒壇。」

這一條酒戒，這位比丘尼不受，因為她以酒為藥，沒有酒就要死。所以，通達的老和尚對經律論都要通。

不坐高廣大床就是說比丘、比丘尼、受八關齋戒的人，要處處謙虛，坐下位，不要坐人家上位。更不要看到好位置就先佔住，腿一盤，然後人家挨過來，還「異眼」看人，那就是七關齋、六關齋戒了。

過午不食

所以講戒，怎麼講呢？有時真想講戒，但真不好意思。又想從出家人當中找講戒的，但不知道有哪一位真把戒律研究通的？因為我也沒有出去探訪，居士代為講戒，總是不大好。如果講菩薩戒，可以，但是我不願意那麼做，因為一般人不懂佛法。

真講戒，有很多問題，譬如有位同學問我「過午不食」的問題，他說：「糟糕了，我們十二點下課，再吃午飯已經十二點半了，持過午不食的戒怎麼辦？」當時我很忙，用眼睛瞪著他問：「什麼叫午時？」

上午十一點到下午一點是午時，十二點五十分吃飯也沒有超過午時啊！

過了一點零一分開始是未時，十二點半怎麼不能吃飯？你一定要守這個時間，吃快一點嘛！我們當年當兵，一聲口令「開動」，大家一口接一口塞進去，五分鐘就把飯吃完了。添飯都是沒良心，飯瓢硬壓，幾口撥完了，趕緊再搶一碗。在座很多老輩子當過軍人的都有這個經驗，後來才規定半個鐘頭的吃飯時間，現在當軍人的更是優待，舒服得很。

以子、丑、寅、卯、辰、巳、午、未、申、酉、戌、亥十二個時辰和太陽行度來計算，午時是日正當中的時候，也在十二時辰的中間。如果非講戒不可，你們就統統不守戒，我們中午吃飯時間，在美國則是夜裡睡覺與鬼打交道的時候。如果以西半球為標準，美國的中午，正是此地的夜裡，怎麼那麼不通啊？

再看佛教歷史，南北朝時代的梁武帝喜歡布施齋僧。他把自己布施給廟子作奴隸，然後由宰相、大臣湊錢把他贖回來。他經常玩這一套，結果把國家也玩掉了。有一天梁武帝齋僧，過了午時皇帝才到，大家等著他沒吃飯，以為要餓一天。當時住持是有名的一代大師，老和尚說：「怎麼不能吃飯？

皇帝是天子，天的兒子剛剛到，日正當中，此時正是午時，開動！」戒律是那麼不通人情的嗎？那麼不變通的嗎？

像我吃飯，經常都沒個準，昨天晚上到今天我只吃了一碗稀飯。吃多了昏沉，懶得跟你們上課，就想睡覺打坐去了。為了上課、做事保持頭腦清醒，就經常不吃。但是我真吃飯時是在夜裡，準備睡覺了，吃飽一點昏沉沒有關係。飲食吃多了，營養好了，容易昏沉，不清爽。那麼，我修的豈不是鬼道？那才不呢！當我吃飯的時候，是夜裡十一點到一點的子時，正是天人吃飯的時候。

所以，這些道理講不完啊！總而言之，學佛要通經、律、論，作人、做學問都要通。不通，就是頭腦祕結，和大便祕結是一樣的，那樣怎麼做學問？怎麼修道？

吃素問題不談，應該吃素啊！此中有密法，以後再說。以上是講到戒律問題，順便把過午不食附帶說了，接下來就言歸正傳講到「不非時食」了。

吃的問題

據佛經說，早晨是天人吃飯的時間，中午是佛、人道吃飯的時間，晚上是餓鬼吃飯的時間。據說如此，早餐與天人同食，午餐與人同食。

《金剛經》是最平實的經典，一開始就說到佛出去化緣，吃了飯，洗足已，收衣鉢。佛不依靠人家，他自己把衣服、袈裟疊好；打水把鉢盂和腳洗乾淨，可見他老人家出去化緣，還是踩在泥巴地上，並沒有踏在蓮花上走路。洗足已，敷座而坐，自己把位置擺好打坐。釋迦牟尼佛的規矩，飯後打坐入定，坐到申時，大約下午三、四點。所以，所有佛經的對話都是下午三點以後的記錄。研究佛的戒律要仔細研究《觀佛三昧海經》，佛的生活，佛的教化，平常得很，不像我們後世把他塑造得頭頂上放光，腳底下踩蓮花，一天到晚放光，戴個電燈泡一樣，多難受呢！

英國人主張早餐吃得豐富，午餐馬馬虎虎，晚餐喝酒。美國人習慣晚餐吃得好，辛苦一天，晚上總要吃好一點，都有理由。中國人、印度人中餐要吃得好。不過，現在中國人不管了，三餐都要吃得好，而且宵夜要更好。世界各地吃飯的風俗，哪一個民族注意吃哪一餐飯，你去研究看，這些都是學問。如果來到中東，中東是回教國家，不准吃豬肉，連提都不能提。以前在大陸看到「回」字，就知道是回教館子，點菜的時候不要來個炒豬肝，否則你的頭都要被打破，打死了沒人管，因為你犯了他的戒，「豬」肉這個字不能提。

我們信佛教吃素的人，出門很不方便，到了當地就打聽哪裡有「教門」館子，教門館就是回教館子，炒青菜用素油，乾淨得很，決不用豬油、牛油。這些常識都要內行。所以，你研究了世界各國的飲食風俗後，天人吃早餐，難道英國人是天人？那美國人都是鬼啊？這些道理都是方便。

那麼，為什麼要「過年不食」呢？有沒有道理呢？有絕對的道理。中國人有很多毛病都是吃出來的。中國人最注重吃，尤其鄉下，我們到四川鄉下幫忙割稻子，鄉下人好客，勸飯真是受不了。客人不管年輕、年長都坐高廣大床——上位，家中小孩或佣人很有禮貌地站在你旁邊，端著飯碗給你添飯，他們怕你不好意思站起來添飯，眼睛盯著你的碗，你剛一吃完，立刻又給你扣上一碗。主人家就是勸你多吃飯，中國人是講究吃的。飯都捨不得給吃，那還叫請客啊？所以，要命啊！主人注意你，佣人也注意你，這一碗飯，你剩下了沒有禮貌，硬塞進去，腸胃不舒服。後來搞得我們外省人飯一吃完，就趕緊把碗往桌底下塞，連忙說謝了謝了，實在吃不下。在座很多在大後方經過的都曉得，到四川朋友家吃飯就怕，後來有些大家庭，我們就先交涉好，把這個規矩免了，否則，主人家一碗接一碗的添，而且還要添得高高的，添平了沒有禮貌，你說怎麼辦？

抗戰的時候，德國人糧食不夠，第二次大戰打敗了，他們研究中國人吃飯，如果把全中國人大便中的養分再提煉出來，製成糧食，可以供德國人打三年仗。

中國人以農立國，講究吃飯。其實一個人身體真正需要做燃料、能量的飯量只有半碗，如果吃三碗，其餘兩碗半都浪費了。有許多未經吸收的部分，變成大便排泄出來，還有許多是供給了身體內的蛔蟲、細菌等。

中國人喜歡吃，腸胃都吃壞了，而很多病都是腸胃堵塞，中氣不足所引發的，要少病就得使腸胃健康。

絕食

你說不吃會餓，那是假餓。我有廿八天不吃飯的體驗，告訴你們經驗，餓是餓不死人的，但是要懂得氣功，使胃腸內的氣充滿。胃腸的功用就是不停地動呀動的，把吃進去的東西摩擦消化掉。東西消化完了，胃腸內是空的，它一樣要蠕動，如果氣不充滿，胃摩擦破了就出血。

有位學佛的老居士看我既不吃飯又不睡覺，真好，可以多做好多事，跟著學不吃飯，十四天就進醫院了。我去看他，胃已經割掉三分之一，問他為什麼會胃出血？他嘻嘻笑，說不好意思，「我學你嘛！不吃飯。」我說：「你真是跟自己開玩笑，這不是好玩的，那要有方法，你不懂方法，怎麼可以亂搞？」

不過，一般人如果一星期中，一天一夜不吃飯，清理清理腸胃，那是非常好，非常合乎生理衛生。

因此，回教有齋戒月；天主教、基督教真講修持的也有不吃飯的一天；學瑜珈術的人，一個禮拜也禁食一天，很健康。中國佛教的叢林制度是百丈禪師創立的，他也告訴你：「疾病以減食為湯藥」，不管什麼病，先把腸胃清理一番，比吃什麼藥都好。

「不非時食」，不僅有衛生的道理，還有要頭腦清醒，慾念不起，就要過午不食。為什麼不起慾念，因為你把慾念餓死了嘛！格老子！你不乖，不聽話，老子就餓死你。真餓了一夜，也就乖了。慾念不起，腦子清醒，才容易得定慧。不非時食有這麼多好處，中國人早就知道這些道理，所以有一句土話：「晚飯少吃口，活到九十九」，可惜大多數人卻喜歡在晚上拚命吃。

至於廟子上的過午不食，真是受不了。我所看到當年虛雲老和尚的叢林南華寺——六祖的道場，戒律之嚴，規矩之嚴，到了晚上就受不了，連鍋粑都有僧人偷去吃，所以虛雲老和尚連鍋粑都鎖在櫃子裡。我說：「師父啊！

太過份一點了吧！」「嘿！不這樣不行嘿！」

我年輕的時候也練習過「過午不食」，我那個時候一頓飯都要吃三碗，怎麼辦？先從三碗減為兩碗，兩碗減為一碗半，訓練了好久。後來慢慢改為一碗、半碗，最後剩一口，這一口最難戒掉了。一口戒掉以後，還不行，用七顆生的花生米咬咬也很舒服。七顆減為三顆，三顆減為一顆，最後可以不吃了，但是一到晚上，嘴裡淡淡的，總想弄點東西吃吃才有味道。我在峨嵋山上怎麼辦？泡茶喝。山上的雪水泡清茶，又沒有油。想吃而沒有東西可吃，把茶癮學上了，胃也喝寒了。最後變成什麼情況呢？大便的時候，自己一看，大便沒有顏色，白的，我就曉得一點營養都沒有了。到了這個樣子才把飲食完全戒掉。

所以，現在得到一個結論：過午不食，乃至完全不食，不難，困難的是飲食的習氣難斷。在我廿八天不吃飯的過程中，最難過的是第三天，要餓死就是第三天到第四天，像死了一樣，別說手拿不動，連指頭想動一下都沒有力氣。不過，我曉得，老一輩告訴我這個經驗，一到第四天，精神恢復了，精神好得很，那眼睛像電燈泡一樣發亮。第十一、二天不吃都沒有關係，可是家裡孩子們或朋友來吃飯，好菜端上來，站在飯桌旁轉，告訴朋友這個好吃、那個好吃，自己何嘗不想吃？當場發現這個現象。修行就得這樣修，自己起心動念都要曉得。

飲食的念頭，阿賴耶識的種子、習氣很難去掉，不吃飯有什麼用？這一念想吃的習氣轉不過來，一點用都沒有，冤枉不吃飯。你還自以為已經三天不吃飯，了不起，坐在這裡想，過了一百天後大吃一頓，什麼雞腿、牛肉、紅燒豆腐，你的修行統統完了。甚至我還有一回在夢中大吃起來，一醒來，我知道，統統完了，為什麼？因為你所有習氣的種子都爆發了，假修行，這不能欺騙自己，在夢中習氣爆發了，有什麼用？

八關齋戒與六齋日

這八條叫「戒」，不是「齋」。「八關」是不要犯這八條戒，等於關門一樣，把壞的一面關起來不要犯。

持齋的時候，當然吃素最好，甚至到達不吃，光喝點清水，心中不動妄念，那才真叫持「齋」。

都懂了嗎？你們當法師的將來出去要教人，不要教錯了，教錯了說是南老師那裡學的，到時候我的臉不是變紅，而是變綠了。千萬要記得啊！前七條為戒，最後一條不非時食包括在「齋」裡頭，叫「持齋」，總合說叫「齋戒」。普通人沒有受過三皈五戒，只在佛前磕頭的，也可以持八關齋戒；已受五戒的，可以在每月的陰曆初八、十四、十五、廿三、廿九、卅（小月廿八、廿九）這六天持齋戒。

為什麼要在這六天持齋戒呢？你們可以去研究《大寶積經》。我先提一件事。最近飛機失事，他們在山上招魂唸經，經一唸，山上的沙子岩石都滾下來，現場的人都傻住了！有位記者打電話問我究竟有沒有靈魂？有沒有鬼？我聽同學說有人來這麼一個電話，我說交給祕書蔡先生答覆，蔡先生是老新聞記者，他回答以後向我報告答覆情形：

蔡：「請問找南教授有什麼事？」

記者：「想訪問南教授有關鬼魂的事情。」

蔡：「哦！訪問這種事，你還年輕，我告訴你，這個世界也有很多災難，天下國家大事也很多，為什麼很多大問題不來問，專門問南教授這些鬼話呢？『不問蒼生問鬼神』。其次，你認不認識南教授？他不是道士，不是畫符唸咒的，他怎麼答覆你這些問題？」後來那位記者連說抱歉、對不起。

蔡先生報告完了，我說你答得好，真對。有時候不敢叫你們年輕人辦事，接電話不會接，問題也不會答，換成你們，就會客氣地說：「小姐啊！妳貴姓啊？老師啊！很忙啊！不在啊！」搞了半天抓不到重點。能幹的人，乾脆利落幾句話就很清楚。

如果叫我自己接這個電話，我就會訓他一頓，我頭一句就問：「你認不認識他？」「不認識。」「他沒有空，你訪問什麼問題？」「鬼的問題。」「他還沒有死，沒有經驗。」

真是莫名其妙！所以，做事要懂事，尤其是我，一聽到問問題，問不出戒呢？

那麼，「六齋日」的問題同這個問題一樣，為什麼每個月要在這六天齋好問題，我火氣就大了。

這要研究三界基本的問題。我們在欲界中，而與世界有關的欲界天天人、神等，是非善惡很清楚。拿現代話講得漂亮點，就是外太空那些神，在這些日子坐飛碟來視察，你們哪些人做了壞事，心思意念不乾淨的，他都登記下來。所以你在這個時候清心寡欲，齋戒沐浴，就要得福報了，這是一個原因。更嚴重的道理是要研究《易經》陰陽學，那就深了，與宇宙自然的法則合一。不但每個月的這六天是六齋日，你們吃長素的、出家的，天天都在齋戒中，那更好了。

六齋日都知道了，那麼每年有幾個月份要守八關齋戒呢？正月、五月和九月是三長齋期，吃一個月的齋，受一個月的齋戒，功德無量，什麼理由呢？太虛法師這本《藥師經講義》解釋說：「佛說四天王於此三月中正巡至南贍部洲，持齋修福者，功倍於常。」因為這個時候，正是天人下來審查人世間的人為善為惡的情形。

我年輕時學佛也持過八關齋戒，後來知道為什麼要在這些日子持齋的理由，我不持了，我做好做壞隨時檢查自己，如果怕讓鬼神看到而假充好人，豈不是拍馬屁嗎？大丈夫做事要讓自己看到，學佛要真作好人，為什麼怕鬼神視察？做錯了，自己就要懺悔，隨時要檢查自己。

如果根據普通經典，是為了怕鬼神看到而持八關齋，這是小乘理由；大乘經典另有高一層的道理。

如何往生

現在回到《藥師經》原文。剛才講到「有能受持八分齋戒，或經一年，或復三月」，接下來是「受持學處，以此善根，願生西方極樂世界，無量壽佛所，聽聞正法。」

你能夠接受，修持此事，受持戒學，什麼是學處呢？經、律、論都有其學處，經學學處、戒律學處、論學學處，這是學佛的善根基礎。以此善根願生西方極樂世界。你在生時以修八關齋戒的基礎，培養善根，發願死後生西方國土，因為阿彌陀佛的極樂國土與藥師佛相連，是連鎖國土，萬一你活著修不到藥師如來的境界，死後一定到西方極樂世界國土，阿彌陀佛就是無量壽佛。換句話說，這是《藥師經》的祕密，真正密宗的藥師佛就是天青色的形象。因此，修藥師佛就是長壽佛，就是無量壽佛。

藥師佛手中端的東西像一個缽，裡面的百寶囊中放著無量的藥。藥師如來為什麼是天青色？一個人如果把色身轉化了，也就是報身修成功，中脈通了，一天到晚身心內外都在萬里無雲、蔚藍色的境界中，那才可以轉報身而得長壽。所以，密宗修彌陀法的人，一定同時修長壽佛的法，尤其修「破瓦法」的人，同時修長壽法，不然很快就短命去了。無量壽佛與阿彌陀佛，如同一個球的兩面，是圓的、通的。諸惡莫作、眾善奉行的人、八關齋戒修持好的人，善根成就，一定會往生西方極樂世界無量壽佛所，聽聞正法。換句話說，你善根不到這個程度，想要往生，很難啊！那怎麼辦？慢慢來，有一個補習班可以留學，在哪裡？在東方，就在我們這裡。藥師如來怕我們善根不夠，就在這個世界辦了一個分校。所以「而未定者，若聞世尊藥師琉璃光如來名號，臨命終時，有八大菩薩」。

有些人善根沒那麼深厚，或善、惡、無記業力在不定階段，假使曾經聽過藥師琉璃光如來名號，耳根聽一下，臨命終時，有人助念，幫你提起注意，你要專一，記住那個影像。或者有人參加我們的課，記住這裡現在正在講《藥師經》的情況，效果一樣。那時，雖然快要死了，身體也不屬於我的啦！不要管身體的疼痛，只要記得這個境界、這個形狀，阿賴耶識的影子像做夢一樣，意識境界迷迷糊糊的，啊！我要走了，心裡念一下如來名號，你就想到了，或者記住現在的情景，立刻就有八大菩薩在你面前現身，接引你走。

這八大菩薩是：「文殊師利菩薩，觀世音菩薩，得大勢菩薩，無盡意菩薩，寶檀華菩薩，藥王菩薩，藥上菩薩，彌勒菩薩。」藥王、藥上菩薩是東方藥師佛的侍者，等於西方阿彌陀佛的兩位侍者觀世音菩薩與大勢至菩薩一樣。八大菩薩在你面前現身，你現在看不見，臨命終時提起那一念，一定現前。

「是八大菩薩乘空而來，示其道路，即於彼界，種種雜色，眾寶華中，自然化生。」注意「乘空而來」，很多學佛的人都搞錯了，打坐就想：啊喲！好像飛機或流星從虛空中下來，那全錯了，這個虛空是你意識境界的妄想。什麼叫「乘空」？是你不知道，一下子冒出來了。這個空的道理很重要，無所從來，亦無所去，不知道從哪裡來的叫空，不曉得內外中間，自然而來，一下子自然看到一尊佛，告訴你這樣、那樣，就是「乘空而來」。懂了嗎？如果想從虛空來，是有相的，不對，那就永遠走入外道了。

那麼，這八大菩薩乘空而來，示其道路，指導你的靈魂，來，這邊走，跟我來，或者他的光推你一把，向那邊去，或者笑一笑，你就懂了。那個時候，不用說話。我們人靠說話才懂意思，變成中陰身（靈魂），不用靠說話，菩薩眼睛注視你一下，你一切都懂了。

還有「示其道路」，你不要搞錯了，以為像新生南路的馬路一樣，或者像山路一樣，全錯了。這個道路是形容辭，沒有形象的，到了那個境界，菩薩現前，或一笑，手一擺，你就懂了，自己就曉得如何與佛相感應。這一念一感應，你這邊氣一斷，那邊已經往生。「即於彼界」或西方、或東方，「種種雜色，眾寶華中」，「自然化生」出一個你，同蓮花生大士一樣，你自己又得一個身體，這個身體不是中陰身了，這種身體叫意生身。

如果想現生修到意生身那就很難了，等於道家所講的出陽神境界。意生身要怎麼修？一念專一，不是「空」，光懂得空不是真正的佛法，是「有」啊！好好記住今天的境界啊！一輩子都記住，臨命終時就可以去了。今天是什麼境界？就是這樣一個境界！

上面講的是《藥師經》的中心要點，說到要想得到諸佛菩薩，尤其是藥師佛的感應，最好受持八關齋戒或三皈五戒。八關齋戒的戒律，上面已經非常詳細地跟大家講清楚了。

至於八關齋戒為什麼要規定在每個月的那幾天，以及每年的那三個月持齋？如果詳細研究解釋，那是自然科學的道理。六齋日的原因，與《易經》所言太陽、太陰（月亮）運行的法則有關係，不只是天人下凡審查人間的善惡。三個月份的原因，與太陽行度和地球人類道德的規則、生理的規則和心理的規則有關聯。如果深入解釋，必須花很多時間，同時還牽涉到《易經》象數、中國天文與過去東方天文的連帶關係等等，涉及範圍甚廣，因此暫時講到此為止。

受持八關齋戒，心能行善又能一心不亂修持藥師佛的名號、法門，不但現生能得藥師佛的感應，同時臨命終時，亦能隨你當時的一念，往生西方極樂世界。假定有人差一點，所謂差一點就是業力與願力不足，功德與戒行不夠，亦能生於天上。

天堂在哪裡

或有因此，生於天上，雖生天上，而本善根，亦未窮盡，不復更生諸餘惡趣。

由於業力、願力及現生行為比較差的，不能往生阿彌陀佛與藥師佛的世界，但卻因此而生天。「生天」的觀念要搞清楚，不是我們一般認為的生天，也不是其他宗教所說死後上天堂的生天。

世界上一切學問、一切宗教所講的天人，天與人之間的關係，以佛學分類得最清楚。佛學有三界天，欲界、色界、無色界。欲界中又分很多天，比方我們在廟子上看到的四大天王等，也是天上的人，是道德、智慧都比我們高一點的生命。

有一點大家要注意，尤其是學科學的都有一種看法，世界上所有人類文化，每個國家民族所畫的天堂、地獄各有不同，中國畫或外國畫所表現的天人，也各有其民族特色。東方的天人就像東方人模樣；西方的神就像西方人的樣子；中東的天堂、地獄的眾生就是中東人的樣子。如果推開宗教立場看世界人類的宗教，全在欺騙人，每個人都是憑自己的想像，而構成他的天堂、地獄，幾乎沒有一個相同。

再說，世界上玩弄那些相似於神通的人更妙！譬如西方有很多高明的看相術、占卜，能知前生事之類的，像美國、南美就很多，能知他人的過去未來，台灣有很多人不惜花大錢買機票去問前生事。妙的是，他們所看到的前生大部分都說你是印度人、埃及人，沒有一個說是中國人，為什麼呢？因為他們的意識範圍沒有中國的印象。中國人看前生前世的，則不會說你是希臘人或西班牙人來投胎的，再不然說你是高雄投胎到台北的。如此看來，世界上所有知識的範圍，和一切宗教觀念，都是個人意識內的構想，並沒有人真正證到天堂地獄的形態。

又如現在科學已經觸伸到地球以外的其他星球，有些星球看不到生物，因而有人推翻一切，說星球上沒有人。然而，我始終堅持一個道理，要他們特別注意，比方，目前我們最了解的是月球，月球的表面沒有生物，人類也不能長期留在那裡。假定月球上有生命，但和地球人類不一樣，不需要空氣，而此生命是在月球星體的中心，未來我們又如何解說呢？科學尚在求證階段，不能憑今天有限的科學知識，就說月球絕對沒有生命，這點即使在美國研究太空科學的人都不敢斷言，只敢說不知道。

因此，不要假想、猜測，也不要用自我意識去作解釋。如以普通哲學推理的話，其他星球的生命不一定是地球人類的樣子。我們自認兩隻手、兩條腿蠻漂亮，在其他生物看則不然。密宗有許多畫像，包括人、佛菩薩都不是人的面孔，而是獅子、老虎等怪里怪氣的面孔；手也不像我們只有兩隻，而是十幾隻、幾十隻，多得很；腳也不同。有人認為密宗的佛像、神像是表法，表達顯教的道理；三十六隻手加上一個頭，代表三十七道品；十八隻腳代表十八空，那是我們自己的解釋，假如他方世界的生命，其業報和我們不同，而是另外一種樣子，你又將作何解說呢？所以，這種解釋也相當大膽，大膽的假設不一定可靠。譬如四大天王畫的都是中國衣冠、面貌，在整個人類學中屬於亞洲系統的蒙古種面孔，如此看來，四大天王天莫非都是亞洲人生天？難道歐洲等其他民族就沒有好人？都不會得天人果報？這實在不一定。像這些學問，是只學佛、只學宗教的人所聽不到的，這些都是大學以上，研究比較宗教學的範圍。所以，我們站在學術立場看所有的宗教，會覺得這個知識很淺陋很可憐，關起門來站在自己的立場亂辯證，這個辯證不一定可靠。

不過，話說回來，站在比較宗教學的角度來看，我可以跟大家證明一點，到今天為止，還是佛學比較可靠。佛學所說的天人，比世界上任何宗教都要完備，天人不只一種，天堂也不只一個。就拿欲界天最低層的四大天王天來說，是與我們最接近的天人，換句話說，四大天王天還在太陽系的範圍，以科學來講，太陽系之外還有許多其他星球，因為根據佛教宇宙觀的解釋，人類祖先是來自另一度空間，是從光音天來的。

生天的道理

所以，生天，生到哪一種天？大有問題。修持到生天相當不容易，因此，我們也不要毀謗或看不起其他的宗教。任何宗教，有一個基本的共同點，都是教人做好事、作好人、行善道，行善程度的深淺是生天的根本。行善道，接近於禪定。一般人以為只有形式上的唸佛、拜佛、打坐叫學佛，如果心理行為、外在行為、喜怒哀樂等種種習氣沒有轉變，你縱然修了一輩子，能不能生到初級的天還成問題，而且相當成問題。能夠一生修到人中再來，死後不走入畜生道、地獄道，已經是第一等了不起了。

所以，要想生天，必須有道德，有心理與實際行為的善行與禪定工夫的配合。禪定不一定是打坐啊！而是心理行為的寧靜。真行善的人，心理行為自然寧靜。寧靜是禪定根本的基礎，寧靜程度的深淺就是禪定層次的深淺。那麼，要想心理做到寧靜，必須改進心裡的情感、情緒、思想和外在的行為，絕對的靜止，才能進入真正寧靜的狀況。

一般人盤腿打坐、練氣功、聽呼吸、唸佛、持咒、觀想，這是非常消極的修定，幾乎不可能得定，因為這是你坐在那兒，暫時把自己的思想、心理行為，找了另外一個東西作寄託。譬如聽呼吸，到臨死時，呼吸停了，你聽什麼呢？又如你唸咒，到了四大分離時，念頭、意識提不起來，你又唸個什麼呢？你馬上失去依靠。在沒有依靠之時，你的心理狀態，平生壞念頭的習氣，統統徹底地浮現、爆發。那個時候，你說我會打坐、唸咒、聽呼吸，想寧靜下來，幾乎是不可能，當然也不是完全不可能，除非你有見地，定力夠。

所以，光靠禪定打坐的工夫而想成道生天，那是自欺。

成道生天的道理很簡單，從心理、行為開始，往善的方面來努力，要把自己的脾氣、個性、思想、動作、言語等種種不好的習性、習慣，痛下決心的徹底改正過來。因此，從行善入道，念念為善，才有生天成佛的希望。

佛學不是大、小乘的分別，真正的佛學是五乘道，首先修「人道」——八關齋戒是天人的基本；其次才能修小乘的「聲聞道」；再進一步修小乘的「緣覺道」；然後才是大乘的「菩薩道」。當然，五乘道只有一心，因此也可稱為一乘道，本來一心而已。換句話說，就是從修正心理行為開始。

了解這些簡單的道理，就要曉得檢查自己一生的心理行為、善惡業的功德，檢查自己可能往生六道中的哪一道？這本經典沒有說明生天是生哪一種天？如果要詳細研究，必須看《俱舍論》《瑜伽師地論》等著作。如果不研究這些經論，而像一般人看一點現代佛學文章，聽一點佛學課程，便自以為在研究佛學，那不但可以說大門沒有進來，連排隊掛號都沒有摸到。尤其在這裡研究佛學的同學們，以禪、佛為標榜的，更要注意，不管你的論文是否與佛學有密切關係，至少這裡的教育宗旨就是往這方面發展，連這個基礎都沒有，能寫些什麼呢？有些同學問我論文寫些什麼？我還正想問你要寫些什麼呢！你要我教你寫什麼呢？因為你什麼都不清楚，坐在這裡，首先就要檢查自己為學為道是否對得起自己？如果辜負光陰，白過日子，光在煩惱妄想中打發時間，而自認為在修行，我告訴你，那正合了蘇曼殊的一首詩：

生天成佛我何能　幽夢無憑恨不勝
多謝劉三問消息　尚留微命作詩僧

你們看到我背書，光是抄，怎麼不學學老師苦讀的精神呢？唉呀！老師是天生的，難道你是地長的？真是！老師是媽媽生的，你也是媽媽生的，老師為什麼能記得？用心苦讀嘛！對好書、好句子集中全力硬是把它記住。你們不用心，還說老師是天生的，難道你是紅薯長的？沒這個道理！

這是蘇曼殊有名的詩句。劉三是他的朋友，寫信問他最近生活怎麼樣？

他回了這首詩。學佛是假的，生天、成佛我一樣也做不到，一天到晚煩惱、妄想不堪，做的夢也亂七八糟，多謝你來信問我狀況，現在只能說還有半條命在，還會作作詩，談不上是真和尚，不過是詩僧而已。

你們不是蠻喜歡蘇曼殊嗎？蘇曼殊的詩，我們也喜歡啊！有些句子蠻高明，有些不怎麼樣，喜歡的好句子我們就背下來。讀書用功不是要你花時間，而是要用心，用心沒有什麼困難。

我們講天上的問題，引伸牽扯了這麼多，還引出了蘇曼殊「生天成佛我何能」的詩，所以，不要小看生天，不容易啊！

現在《藥師經》鼓勵我們，只要你平時受持八關齋戒，好好的真正修心行善，縱然臨命終時不能往生西方極樂世界或東方藥師如來世界，「或有因此，生於天上」，這裡沒有告訴你生天的階層。不管怎樣，以做生意的眼光看，生天總比作人好一點。

學佛對鬼神也要恭敬

我們年輕時學佛也皈依，皈依佛，皈依法，皈依僧。皈依這個僧、那個僧，僧了半天，永不皈依什麼邪魔外道、天魔、天人！當然，這是一套過程，初步學佛必須如此。那時我們也信得不得了，我經常跟著袁煥仙袁老師一起走路，每天回家都經過一座狐仙的廟。袁老師是學佛的，當然三皈五戒、菩薩戒、密宗戒，戒了一大堆，只要他經過狐仙廟、土地公廟、城隍廟等等，一定照古禮合掌，然後一路走過去。中國古禮就是如此，讀書人不管官做得多大，宰相也好，狀元也好，回家若是從自己祖宗墳墓或祠堂前經過，騎馬的趕緊下馬，決不敢騎在馬上耀武揚威地過去。我們年輕的時候就受這種教育，甚至經過外公家的墳墓，原來躺著或坐在船上，趕快起身合個掌或抱個拳，過了以後再躺下來睡覺。

袁老師受了儒家的教育，經過這些地方就合掌。有一次我實在忍不住了，跟青年人一樣好奇，我問：「先生啊！（那時不叫老師），學了佛，三皈五戒，不皈依天魔外道。」袁老師說：「這是什麼話？大菩薩的戒律對一切眾生都要恭敬，你看土地公廟有沒有神？如果有神，一個普通人死後當土地公，還得是好人才能當呢！壞人還做不了土地神。既然到了好人前面，就該合掌行個禮，這是菩薩道。」

我聽了真是冷汗浹背，對，是這個道理。後來我也跟袁老師一樣，到了任何神廟都合掌行禮，不管什麼公，就是個精怪，狗修成的精怪，這隻狗的本事也比我大，人還修不成人怪呢！牠雖然作狗，也是狗中的善狗，才有一點小精怪的本事，也值得尊敬。學佛的人對一切眾生都要尊重，何況鬼神？不要看自己受了三皈五戒，不這樣，不那樣，你死後能不能變個土地公、土地婆？還是個問題，你沒有那麼好的善果，恐怕變個餓鬼都做不到。差一點的，死後下阿鼻地獄，永不得翻身。

這是袁老師的教育，這一生我就「依教奉行」，對任何一個小神明都很恭敬、很重視，他有他的善果，人有一點長處都值得恭敬，何況是神。

善根退失　福報享盡

所以說，不夠資格往生他方佛國而生天，生天也很值得恭敬，這些是《藥師經》的重點，並不是吃飽了叫一萬聲「南無藥師佛」，供了一個饅頭、一根香蕉、一盤素菜，最後端下去自己吃，藥師佛還吃不到，他就使你又消災又生天，這個生意一本萬利，誰不會作啊？如果以這樣的心情學佛，你想想看對不對？一點善心都沒有，然後一邊唸經，誰要是把你衣服碰到了、鞋子踢到了，那個位置被人家坐久了，一肚子氣！氣得一邊唸南無消災延壽藥師佛。這樣會有善報？如果有，佛法你不要信了。此心多狠、多壞、多惡啊！學佛是行善行得善果，至善才能得感應。

《藥師經》告訴你，因為你做不到至善而得不到佛道的感應，因此而生於天上，雖生天上，由於有藥師佛所教育修持的根本，而你根本的善根沒有退失。注意這個「善根」，我們現在學好人、做好事，你那個善心發的究竟是真是假？發了善心究竟能不能生根？都是問題。今天高興了，心情好，偶爾露一點善根的曙光，卻根本沒有深植在心，等一會兒逗你一下，環境一不如意，一臉凶神惡煞的相就現出來了，那有什麼用？所以要深植善根。

因此，學了《藥師經》，本來的善根功德沒有退失，天人壽命終了時也不會墮落到惡趣。你要曉得，很多天人福報享完了，照樣墮落到惡趣。不要說天人，現實人生就看得見，不過年輕人不大容易看到，像我們看了幾十年人生，現生就看到這種果報。過去在大陸上有許多出身好、家庭好的大少爺、大小姐，那真是無比的享受，吃饅頭又怕髒、怕傳染，都要剝了皮才吃；豆芽兩頭都摘掉，只剩一寸，吃的、穿的之講究；等到抗日大戰一來，那些大小姐們逃難，路也走不動，飯又吃不上，顛沛流離之可憐，最後從身上拿出一兩黃金，想跟人家換個東西吃，老百姓沒看過黃金，問幹什麼用的？不能當飯吃，不要，硬是換不到東西吃。逃難的少爺、小姐，連米長在哪裡都不知道。恐怕你們有些人也不知道，餃子皮的來源知道不知道？是不是哪棵樹上的皮？（眾笑）只看到富貴半生，最後孤苦伶仃，死於溝壑。

在台灣的老朋友中也有很多，聽說某人死了，問怎麼死的？倒在陰溝裡死的。當年在大陸作什麼大官，家裡有多少錢，太太七八個，子孫滿堂；死了七八天才被發現在陰溝裡，身上沒有身分證，也不知道是哪裡來的老頭。這些人半生以前是天人的境界，生活之享受，死後則是墮泥犁的果報，死在臭水溝裡。有好幾個還是一輩子修道學佛的，我不講名字，老一輩的都知道是什麼人。

你們注意啊！我們今天坐在這裡亂講亂講，自己今生最後的結果如何？不好好修持，很難保住，天人境界也會墮落，好難啊！我們經常寫輓幛輓聯送給人家，很難用上「福壽全歸」四個字。福壽全歸起碼要活到八、九十歲，兩老俱在，要功名富貴齊全，兒孫好，道德也好，才有資格稱得上「福壽全歸」。

這就是人一生的因果，天人也如此。所以《藥師經》告訴我們，修了藥師佛法門，有善心配合，再加上齋戒的清淨，才能生天。雖生天上，福報享完了，下來也不會墮惡趣——地獄、餓鬼、畜生道，至少還能做個人。

轉輪聖王

天上壽盡，還生人間，或為輪王，統攝四洲，威德自在，安立無量百千有情於十善道。

因過去修十善道的善行，受持八關齋戒，天人壽盡了，生到人世間，也不是普通人，而是治世的帝王，佛經稱「轉輪聖王」。轉輪聖王不是幾百年才出啊！也許好幾千年、萬年才出一個。治世的帝王分四種：金輪聖王、銀輪聖王、銅輪聖王、鐵輪聖王。《華嚴經》上說，真正治世的轉輪聖王，功德同佛一樣，也就是在家佛，是十地菩薩轉生的。這一點很妙，真正轉輪治世的聖王是十地菩薩轉生，真正示現十惡法的大魔王，也是十地菩薩轉生；一個是走善的教化而治世，一個是走惡的教化而治世；雖然善惡教化不同，但都必須是十地菩薩才有此資格。

研究佛學的同學要注意了，一般研究佛學的人，動輒喜歡在空、有的形而上哲學方面搞，或者拚命在文學境界上研究。至於形而下，宇宙和人類及一切生物、生命的關係，如三界天人、六道輪迴、三世因果的最基本道理都沒有研究。譬如講到轉輪聖王的問題，我們看到佛法中釋迦牟尼佛似乎比較偏重出世，這是因為大家對佛學研究不徹底，實際上釋迦牟尼佛最注重的是入世。所以佛經再三提到轉輪聖王的功德即同如來，兩者只有一點之差，一個是走出世路線證得菩提道，一個是走入世路線證得菩提道。因此佛經裡又出現一個在家佛——維摩詰居士，處處都在點你們，不擺脫世間法形態，而心能出家。這是大乘菩薩道，比出世還難。

所以，治世的轉輪聖王是「不世之出」，也就是說不是每一個時代都能出生一位如此的聖人帝王。

以中國文化歷史經驗來看，孟子說：「五百年必有王者興。」有一次我在孔孟學會作歷史分析的演講，我把孟子這句「五百年必有王者興」的帳算了一下，中國文化命運與社會政治的關聯，的確是四、五百年間就有一個變更。從周公以後算起，到現在是第八個五百年，未來的際運應該是有王者興。

但這個王者，以佛學的標準來講，尚非轉輪聖王，只是五百年出個英雄。

我常說個笑話，戲劇界寫劇本、當演員的朋友來看我，我經常鼓勵他們說：「中國歷史五百年出一個英雄，三百年出一個戲子」。一個好演員能演得像雷根一樣，真不容易，雷根是演員出身，美國的歷史還不到三百年。過去唱京戲的名角如梅蘭芳，過後就很難再出個像梅蘭芳這等好演員。梅蘭芳是中國三大美男子之一，在那個時代真是風靡一時，其演技之好、之高明，真是無以形容。

元朝有個名家畫兩隻牛打架，很多人看了都叫好。一個放牛的小孩經過，鑽進去看，「去！去！這算什麼好？狗屁都不值。」人家問他是幹什麼的？也會畫嗎？哪裡畫不好？他說是放牛的，不會畫，但是他知道畫得不對，牛打架愈打得厲害，牛尾巴夾在屁股愈夾得緊；牛尾巴翹得直直的，不是打架嘛！就這一句話，完了，這幅畫也沒有價值了。

宗教電影演觀音傳、釋迦牟尼佛傳，唉呀！後來我都不去看，叫他們先去看，為什麼？我怕看了當場發嘔，受不了。譬如釋迦傳，釋迦牟尼佛由誰演？有這個修養沒有？氣質、神情必須靠演員本身的修養才能自然流露，縱使透過高度技巧的化妝術也沒有辦法；一舉手，一投足，神態不對，就是兩樣，擺對了還差不多。經常有朋友來這兒吃晚飯，從夾菜的姿勢就可以看出某人練過武功。有一次跟一位朋友握手，一拉就知道他練過福建莆田少林寺武功，他謙虛說沒有，我說一定年輕時學過，他才肯承認是年輕時玩過一下。

這和做學問、作人的修養一樣，騙不了人的，你說你學問好，看你的風度，走兩步路就看得出來，肚子沒有學問，樣子就是不對。你說你開悟了，看你走兩步路，就曉得是悟「開」了你。所以古代禪宗祖師說一個人有沒有開悟，走兩步路就能看出你的命根子在哪裡，一點也沒錯。

修養這個東西真不容易，治世的轉輪聖王更是不容易。真正的佛法，注重在這方面，你們再去研究，我算是給你們開了竅。若是把佛法拉到深山的山頂去，你全錯了。佛法的真義是救一切眾生，救一切眾生不是拿一把剃頭刀把你的頭剃光，就能解決得了的，另外還要好幾把刀才能解決。轉輪聖王就有七寶莊嚴，七寶裡面就有一把大刀，雖然沒有講出來，你們去研究佛學就會懂。

不過，佛法真正標榜的是什麼樣的人呢？也就是說，佛法當家的是什麼人？等於說世界上任何一界的領導人都必須受教育，然而各界有成就的人不一定都是教育家，對不對？對，教育家專搞教育，但培養出來的人才各色各樣，不一定都當教育家，對不對？對啦！所以佛法，當家的是出家比丘，專管佛的教化。出家人當的是這個家，所以叫住持。而學佛者，不一定要出家，度一切眾生要百千萬億化身，百千萬億個不同的姿態。瞭解了這方面道理，你們可以寫論文了。但是不要聽了這麼一點道理就說懂了，還有很多青蛙跳到井裡面，噗通——不懂！慢慢去研究吧！

因此，我大聲疾呼，近百年來的佛學錯誤百出，方向完全錯了。這裡是講到轉輪聖王，所以牽扯出這些道理提醒你們注意。

現在佛經告訴你，轉輪聖王統攝四大洲，嚴格講，擴大的講，地球不過是四大洲之一，叫南贍部洲，如果拿地球來講，亞洲是四大洲的一洲，範圍有大有小。

轉輪聖王統治了全世界，在人類歷史上還沒有出現過，即使東方的成吉思汗，甚至成吉思汗的子孫也都沒有做到；中國的漢唐明清也沒有做到，只能勉強地與鐵輪聖王的境界比一比而已。我們的老祖宗神農、黃帝、堯、舜，勉強可比作治世的轉輪聖王；等而下之，出英雄則有之，出聖王則未必。

轉生人間好果報

或生剎帝利、婆羅門、居士大家。

神農、黃帝、堯、舜之流的聖人是道德的感化，不是權威的控制與統治，他們或者不生為轉輪聖王，或生為剎帝利，而生為帝王之家，或生為英雄世家。印度到現在，階級制度仍然十分明顯，十分不公平。剎帝利是統治或帝王的階級，印度的名門望族多半是剎帝利階級，釋迦牟尼佛的血統就是剎帝利。或生為傳教士，如婆羅門教是印度幾千年文化的重心，其他還有佛教的居士大家等等。

多饒財寶，倉庫盈溢，形相端嚴，眷屬具足，聰明智慧，勇健威猛，如大力士。

「形相端嚴，眷屬具足」，你看多難！這還不是轉輪聖王，我們作人作到形相莊嚴，六親眷屬具足，包括父母兄弟姊妹、妻子兒女、朋友、學生就已不容易。另外，「聰明智慧、勇健威猛」都要具備，「如大力士」，並非本身一定是大力士。這就是說修過藥師如來的法門，加以至心行善的配合，而轉生人間的果報。那麼，你說這些是宗教的迷信，真有他生來世嗎？這是哲學也是科學上的大問題。

若是女人，得聞世尊藥師琉璃光如來名號，至心受持，於後不復更受女身。

「至心受持」，專心一志，至心接受並修持，不因環境、不因任何阻礙而放棄，從這一生以後，再也不會變成女性。女性當然有許多不方便和痛苦，不過，我有一位朋友認為女人比男人好，願意生生世世永遠變女人，還講了許多理由，我聽了真是無可奈何。

眾病消除

復次，曼殊室利，彼藥師琉璃光如來得菩提時，由本願力，觀諸有情，遇眾病苦，瘦攣、乾消、黃熱等病；或被魘魅、蠱毒所中；或復短命，或時橫死；欲令是等病苦消除，所求願滿。

藥師琉璃光如來開出他成佛悟道的第一個志願發心，為什麼學佛？像有許多人來找我學打坐，我就問他為什麼學打坐？他說為了身體。我聽了如同吃了冰淇淋，從頭涼到腳底，原來你那麼小的目的，那就不用找我，隨便找個人教教就好了！

如果有人說要成佛，要求證得菩提，本人還會稍稍動心一下，唔！此人還值得一教。問了一百個人為什麼要學佛？有五十雙回答身體不好。身體不好不找醫生，找我？換句話說，這是以自我為中心，出發點是絕對自私。因此我比吃冰淇淋還涼快，心都冷了，我說好好好，應該應該，我找個同學教你。為身體不一定要學打坐，打坐效果慢，我勸你們還是學運動好。

你看藥師佛以及諸佛大菩薩，一開始學佛就是為了證得菩提，這是大丈夫的氣概，要成為天上人間第一人。佛菩薩開始學佛的本願多是為了拯救一切眾生，譬如藥師佛的十二個本願，我成佛要為眾生如何如何，要怎麼救這個世界，他的動機是如此。這就留給學佛的人一個榜樣，不是自私的為自己而學佛，但也可以說是使自己成就，更要使眾生共同成就。

藥師佛哀憫世界上可憐的人太多了，病痛的人太多了。藥師佛本願的力量，看一切有情眾生都在病痛中。「瘦攣、乾消」，瘦、胖都是病，尤其急遽消瘦就有癌症的嫌疑，過胖也不是健康。

十九世紀威脅人類的病痛是肺病；廿世紀是癌症，廿一世紀初將會有癌症的特效藥問世；廿一世紀威脅人類的是精神病、心理病，會到無可救藥的地步。你們年輕人活到八、九十歲就可以看到未來的世界，都是因為生活的壓力、物質的引誘而患精神病。

「乾」是乾癟。「消」，古代中醫有消的病名，消的病有上消、中消、下消，現在只講糖尿病，是屬於下消。「黃熱」是肝膽病。「魘魅」是鬼病，「蠱毒」是細菌、傳染病。或「短命」、「橫死」，飛機失事，車禍等。

藥師佛看到未來世界，尤其我們這個世界的眾生，被生、老、病、死困擾得太痛苦了，所以他發願要拯救這個世界，由他的願力傳一個法門。

觀世音菩薩在東方世界看到女性的痛苦比男性更大，所以他在東方世界化身為女性，代表女性的母愛和慈悲，實際上觀世音菩薩是男性。

爐火純青

現在講到藥師佛的本咒。修密宗的藥師法就嚴重了，不過現在我也不管了。我從來不傳密法，因為密法到我這裡也沒有祕密可言，所以我素來不喜歡、也不贊成把任何法變成密法。道是天下的公道，沒有什麼祕密。道也不屬於哪一個人，只要善心夠了，福德夠了，這個法門就可以傳給他。善心福德不夠，當然不能傳，就像你要一隻小狗小貓讀中文，可不可以？不可能的。

現在修藥師佛法，也用不著完全照密宗的修法，否則很麻煩，密宗修法是富貴修法，光是供養，你就供養不起。

藥師佛像大多繪成藍色、天青色，為什麼？這就是密，因為一個人修道學佛，修到氣脈、中脈完全通了，父母所生肉身轉化了，他的境界永遠是天青色，所以佛像是藍色的。

不過，如果真有一尊天青色、內外透明的活佛站在你面前，你怕不怕？我看你嚇都嚇昏了，夜裡黑漆漆地坐在那裡，一看，一定嚇死。平常藥師佛啊！藥師佛！這個時候就是「我的媽呀！我的媽！」

實際上，修持到家，氣脈通了，就是非常莊嚴、清淨的顏色。研究科學的人就知道，你們在中學大約也做過實驗，七色的變化是有程序的：紅、橙、黃、綠、藍、靛、紫。

畫家也好，練工夫也好，境界高了，就被形容為「爐火純青」。到煉鋼廠看就知道，紅火火力不夠，白火火力強，所以寫文章常會寫到「白熱化」；鐵煉到最高溫是青色。

你們現在打坐又腿痛、又這個、又那個，還三昧真火哩！連瓦斯火都沒有。三昧真火起來，色身轉化了，到了那種境界才曉得什麼叫「爐火純青」，才可以祛病延年。

藥師佛的修法

長壽佛法，密宗不傳之祕，現在我傳給你們，出去不要冒充善知識亂說，知道就好。那麼，要如何修呢？密宗的藥師佛修法，把佛像供在壇場中間，壇場非常講究，每天用酥油、牛奶供養；印度中東一帶以酥油（西餐所吃的奶油）點燈；中國用青油燈。幾千盞、幾萬盞的燈供養在壇場，真是莊嚴無比。還有供清水一千杯，每天光是換水的時間都不夠；三白供養是芝麻、白糖、糯米做的糕餅，天天要換，隨時要換，就像供養活佛一樣恭敬。

十種供養：香、花、燈、水、果、茶、食、寶、珠、衣。香不一定要燒香，燒香污染空氣，對呼吸系統不好，塗香、抹香都是香，地上塗滿了香水，你做得到嗎？用檀香水塗滿這個樓上，一個晚上起碼要上千元。

近幾年台灣忽然出現好多的密宗，真正的壇場是什麼樣子都沒有看過，壇場之莊嚴，令人肅然起敬，每天身體洗得乾乾淨淨，一進佛堂立即清淨。香、花、燈、水、果、茶、食、寶、珠、衣，隨時要換；你們幫我泡茶，一天也是換好幾次嘛！佛的茶怎麼可以只換一次，夜裡發霉了你也不管，佛該喝發霉的茶嗎？食是飲食，真正學佛的人，等於孝敬父母一樣，吃東西以前先供養佛，然後自己才開動。

寶，一切珠寶。衣，乃至新衣服自己不敢穿，要先供養佛。佛像一年四季早晚要換衣服、洗澡。所供的水，這一杯是給您老人家洗澡的，這一杯是洗臉的，這一杯是給您老人家隨緣布施眾生用的。一杯一杯端上去，都要發願說明，哪像你們端水，嚷著「拿來！拿來！這裡還要加點水啊！」不曉得幹什麼。香燈師注意啊！我到佛堂看到這種情形，轉一圈只好下去了。你們到我的佛堂看，就說老師的佛堂好莊嚴，其實真正的莊嚴還談不上，因為沒個道場。

真正的密宗壇場，莊嚴富貴，修不起啊！一天供養下來要花多少錢啊！有人問老師為什麼不修財神法，我說修不起啊！財神坐在壇場中間，天天要用牛奶、酥油、香水供養，每天要洗多少次澡，洗了還要香、花、燈、水、果、茶、食、寶、珠、衣供養，我有了這個本錢，做小生意慢慢累積發財，就不修他老人家啦！那一套供養要花多少錢，還要用金杯、銀杯給他洗澡，那還得了，算了，不修了。第一我花不起這個本錢，第二我沒有時間，一天到晚供養、洗澡，對不起！諸佛菩薩，我要讀書，我還有很多事要做。招呼他老人家，我就沒有時間招呼你們這些活菩薩啦！

學密宗要先拜佛，先磕滿十萬個頭再說。頭磕得都長出包包，佛像供在前面，拜了以後，頭還得向前面的供桌碰一下，才算拜佛，代表你碰到佛的腳了，哪裡像我們拜佛還弄塊棉花墊，還怕褲子弄髒。那樣至誠的拜佛你們做不到，所以我也不傳，你只要照著咒子誠心唸、誠心觀想也可以。

藥師佛長壽佛手印，再教一次，平常打坐，把手印放在肚臍下面的小腹和兩腿中間，也可以放在胸前。有所請求的時候，兩個大拇指頭在勾召，等於在按無線電報。散手印要往頭頂上散，不要隨便散，手印最好不讓沒有學過的人看到。通常修法時，手印都用布蓋住，各派不同，黃教用黃布蓋，白教用白綢子，紅教用紅綢子，那不重要，沒有關係。此法不要亂傳亂講，除非對方很至誠。

時彼世尊，入三摩地，名曰除滅一切眾生苦惱。既入定已，於肉髻中，出大光明；光中演說大陀羅尼曰：那謨薄伽伐帝，鞞殺社，窶嚕薜琉璃，鉢喇婆，喝囉闍也，怛他揭多耶，阿囉訶帝，三藐三勃陀耶。怛姪他，唵，鞞殺逝，鞞殺逝，鞞殺社，三沒揭帝，娑訶。

爾時光中，說此咒已，大地震動，放大光明，一切眾生，病苦皆除，受安隱樂。

「三摩地」是入正定境界，此境界是什麼境界？滅除一切苦惱的境界。進入了這個三摩地，從頭頂上「出大光明」，於「光中演說大陀羅尼」總持咒語。這是全咒，顯教、密教所有關於藥師咒語都集中全了。這個咒子平常至誠唸滿一百萬遍，效力很大。用藥或乾淨的淨杯盛裝蒸餾水，不能有空氣、細菌，修好後蓋好，保存好。醫治病人，結藥師佛手印，配合大悲咒；拯救臨命終人時，配合阿彌陀佛名號和往生咒，減少其臨死時的痛苦，快快往生。

修滿一百萬遍的淨水，倒出來加入開水，喝了就可以治病，但是要至誠去修。有要求飲食或茶水治病的，結此手印，然後以手印在上面印廿一遍，加上唸藥師咒，唸多少遍，隨你發願。基本上，先唸滿一百萬遍，都很靈驗。

用藥或淨水，使一切眾生滅除苦惱，非常靈驗。即使不用藥、不用水，隨意結手印一加持也靈驗，靈驗的道理是什麼？至誠一心，不可說不可說，不要加理解，這時候絕對不要用任何推理，有一點解說推理就不靈了。而且，有一點最重要的要記住，要想此咒語靈驗，必須記住傳咒語的上師，現在就要記住我，記住我什麼樣子，平常的樣子還不算數，而是現在的樣子，現在穿這套衣服的樣子，等到我換上西裝或別的衣服，你再拿我的照片來想像，不靈了，原因是什麼？不要問。這個時候是什麼樣子，什麼姿態，什麼樣的講話神情，什麼環境，你千萬要記住，這就是密法的道理。

那麼，你在幫人家治病或自己急難的時候，你就這樣一念，你的頭頂上是上師，上師的頭頂上是藥師佛，沒有理由，不要加解釋，所有學問都要丟掉，很至誠的，為父母親友而唸，唸多少遍隨你發願，但基本上要先唸滿一百萬遍。

大藏治病藥

大藏治病藥　　唐　釋靈澈

「《大藏經》曰：救災解難，不如防之為易。療疾治病，不如避之為吉。今人見左，不務防之而務救之，不務避之而務藥之。譬之有君者，不思勵治以求安。有身者，不惜保養以全壽。是以聖人求福於未兆，絕禍於未萌。蓋災生於稍稍，病起於微微。人以小善為無益而不為，以小惡為無損而不改。孰知小善不起，災難立成；小惡不止，大禍立至。故太上特指心病要目百行，以為病者之鑑。人能靜坐持照察病有無，心病心醫，治以心藥。奚伺盧扁，以瘳厥疾。無使病積於中。傾潰莫遏，蕭牆禍起，恐非金石草木可攻。所為長年，因無病故，智者勉焉。

喜怒偏執是一病。亡義取利是一病。好色壞德是一病。專心繫愛是一病。
縱欲無理是一病。縱貪蔽過是一病。毀人自譽是一病。擅變自可是一病。
輕口喜言是一病。快意逐非是一病。以智輕人是一病。乘權縱橫是一病。
非人自是是一病。侮易孤寡是一病。以力勝人是一病。威勢自懀是一病。
語欲勝人是一病。貨不念償是一病。曲人自直是一病。以直傷人是一病。
與惡人交是一病。喜怒自伐是一病。愚人自賢是一病。以功自矜是一病。
誹議名賢是一病。以勞自怨是一病。以虛為實是一病。喜說人過是一病。
以富驕人是一病。以賤訕貴是一病。讒人求媚是一病。以德自顯是一病。
以貴輕人是一病。以貧妒富是一病。敗人成功是一病。以私亂公是一病。
好自掩飾是一病。危人自安是一病。陰陽嫉妒是一病。激厲旁悖是一病。
多憎少愛是一病。堅執爭鬥是一病。推負著人是一病。文拒鉤剔是一病。
持人長短是一病。假人自信是一病。施人望報是一病。無施責人是一病。
與人追悔是一病。好自怨憎是一病。好殺蟲畜是一病。蠱道厭人是一病。
毀訾高才是一病。憎人勝己是一病。毒藥酖飲是一病。心不平等是一病。

以賢貢犒是一病。追念舊惡是一病。不受諫諭是一病。內疏外親是一病。
投書敗人是一病。笑愚痴人是一病。煩苛輕躁是一病。撾撾無理是一病。
好自作正是一病。多疑少信是一病。笑顛狂人是一病。蹲踞無禮是一病。
醜言惡語是一病。輕慢老少是一病。惡態醜對是一病。了戾自用是一病。
好喜嗜笑是一病。當權任性是一病。詭譎諛諂是一病。嗜得懷詐是一病。
兩舌無信是一病。乘酒凶橫是一病。罵詈風雨是一病。惡言好殺是一病。
殺人墮胎是一病。干預人事是一病。鑽穴窺人是一病。不借懷怨是一病。
負債逃走是一病。背向異詞是一病。喜抵捍戾是一病。調戲必固是一病。
故迷誤人是一病。探巢破卵是一病。驚胎損形是一病。水火敗傷是一病。
笑盲聾啞是一病。亂人嫁娶是一病。放人捶撾是一病。教人作惡是一病。
含禍離愛是一病。唱禍道非是一病。見貨欲得是一病。強奪人物是一病。

此為百病也。人能一念，除此百病。日逐檢點，使一病不作，決無災害痛苦，煩惱凶危。不惟自己保命延年，子孫百世，永受其福矣。

《大藏經》曰：古之聖人，其為善也，無小而不崇。其於惡也，無微而不改。改惡崇善，是藥餌也。錄所謂百藥以治之：

思無邪僻是一藥。行寬心和是一藥。動靜有禮是一藥。起居有度是一藥。

近德遠色是一藥。清心寡慾是一藥。推分引義是一藥。不取非分是一藥。

雖憎猶愛是一藥。心無嫉妒是一藥。教化愚頑是一藥。諫正邪亂是一藥。

戒勅惡僕是一藥。開導迷誤是一藥。扶接老幼是一藥。心無狡詐是一藥。

拔禍濟難是一藥。常行方便是一藥。憐孤恤寡是一藥。矜貧救厄是一藥。

位高下士是一藥。語言謙遜是一藥。不負宿債是一藥。愍慰篤信是一藥。

敬愛卑微是一藥。語言端慤是一藥。推直引曲是一藥。不爭是非是一藥。

逢侵不鄙是一藥。受辱能忍是一藥。揚善隱惡是一藥。推好取醜是一藥。

與多取少是一藥。稱歎賢良是一藥。見賢內省是一藥。不自誇彰是一藥。

推功引善是一藥。不自伐善是一藥。不掩人功是一藥。勞苦不恨是一藥。

懷誠抱信是一藥。覆蔽陰惡是一藥。崇尚勝己是一藥。安貧自樂是一藥。

不自尊大是一藥。好成人功是一藥。不好陰謀是一藥。得失不形是一藥。
積德樹恩是一藥。生不罵詈是一藥。不評論人是一藥。甜言美語是一藥。
災病自咎是一藥。惡不歸人是一藥。施不望報是一藥。不殺生命是一藥。
心平氣和是一藥。不忌人美是一藥。心靜氣定是一藥。不念舊惡是一藥。
匡邪弼惡是一藥。聽教伏善是一藥。忿怒能制是一藥。不干求人是一藥。
無思無慮是一藥。尊奉高年是一藥。對人恭肅是一藥。內修孝悌是一藥。
恬靜守分是一藥。和悅妻孥是一藥。以食飲人是一藥。勗修善事是一藥。
樂天知命是一藥。遠嫌避疑是一藥。寬舒大度是一藥。敬信經典是一藥。
息心抱道是一藥。為善不倦是一藥。濟度貧窮是一藥。捨藥救疾是一藥。
信禮神佛是一藥。知機知足是一藥。清閑無慾是一藥。仁慈謙愛是一藥。
好生惡殺是一藥。不寶厚藏是一藥。不犯禁忌是一藥。節儉守中是一藥。
謙己下人是一藥。隨事不慢是一藥。善談人德是一藥。不造妄語是一藥。
貴能援人是一藥。富能救人是一藥。不尚爭鬥是一藥。不淫妓青是一藥。
不生奸盜是一藥。不懷咒厭是一藥。不樂詞訟是一藥。扶老挈幼是一藥。

此為百藥也。人有疾病，皆因過惡陰掩不見，故應以疾病，因緣飲食風寒惡氣而起。由人犯違聖教以致魂迷魄喪，不在形容，肌體空虛，精氣不守，故風寒惡氣，得以中之。是以有德者，雖處幽闇，不敢為非。雖居榮祿，不敢為惡。量身而衣，隨分而食。雖富且貴，不敢恣欲。雖貧且賤，不敢為非。是以外無殘暴，內無疾病。然吾人可不以自維自究，以百藥自治，養吾天和，一吾胸臆，以期長壽之地也哉。」

這份《大藏治病藥》的講義，是唐代靈澈法師所編寫的。唐宋之間對中國文學有很大影響的是詩僧，譬如影響宋朝文學的，有九個和尚，所謂九僧詩派。在中國文學史上很有影響力的靈澈法師，也是唐代有名的詩僧，但他不是禪師，是法師。在過去，禪師與法師的區別很大，法師稱為義學沙門，義學沙門是講教的，解釋教理。靈澈法師是講經教的大法師，這篇講義是他看了佛教的《大藏經》節錄出來的，是《大藏經》中佛法的治病心藥。

以佛法來講，一切人生理上的病，多半是由心理而來，所謂心不正，心不淨，人身就多病。什麼叫淨心呢？平常無妄想、無雜念，絕對清淨，才是淨心。有妄想，有雜念、有煩惱，是因喜怒哀樂、人我是非而來的。裡面提到很多病，一條條都是關於我們心理行為的毛病。

「喜怒偏執是一病」，因大喜大怒或偏執自己的成見，偏見固執得厲害即是一病。尤其大喜，心會受傷；大怒，肝就首先受影響，將來都是問題。

「亡義取利是一病」，作人做事不講仁義，對朋友不講義氣，光是圖謀利害，這是一大病。

「好色壞德是一病」，因為好色而不顧人倫的道德。這些病是講人的病根所在，心理行為，屬心理學範圍，心理學是現在新的科學。

我們曉得，今天世界上一切領導人，不論是政治上、工商業或社團的領導人，最重要的必須要研究心理行為，心理行為是今日領導人必修的課程。真正講心理領導的人，就要進一步研究佛學的唯識與這些佛所說的心理病態，而且這已經變成最新的科學了。其實世界上沒有一樣學問是新的，都是舊的，只是創了一些新名辭，寫了一些新理論，至少我看了覺得好笑，只不過換了一個名辭，就蒙蔽了現代人。假如拿佛法所講的這些病態來研究人的心理行為，尤其是研究領導心理學的必須要知道。至於講作人修行，這裡每一條都是戒條，應該天天唸的。現在你們在座的年輕人，五十歲以下的大都不清楚，講中國文化，過去我們小時候唸書，最早背的是《昔時賢文》，我們七、八歲就唸得相當順口了，一輩子作人都用得著。

其次，我們小時候唸書，先背《朱子治家格言》，不但會背，像我所受的家庭教育，父母管得很嚴，再冷的天也要叫起來掃地、掃雪，手都凍得發腫，非做不可，所謂「黎明即起，灑掃庭除」硬是要做到。

另外有一本書也很重要，每個讀書人案頭都有一本《太上感應篇》。換句話說，我們以前唸這些書，好比你們現在唸的公民道德的課，都是必須讀的。

我跟幾位老朋友、老教授談，我們當年所受的這些教育，一輩子無法忘記。我們那個時候，最差的人做得再差也還有個標準，這個標準就是在這些基礎上；拿學佛作人來講，這些就是標準。如果到大乘經典去找，老實講，我還一下想不起來，這是大家的機緣。因為各家書店有新書出來，都會寄通知給我，有家書店很有意思，出了書，一部一部寄給我，上面註明你要就留下來，隨便幾時付錢都可以，不要則請退回。既然寄來就留下吧！結果我打開一看，第一本就發現有這個資料，我說太好了，免得我找。所以今天影印給大家，諸位真正想要學佛，作人做事從這裡開始。

有講義的不要再拿，下次要記得帶來，不要掉了又拿，這也是一病。第一容易忘記就是頭腦病了，佛學叫失念；第二，想多拿一份是貪心，也是病，並不是說一張紙有什麼了不起，我們做起來蠻困難，影印一張紙也要好幾塊錢，所以要惜福，懂得珍惜。

下面講治病的藥，「動靜有禮是一藥」，這一條太難了，動靜包括很多，作人做事，處處有禮，禮還包括了合理，這是一藥。「起居有度是一藥」，就是生活有規律。「推分引義是一藥」，推分就是說一個人要守本份，什麼叫本份？人有人的範圍，男人有男人的範圍，朋友相處，講話、作人、態度各有範圍，超過了範圍就是過份。過份了就容易出錯，不要做過份的事，不要說過份的話，不要做過份的行為。作人做事要曉得自己的本份，本份就是立場；講話、作人、做事都要有立場，不要任性亂講話，一句話講錯了，沒有辦法改變。

引義，引用義理，尤其讀書人要合理，就是講道德的義理。現在研究中國文化，中文底子不好，看過去似乎也懂，中國字嘛！怎麼不懂？但是一考你就完了。如果看佛經，這條就沒有看懂了。你看，還不要說外文，中文都沒有弄好，想把佛經翻成外文，那不是貽笑大方嗎？

所以，寫中國的這些古書，尤其翻譯佛經，不但要義理通，文學境界也要高，才能夠長久流傳。

現在白話的書儘管出版，當時流傳一下，三年、五年以後就下去了。你看我們推行白話文幾十年下來，現代人的著作，有幾本我們願意把它留在書架上？幾十年捨不得丟的有幾本？沒有。

上回我買了一本《老歌大全》，同學們笑我還唱老歌，我說對，總感覺現在的新歌越來越不對，沒有那個味道，老歌還有點內容。像好幾年前流行的一首新歌：「一年三百六十五天」，我不曉得它在說些什麼？我就給它加上一句：「心中好比滾油煎」。

這些地方要注意，在座都是受過高等教育，文字不好，中國文化非常危險，這樣搞下去，文化要斷了。

「雖憎猶愛是一藥」，雖然我討厭這個人，瞋恨極了，但是我總覺得他也是一個人，應該改變他，還是慈悲他、愛護他。這是治心病的一帖藥，如果做到，每個人都有道德、都得長壽。我看世界上男女之間感情久了，或成為夫婦的，都在這個病中，須吃這個藥。討厭到了極點，不過，好久不回來又擔心，走開了又捨不得，都是在雖憎猶愛中。如果擴充男女夫婦之間的心理，愛一切人，那就是大藥了。

「教化愚頑是一藥」，這裡所講的「一藥」是一件功德的事，功德是行為，功德成就了，才能證道、悟道。你們平常喜歡講禪宗開悟，開悟那麼容易啊？功德不成就，作人都不行，悟了幹什麼？況且你也不能悟，即使悟了幹什麼？悟了以後再去「誤」人，那還得了！

所以，有此機緣將《大藏治病藥》這一篇影印發給大家，應該自己再抄寫一遍，作為作人品性的標準，這也是學佛的基本。還有，出家的同學千萬別弄掉了，初一、十五誦戒時，都要帶上來，這與戒行有密切的關係。

上次講到修藥師法的咒語與手印。藥師法最好配合準提法和阿彌陀佛淨土法門這兩種法門修。配合準提法的淨法界咒、六字大明咒，如果幫助有病的人，唸三遍或七遍準提咒，然後就專唸藥師咒，這是求加持，希望他早一點病癒。如果看到這個人實在很痛苦，真正的悲心，不是慈心，除藥師咒以外，再為他唸往生咒，不如早一點往生，免得受這個痛苦，所以要配合準提法或淨土法門修。

藥師法配合這兩種法門修非常有效，至於以飲食或淨水救人，不要隨便啊！自己若無相當的修證，不要隨便開玩笑，那反而有罪過。自己有效驗徵兆，一唸，開眼閉眼都是光明一片，那就絕對有效了，非常之有效。這個要特別注意，不要隨便。

菩薩五明

曼殊室利！若見男子女人，有病苦者，應當一心，為彼病人，常清淨澡漱，或食，或藥，或無蟲水，咒一百八遍，與彼服食，所有病苦，悉皆消滅。若有所求，至心念誦，皆得如是，無病延年；命終之後，生彼世界，得不退轉，乃至菩提。是故曼殊室利！若有男子女人，於彼藥師琉璃光如來，至心殷重，恭敬供養者，常持此咒，勿令廢忘！

修持藥師法的人，看到別人有病，要盡心為人家治病。這裡講到用咒語治病，實際上，真正一個修持的人或菩薩，必須要懂五明，要懂得醫藥，其目的是要救世救人。

好幾年前我到國防醫學院演講，大家說笑話，說老師又去罵人。我說你們學醫，沒有一個人是真正來學醫的，因為學醫的人第一個動機必須是為了救世救人。中國文化中有一句話，范仲淹也說過這句話，大丈夫立志，「不為良相，必為良醫」。作一個有名的良相，可以救國家、救世界。范仲淹年輕立志，不作宰相就作良醫，因為這兩樣都可以救人救世。今天放眼望去，會場有一千多人，從聯考擠進醫學之門，你們的目的並非在救人，而是要多賺點錢，這就成了問題。而且今天專攻醫理的非常少，都是學醫技，某一種病，用什麼藥，用什麼方法治療，這個不是醫學，而是醫的技術。好比一個電器壞了，水電工人也會修理，但他不是學電機，更不是電力學專家。譬如我們這裡管照明設備的專家吳先生，照明設備壞了，修好後經過他檢查，我就放心了。要動手修，他往往還不一定比電機工人熟練，電機工人畢竟是個匠。現在學醫的多半學成醫匠，沒有學醫理——醫學的哲學。

同樣講到學佛學菩薩的人，你們真要學佛，一個菩薩必須具備五明，這才叫大乘。因明，相當於西洋的邏輯學、中國的論理學。聲明，各國語言文字都要懂，乃至演講術也要包括進去，上課要有上課的技術，上課如果能把死人說成活人，那當然技術高明；如果把活人說睡了，就是上課技術有問題，學問雖好，技術卻有問題。

再來就是工巧明，換句話說，百工技藝都要會，修水電、打字……都可以幫助人家。你到朋友家，他家水電出了毛病，找不到水電工人，急死了，剛好你到了，一下把它弄好了，這就是有利於別人。

還有內明，自己要明心見性，要悟道。

聲明、因明、工巧明、醫方明、內明，這是菩薩五明之學，不然不能行菩薩道。嚴格說來，這五明包括了古今中外一切學問要都會，才是大乘菩薩道。尤其是修道的人，不懂醫沒有辦法，若講果報，前生不布施醫藥，不以醫藥與人結緣，這一生就多災多難、多病多苦。你看我始終注意這點，抽屜、口袋到處都是藥，一看到誰有病，趕快拿藥。從小看習慣了，過去家庭也是這樣做，冬天及夏天送藥、送茶，這些都是中國文化。我要你們好好學會醫藥，尤其到了鄉下，沒有醫藥，沒有醫生，遇到病人，你會針灸、推拿，即使憑兩個指頭都可以救人。碰到人昏倒在街上，懂得穴道，立即可以救活，然後再送醫院還來得及，否則當時沒有急救，再過半個鐘頭，可能人就死了。

這就是學佛的人什麼都要會的道理，不是為自己學。我看你們年輕人身體比我老頭子還差，大部分都吃過我的藥，一天到晚病兮兮，前生不肯施醫藥，又不會照顧病人，只管自己。做社會工作，就是用醫藥幫助人家，現代所做的社會福利工作，以前就叫做好事。

伸腿瞪眼丸

所以，你們要知道，《藥師經》叫我們唸咒就可以治病。實際上，你懂得醫藥，加上唸藥師咒，沒有治不好的。你看準了是什麼病，甚至沒有藥，像濟顛和尚一樣，人家生病找他，他夏天不洗澡，流了汗，隨便往身上搓一搓，搓下一團污垢，叫人拿回去給快斷氣的人吃，吃了就好。問是什麼藥？伸腿瞪眼丸，人的腿一伸，眼睛一瞪，不是死了嗎？這個藥明明是身上的污垢，結果，拿回去吃，就治好了。

事實上，人身上每一部分都可以作藥，沒有哪一點不是藥，而且，不只是人，連動物的大小便，用得合適，用得恰當，都可作藥。譬如牛黃、馬寶很貴，那藥還得了！牛黃、馬寶是牛、馬身上的結石，是大藥，一吃就好。所以，要把醫藥學好，才是真慈悲，處處方便，可以幫助別人，甚至一粒米、一顆花生，再加上藥師咒，用對了，病就會好。

這裡的同學常常看到，我也不是醫生，有位醫生的兒子患小兒麻痺，醫生的弟弟是我們這裡的同學，這位同學的侄兒十幾歲，走路歪歪倒倒，話也講不出來，父母都是醫生，找上了我。所以我常說千萬不要當老師，倒了八輩子楣，弟弟賴到我身上，三毛錢的藥，我說要一百天，一百天以後真的好多了。他父母是留學日本學西醫的醫生，問我什麼理由？我說不要問理由。其實我還沒有唸藥師咒呢！他們說女兒也是這個樣子，要一起治，我說不幹，因為我曉得他當醫生賺了很多錢，我說你要孩子好，先拿五百萬出來。這下我要錢了，不然我不幹，因為我已經調查了他們的為人。後來他五百萬不拿，我也不醫了，其實他拿了我也醫不好，本事只有那麼大，那是開玩笑。那男孩是好多了，後來卻給他娶太太，我聽了嚇死了，這不是害了那個女孩子嗎？他們說女孩子家裡很窮，很願意，給女方二百萬，然後嫁過去，我說「唉！

真是！好事真難做，那不是間接害了女孩子的幸福嗎？」後來聽說先給廿萬，已經娶過門了。

我為這件事心裡一直不痛快。你們看！做好事、做功德之難，你救了一個人，這個人也許去害另一個人，這等於我們間接害了人，所以善事之難為啊！這件事還不是件大壞事，不過卻是一個遺憾。後來我又打聽，那個女孩子嫁過去不到一、兩年，又回家了。所以做好事、作好人，要特別注意。

持咒禁忌

現在告訴大家，修藥師法的人，為病人「常清淨澡漱」，就是說我們要為病人唸藥師咒，自己要洗澡，內外要乾淨。洗過澡，漱過口，最好吃素，不要吃葷，萬一吃葷，最好不要吃大蒜、蔥，不然咒語不靈，只有準提咒一切都不避諱，其他咒語都有避諱。

這是個戒條，「常清淨澡漱」，如果要加持一杯水，最好是蒸餾水，沒有細菌。自來水勉強可以喝，但我發現有時不夠乾淨，最好用蒸餾水。藥師咒唸一百零八遍，應該很靈，如果你懂得醫藥更好，用那個藥給他吃，所以說「若有所求，至心念誦，皆得如是」。

平常心裡唸，做事也好，開車也好，出門也好，隨時唸，無病延年，可以保健康。即使死了，因持藥師咒，命終之後，往生東方藥師琉璃世界，「得不退轉，乃至菩提」，到那裡再去留學進修，釋迦牟尼佛說「是故，曼殊室利，若有男子女人，於彼藥師琉璃光如來，至心殷重，恭敬供養者，常持此咒，勿令廢忘！」不要忘記。

萬里晴空的境界

復次，曼殊室利，若有淨信男子女人，得聞藥師琉璃光如來應正等覺所有名號，聞已誦持，晨嚼齒木，澡漱清淨，以諸香花，燒香塗香，作眾伎樂，供養形像。於此經典，若自書，若教人書，一心受持，聽聞其義。

這一段，佛告訴我們要如何修藥師法，聽《藥師經》，唸藥師咒。他說，假使有淨信的善男子、善女人，淨信也等於正信，什麼是淨信？經典所講的淨信比正信又更進一步，無妄想，無煩惱，無雜念，這是淨信，連信這一念都不需要，已經進入清淨無念境界，心裡已到達淨土境界。

這些人聽到藥師琉璃光如來名號，「聞已誦持」，恭敬供養藥師佛儀軌的原理。這裡有藏密的藥師佛像，不是天藍色的嗎？修成功了就是天青色，像晴天，一點浮雲都沒有。真正修到色身報身成就了，氣脈通了，隨時都在萬里晴空無雲中，不是在白光、金光中，始終內外都是萬里無雲，絕對的清淨、乾淨，藍色代表絕對的清淨、乾淨。

我不曉得台灣有沒有這樣的地方，我沒有多走，本地同學應該知道。我們江南，尤其江浙一帶，杭州以下，一直到金華，所謂萬里雲山入眼中，山青水綠。我們小時候看水是綠色的，青山綠水。

水不流動是死的，也是綠的，但綠得可怕。我們那裡的水是清的，一清到底，溪水下有多少魚在游，多少沙子，都看得一清二楚，清澈見底，那真是水綠山青，典型的江南風景。

山青水碧，青色表示內外通體透明。有些人拚命講密宗，講氣脈，講任督二脈通了。人的任督二脈通了，已經無病了；中脈通了，晝夜都在水綠山青境界。

像這樣內外清淨透明，無雜念，無妄想，才真正稱得上是淨信的善男子、善女人。同時還要自己供養藥師佛。所以在西藏密教的區域，他們很內行，你到了某一境界、某一情形，不管你是在家居士或出家和尚，經過你面前，他馬上頂禮膜拜，因為他曉得此人已經修持到某一境界、某一程度。這一點，現在的人很差，一般人學佛，哪個有沒有修持都不知道，因為沒有藥師如來智慧的關係。

古代人如何刷牙

「晨嚼齒木」，什麼叫晨嚼齒木，尤其出家同學一定要知道，現在當然不需要，但是要知道。齒木是牙刷，世界上最早發明牙刷的是釋迦牟尼佛，佛最講究衛生，在幾千年前，吃了東西馬上刷牙，用什麼刷？楊柳枝。你看畫上的觀世音菩薩，淨瓶裡畫的就是一枝楊柳。楊柳枝泡在水裡，要刷牙時，用牙齒一咬，纖維就散開了，很好的牙刷，也是很好的牙籤。所以，我們稱釋迦牟尼佛是第一智人，樣樣都曉得，那麼早在幾千年前就發明了牙刷。

古代的比丘出家人有個戒律，我們小時候看到出家人刷牙，那時候很迷信，很多居士看到這種情形，「唉喲！某一個出家人用牙刷吔！用牙粉吔！犯戒！」那時候的牙粉是什麼做的？是墨魚骨頭做的，墨魚中間一塊白骨頭，曬乾了磨成粉，牙粉是用那東西做的，那時候只有牙粉，還沒有牙膏，所以出家人用那個刷牙等於吃葷，犯戒的。

我們小時候，牙刷、牙粉才剛發明，我看到叢林裡老和尚，照舊不採用牙粉，這是幾十年前的事，我建議他們用牙粉刷牙，「唉！那是葷的。」我說牙粉是化學的，不是葷的啦！「聽說用墨魚的骨頭製的」，我說現在沒有啦！你放心啦！你不放心，我給你揩過好了。開始時都不幹，慢慢後來就改了。

所以修密宗很麻煩，的確是個富貴修法。修密宗每天晝夜洗好幾次澡，有些人還依照道家的方法，一天洗四次澡，早晚——子午卯酉都洗澡。修密宗的道場非常麻煩，那真是一點髒的都沒有，絕對的乾淨、清潔，然後以香花供養。

如何供佛

香分好多種，我們中國的廟子習慣燒香，在其他地方不一定用燒香，我現在不大採用，有危險性，而且像抽香煙一樣，空氣污染。香有很多種，其他有塗香，照樣可以供養。塗香是擦在身上，在佛像前面到處灑。

學密宗的人，以香、花、燈、水、果、茶、食、寶、珠、衣供佛，其實不只學密，我們看到所有學佛的人，尤其是出家人，當執事有單獨的寮房，都有自己供的佛堂，那個壇場都很莊嚴，有些太華貴，我看供瓶供杯都是用金銀寶貝做的。

這是釋迦牟尼佛告訴我們對於藥師佛的供養，這等於供養佛的像法——報身。供養法身是流通經典，或者自己寫，因為古代印刷不發達，為流通經典而自己書寫；或者請人家寫，「一心受持，聽聞其義」，研究《藥師經》的道理。

於彼法師，應修供養，一切所有資身之具，悉皆施與，勿令乏少。如是便蒙諸佛護念，所求願滿，乃至菩提。

所謂「資身之具」，戒律上有四種：飲食、衣服、臥具、湯藥四種，佛學所講資身之具包含這四種，供養人的，上供養法師、諸佛、三寶；下供養是布施一切眾生，四事供養，這都是資身之具，要統統供養布施出來，「勿令乏少」，不要使人缺少。拿現在話來講，是肯做社會福利的事，使人家蒙福利。如此便得到諸佛的護念，所求如願，乃至證得菩提。

如何受持此經

爾時，曼殊室利童子白佛言：世尊！我當誓於像法轉時，以種種方便，令諸淨信善男子善女人等，得聞世尊藥師琉璃光如來名號，乃至睡中亦以佛名覺悟其耳。世尊！若於此經受持讀誦，或復為他演說開示。

「爾時，曼殊師利童子白佛言」，佛經上不管男女老幼，登地以上的菩薩都稱童子，所以「童子」又是菩薩的一個別稱。

「世尊！我當誓於像法轉時」，我們這個時候還是像法時期，怎麼叫像法？我們的老師釋迦牟尼佛已經過去了，他的佛像、經典還流傳，這叫像法。

「以種種方便」，用各種方法。「令諸淨信善男子善女人等，得聞世尊藥師琉璃光如來名號」，使他們有機會聽到藥師琉璃光如來的名號。「乃至睡中亦以佛名覺悟其耳」，文殊菩薩說，因為他的功德夠了，使他在夢中得感應，曉得這個佛號。在座的朋友大概經驗很少，不過，我所接觸的有兩三位同學，就常有這種經驗，第二天跑來問我，是否有某一個手印，在睡夢中看到菩薩告訴我，這個要這樣，唸了什麼，對不對？我說這是某一個菩薩，什麼顏色、什麼形狀，他說一點也沒錯，就是那個樣子。有一個同學常常如此，教他一個法門，我還沒有教手印，他第二天跑來就結給我看。我說對啊！你又看到啦！他說看到了，佛現身告訴我這個手印，我說對，就是這個手印。這種情形不要執著都是對的，執著就不好了。所以睡夢中有時有這種感應。

「世尊，若於此經受持讀誦」，自己接受，身體力行，修持，或平常唸誦。「或復為他演說開示」，演說，把經典要點演繹出來給別人聽；開示就不同囉！開示是要把佛法真正的要點，乃至離開經典，打開佛法的精要，把那個精要表示出來，使他瞭解，這叫開示。

若自書，若教人書，恭敬尊重，以種種華香，塗香，末香，燒香。花鬘，瓔珞，幡蓋，伎樂，而為供養，以五色綵，作囊盛之。掃灑淨處，敷設高座而用安處。

香有好多種，中國人喜歡用「燒香」，現在要特別小心，好在現在有臥香爐，香平放。我記得在二、三十年前，我要做臥香爐，沒有人會做，我畫出來以後，第一個做出來，現在很普遍了。立著燒香，人睡著了，香沒插好倒下來，很容易引起火災。所以香躺下來比較安全，我們這裡大廳，用的都是臥香。

這是古代對佛經的重視，一本佛經用五色綵緞包起來，除了唸時打開，平常都覆蓋好。那時候印刷不發達，所以對佛經的保存非常用心，我看了真是佩服。

在大陸上常常看到有人刺血寫經，舌頭的血刺下來寫經，至於指頭的血刺破寫經那很普遍。不過，當時聽他們說，血流下來馬上要用中藥白芨散開，否則馬上凝固，就不能寫。血書經典的字是黃褐色，淡淡的，我們常常看到。

像我們過去看《大藏經》好困難，好幾省才一部。尤其滿清末年，《大藏經》要到皇帝那裡申請，皇帝批准了才頒送一部。四川峨嵋山只有一部《大藏經》，幾大名山各有一部，要看《大藏經》談何容易啊！現在《大藏經》到處都有。那時我們在那種困難之下找《大藏經》，自己關起門來閉關把它看完，那真覺得無比的舒服、難得。現在我看大家買書、買經典很方便，拿來供養書蟲，每個廟子一部大藏，也有兩部、三部的，書店只要出《大藏經》，我說儘管出，一定發財，反正有人買，買了去供養書蟲，他覺得買了經就是功德，放在那裡給書蟲慢慢去咬，讓書蟲去成佛，嗯！都是這樣幹。過去對於經典之尊重，「以五色綵，作囊盛之。掃灑淨處，敷設高座而用安處。」一般佛經安設的位置很高，供在上面，像我們以前都做有很好的套子。

護。

爾時四大天王，與其眷屬，及餘無量百千天眾，皆詣其所，供養守護。

「詣」，讀益，不讀旨，我常常聽到廣播，把「造詣」說成「造旨」。法師將來出去弘法，不要像我，我有許多口音，從前唸的方言，懶得再查辭典，但是重要的地方千萬不要麻胡。

世尊，若此經寶流行之處，有能受持，以彼世尊藥師琉璃光如來本願功德，及聞名號，當知是處，無復橫死，亦復不為諸惡鬼神，奪其精氣；設已奪者，還得如故，身心安樂。

「橫死」，譬如被車子撞死，非命而死，都叫橫死。誠心修持，有此功德，不會橫死，也不會「為諸惡鬼神奪其精氣」。這種事有沒有很難說，告訴你真有，有時候睡眠時間、黑夜時間，經常會碰到這種事。有些人說得什麼病，查不出病因，那就是鬼神病，但是你不去迷信它，就沒有事。不要隨便去拜拜，越拜鬼神越來，等於人一樣，鬼神也怕兇人，格老子不理你，他就沒得辦法。否則你就照佛法的正路走，尤其女居士們，不要隨便拜拜啊！搞這些不好。心淨一切都沒事，既然學了佛，碰到這種事，你唸南無藥師佛、南無藥師琉璃光如來就行了。

「設己奪者」，譬如精氣被奪，男女都有，不過有些女人自己並不知道。像有些男性有遺精現象，有些不是病，而是他力把你吸引走了。我們小時候，同學們研究這些還做過實驗，等同學睡覺了，不過不告訴他，用來證明由外面力量的影響，會發生這種毛病。我們拿了個雞毛一玩，等他醒來，我們就問他：「你出去留學啦？」「對啊！不曉得什麼道理？也沒有夢啊！」大家都笑了。這個實驗證明了人體內部的精氣，會被外物攝走。這個道理不多講，講多了，你們調皮的同學用這個方法去害人，不好。

這裡就是說，修了藥師琉璃光如來的法門，假使碰到這種事，「還得如故，身心安樂」，立刻精神可以恢復，沒有問題，而且下次不再遭遇到這個問題。

佛告曼殊室利：如是！如是！如汝所說。

就是這樣，照你所講。

如何修藥師法

曼殊室利，若有淨信善男子善女人等，欲供養彼世尊藥師琉璃光如來者，應先造立彼佛形像，敷清淨座，而安處之。散種種花，燒種種香，以種種幢幡，莊嚴其處。七日七夜，受八分齋戒，食清淨食，澡浴香潔，著清淨衣，應生無垢濁心，無怒害心，於一切有情，起利益安樂，慈悲喜捨平等之心，鼓樂歌讚，右遶佛像。復應念彼如來本願功德，讀誦此經，思惟其義，演說開示。隨所樂求，一切皆遂，求長壽得長壽，求富饒得富饒，求官位得官位，求男女得男女。

「造立彼佛形像」，就是塑藥師佛像，把佛像供起來。

「七日七夜」，專修藥師法的人要注意，壇場要這樣布置，等於打七閉關一樣，七日七夜，專在壇場不離開一步，自己受「八分齋戒」。

「食清淨食」，這就有好多種了，吃素、過午不食算是一種清淨食。真正清淨是吃淡食，不吃鹽。過午不食，你們不要隨便去嚐試，工夫不到不要隨便亂玩這一套。第三種最嚴重，七天七夜吃氣，不吃東西，光喝水。清淨食有專門的修法，這只是大概告訴你們一點。

「澡浴香潔」，隨時要保持乾淨，而且每次大小便以後，不只洗手，大小便要隨時清除，人身的九竅要隨時清潔乾淨。

「著清淨衣，應生無垢濁心」，心中念頭絕對清淨。

「無怒害心」，不能發一點脾氣，不能動一點不如意的念頭。

「於一切有情，起利益安樂，慈悲喜捨平等之心」，對一切眾生、一切人，生起幫助人家、利益人家之心，和慈悲喜捨之心、平等之心。

「鼓樂歌讚，右遶佛像」，用鈴子唱唸，或者用密宗的唸法，或者一點聲音都沒有。唸佛號，右遶佛像，就像修般舟三昧一樣，七天七夜，專修藥師法，唸佛號。

「復應念彼如來本願功德」，這是可信的修法，同時應隨時想念藥師佛的十二大願，心中起心動念仿照這樣做。

「讀誦此經，思惟其義」，對整個經典，想它的意義何在。

「演說開示」，這是修法，那麼照這個修法的人就「隨所樂求，一切皆遂。」譬如我所看到西藏的一位喇嘛，他用阿伽陀藥，這是佛經裡記載的藥，一顆藥可以治百病，就像我們講的仙丹。一個普通的玻璃瓶，裡面放些藏紅花，這是他們的阿伽陀藥，任何人有病來求他，他就是從這裡頭，倒出來一顆，但那顆藥還在裡頭，拿去吃了就好。這是他修藥師如來法修來的。不過，這位喇嘛很恭敬，我問他修了多久？他說三個一百天。那等於一年嘛！他說：我修了三次，第一個一百天沒有成功，第二次我再發心，還是沒有成功，第三個一百天，瓶子原本是空的，修下來以後，懇求啊！圍繞佛啊！藏紅花就長出這顆藥，我曉得已經得感應了。喇嘛一生就修這個法門，他治好的人的確很多。他也不懂得醫，反正有病來求的，他就倒出一顆藥，然而那顆藥母始終還在，那是他修來的，「噹！一下，一顆藥來了」，那講起來真是神話，但是我親眼看到這個人。當然，你們不要隨便學，老實講，我還沒有這顆藥呢！我是講我經歷的故事給你們聽。

所以修這個法門，要發財就發財，求生男女就生男女，所求如意。

這是專門修法，壇場的布置就這樣莊嚴，專修藥師如來法當然要場地，不准閒雜人等進來，不准有一點不淨之物，那真是莊重、莊嚴。我常講最好在高山頂上修，但有時也有缺點，高山頂上有昆蟲很麻煩。現在最好在高樓的頂樓，將來你們有機會這樣修持很好。

消災免難

若復有人，忽得惡夢，見諸惡相，或怪鳥來集，或於住處，百怪出現。

睡覺時夢到怪夢。鄉下有些人家門口會來一些怪鳥，北方怪獸很多，在荒山野嶺特別多。

「或於住處，百怪出現」，或家裡怪事出現，譬如有些人家門口、屋頂上有條怪蟲掉下來，或絲絲掛下來，一定出問題，這是家裡不平常的事，「百怪出現」。

此人若以眾妙資具，恭敬供養彼世尊藥師琉璃光如來者，惡夢惡相，諸不吉祥，皆悉隱沒，不能為患。

家裡碰到怪事出現或做惡夢，你心裡不安的話，「以眾妙資具」，供養藥師佛，這些就不會有了。

譬如本省有些害人的，據我所知，鄉下有畫符、唸個咒子，把女孩、男孩害了，本省鄉下很多，現在還有。破除的方法，只要虔誠供養藥師佛。

或有水火，刀毒懸險，惡象師子，虎狼熊羆，毒蛇惡蠍，蜈蚣蚰蜒，蚊䖟等怖，若能至心憶念彼佛，恭敬供養，一切怖畏，皆得解脫。

尤其在山嶺邊遠地區，廟子在山林中的，這些事情免不了，螻蟲螞蟻非常多，困擾得厲害，普通廟子上唸普庵咒，不過大叢林上不大唸，除非不得已，初一、十五唸一次。普庵咒一唸，所有螞蟻立刻消失，很怪的，咒一唸很靈光。

最近有同學要做實驗，來找我學普庵咒，我印了一份教他們唸，一唸之後，他們嚇住了。我說不准唸了，螞蟻也是生命，一唸，螞蟻立刻搬家，都要逃。所以叢林上的廟子不隨便唸普庵咒。

普庵咒是宋代普庵禪師傳下來的，是真悟了道，開悟了，到八地破了重關境界，八地以上菩薩都能自說陀羅尼，自說咒語。普庵咒效果非常厲害，藥師如來咒也是一樣，住山的時候可以用。

若他國侵擾，盜賊反亂，憶念恭敬彼如來者，亦皆解脫。

我們政府在重慶對日本抗戰時，虛雲老和尚還在。國民政府主席是林森先生，總統府前面所立的就是他的銅像。他們都是虛雲老和尚的皈依弟子，把虛雲老和尚特別請到重慶修護國息災法會，顯明法師就是跟著虛雲老和尚的首座，我跟他在重慶就認識，師兄弟就是這一段結的緣。密壇是貢噶活佛，還有根桑活佛好幾位，密壇當時也唸《藥師經》。不管這個法門如何，過了兩三年就勝利了。

復次，曼殊室利，若有淨信善男子善女人等，乃至盡形，不事餘天，唯當一心，歸佛法僧，受持禁戒。

就這一輩子，肉體到死的時候，一口氣斷了，叫「盡形」。「不事餘天」，不亂拜，不迷信。「唯當一心，歸佛法僧，受持禁戒」，全心全意，皈依三寶，好好受持佛戒。

若五戒十戒，菩薩四百戒，苾芻二百五十戒，苾芻尼五百戒。於所受中，或有毀犯，怖墮惡趣。若能專念彼佛名號，恭敬供養者，必定不受三惡趣生。

就是說自己犯了戒，怕墮落，如果能夠專念藥師佛的名號，恭敬供養，必定不會墮落到三惡道。這是藥師佛幫忙把一切破壞之戒，給你彌補過來。

或有女人，臨當產時，受於極苦，若能至心稱名禮讚，恭敬供養彼如來者，眾苦皆除。

女性碰到難產時，現在醫院很方便，但生產到底痛苦，如果當時至心唸藥師如來名號，不但眾苦皆除，而且還有以下好處：

所生之子，身分具足，形色端正，見者歡喜，利根聰明，安隱少病，無有非人，奪其精氣。

生下來的孩子不怕鬼怪。小孩子在兩、三歲時最怕外力的侵奪，這種非人，不屬於人，屬於鬼，或屬於看不見的一類精怪。唸藥師咒、藥師佛號有效果。

念佛功德難解了

爾時世尊，告阿難言：如我稱揚彼世尊藥師琉璃光如來所有功德，此是諸佛甚深行處，難可解了，汝為信不？

釋迦牟尼佛謙虛的說，假使要我詳細講出藥師佛的所有功德，以我的智慧成就，我還做不到，說不完，為什麼？你們要懂一個要點，藥師佛的修法，是包括了一切佛最高深的祕密的修行法門，不是普通人所能瞭解；同時也暗示了我們，父母所生的這個報身是可以常在的，自己真修這個法門的話，當然功德也要到。譬如佛有四大弟子如迦葉尊者、賓頭盧尊者、羅睺羅尊者、君屠鉢歎尊者等，都還是常在人間的。為什麼他們的肉身能夠常在？他說此中有諸佛甚深祕密之行，「難可解了」，很難瞭解。

「汝為信不？」釋迦牟尼佛問弟子，你信不信？

阿難白言：大德世尊！我於如來所說契經，不生疑惑。

阿難說，佛啊！你何必問這個問題，我對您老人家所講的話，沒有一句不相信。

所以者何？一切如來身語意業，無不清淨。

什麼理由呢？一切成佛成就的人，他的身口意三業，沒有不乾淨的，所以《金剛經》上說：「如來是真語者，實語者，如語者，不誑語者，不異語者。」

世尊！此日月輪，可令墮落；妙高山王，可使傾動；諸佛所言無有異也。

這是阿難說的話。他說：佛啊！我可以證明，太陽、月亮、地球、宇宙將來也有毀滅的一天。「妙高山」就是須彌山，等於地球上的喜馬拉雅山，真到了大地震時，妙高山也會受地震影響，也會傾塌。他說我絕對信任一切佛所說的話，也就是說宇宙會有毀壞，佛所說的絕對是誠實之言。

世尊！有諸眾生，信根不具，聞說諸佛甚深行處，作是思惟：云何但念藥師琉璃光如來一佛名號，便獲爾所功德勝利？由此不信，返生誹謗，彼於長夜，失大利樂，墮諸惡趣，流轉無窮。

阿難說，佛啊！世界上有些人的根性裡頭信根不具足。信根不夠，不是不信，而是他的智力、信根不夠，福報不夠，聽聞佛所說的最深祕密行，他反而心裡懷疑，為什麼佛只教我們唸藥師琉璃光如來，只憑這樣一句、一個佛的名號唸啊唸的，就真能得到這樣多的功德，靠不住吧！等於我們普通唸佛一樣，阿彌陀佛、阿彌陀佛……尤其年輕知識分子，嘴裡唸佛，心裡在懷疑，有時嘴裡唸，心裡還在笑，阿彌陀佛，搞什麼東西？尤其我看現在的年輕人很怪，這是時代心理，我講宗教心理，從小開始就看見，到現在還如此，青年學生到教堂覺得很時髦、很威風；到廟子上拜拜，心裡想拜不敢拜，站在那裡半天，看到沒人看見，趕緊跪下去，然後趕快起來，因為怕人家看見說迷信，對不對？

你們都有經驗，到天主教堂，那很威風。我年輕也都跑過，一個禮拜跑好幾個地方，也去作禮拜、聽道，我一出門，唉！這個沒道理，你講的沒道理我聽不進去。又跑回教，跑這兒跑那兒到處找，因為我在追這個東西。到了佛寺，看到老太太叫我跪下來拜，我心裡早跪下來啦！可是我穿的那個學生服中山裝，實在跪不下來，東看西看，等人家看不見的時候，趕緊跪下去磕個頭就起來了。這種日子我都經歷過。

你看問題在哪裡？你們諸位出家同學研究看看。所以，今天要復興中華文化，復興佛教，以這種情形復興，你說怎麼復興？你到別的廟子看看，到天主教、基督教教堂看看，你比比看，跟人家比就比不上了。

換句話說，到了每個廟子，我看到女的比男的多，老的比少的多，到最後，很多廟子剩下幾個老太婆在那裡，七老八十，到處看到的都是她們，在那裡阿彌陀佛、阿彌陀佛，最後兩個人在那裡埋怨媳婦不好、兒子不孝，然後阿彌陀佛。你看這個宗教怎麼辦？這是個問題。

所以說，一般人對藥師佛不信，因為信根不足。由此不信，甚至有人生出毀謗，這種心理很可憐。

「彼於長夜，失大利樂，墮諸惡趣，流轉無窮。」長夜就是茫茫的一生，永遠在黑暗中，在愚昧中，這是阿難說的。

今天講到這裡，希望各位珍惜保存發給諸位的這份大藏治病藥方，乃至返照自己的行為，不管在家出家，這都是自己修功德，也是自己守戒。

上次我們講到「墮諸惡趣，流轉無窮」，佛講到這裡提出一個問題：為什麼只唸一個佛的名號，便有如此大的功德。

我們一般人學佛，其實一切眾生學佛，都是做生意的辦法，越多越好，所以佛法裡有唸八十八佛，甚至千佛的。反正上方佛、下方佛、東方佛、西方佛⋯⋯一切佛都包圍我，像做生意一樣，一出門就對我生財，就要對我有利。不但學佛的，很多信仰宗教的人，都有這種功利思想和觀念，出少數的本錢，卻想得到無窮的利益。這是相當錯誤的觀念。不過，有沒有好處呢？有一點好處，在佛法來講，只是培養一點善根而已。

所以，真正的佛法，是要求自己布施出去，不希望求得果報回來；但是因此倒反而有善的果報回來，這就是迴向的道理，然而他最初的目的並不是求這個。

普通人則不然，做任何一件事，都想以很少的勞動，付出很少的代價，卻希望一本萬利的回來。這是凡夫的心理，一般信仰宗教的人，都有這種心理。根據這個心理，所以佛提出來，為什麼只唸一個藥師佛的名號，就能得這樣大的功德。以佛法來講，有人不但不信，更因而生出毀謗，毀謗佛法，毀謗正法。毀謗佛法會下「無間地獄」，是最嚴重的一種果報，這是一個問題。

什麼叫至心受持

佛告阿難：是諸有情，若聞世尊藥師琉璃光如來名號，至心受持，不生疑惑，墮惡趣者，無有是處。

這一段的重點就是八個字：「至心受持，不生疑惑」。任何一種佛法，只要有人做到這八個字，沒有不成功的。所以說，只唸一個佛的名號，只要至心受持，就有如此大的功德。

什麼叫至心？至心等於四書《孟子》的〈盡心篇〉的題目一樣，什麼叫盡心？就是說，最誠懇的心達到了極點。這麼解釋，大家了不了解？如果講經說法，講教理，就要這樣解釋，最誠懇的心達到最高點，就叫至心。

怎麼叫最盡心呢？你形容形容看，你說我了解，你當然了解，我講的中國話，你也是中國人，那還聽不懂啊？什麼叫最盡心？譬如我們講最誠懇，什麼叫最誠懇？了解不了解？說我對你非常誠懇，是啊！不誠懇不是至心，至心就是誠懇，就是《中庸》所講的誠。

儒家的四書——《論語》《孟子》《大學》《中庸》，現在青年沒看過四書，總聽過吧！

怎麼樣叫作誠懇的誠呢？《中庸》上四個字：「至誠無息」，不休息的息。怎麼叫至誠無息？學者註解來註解去，正如一些佛經也是註過來註過去。你懂了？我斷定你們不懂。問題在哪裡？什麼是至心？講一件壞事，人到最傷心處，沒有眼淚，哭不出來了，也沒有妄想、雜念，傻了。那個時候，人等於無念，沒有念頭，空白了，那是傷心透頂的至心。

又如我們拜佛，有如真佛、活佛在這裡，乃至我們合掌或不合掌，在佛像面前一站，這一站就如佛在目前，再也沒有第二個心思，也沒有雜念妄想，都空了，這叫至心。你怎麼會懂呢？你都沒有經驗過，你傷心也沒有到不掉淚的程度。高興到了極點，七情六欲達到極點，人就無念了，懂了吧！這叫至心，也叫真誠。

你說我拿一支香拜下去，菩薩啊！佛啊！我求懺悔啊！痛哭流涕啊！痛哭流涕也是心，心在動念。這一念真懺悔下去，連我都沒有了，都忘記了。譬如我們做了一件犯罪的事，要拖出去槍斃，到了法場，連路都走不動了，兩隻腳是不是踩在地上也不知道，因為曉得下一秒鐘，「碰」這麼一下，就沒了，就不在這個世間了。那個時候不是至心，是嚇昏了。

反過來看正面，至心真誠，一念真誠懺悔，不管你信哪一種宗教，尤其在佛前面一站，什麼雜念都沒有，非常誠懇，誠懇到連自己有沒有拜下去都不知道了，那已經是大拜了，這樣叫至心。特別注意啊！大家天天禮佛、拜佛、唸佛，有沒有至心呢？至心就是盡心，就是誠懇到極點的誠，所以《中庸》叫「至誠無息」。

那麼，中國文化常常有一句話：「心香一瓣」，這是真正心的香了。你說燒一炷香，那是燒香，還是物質的。這個時候是心香一瓣，我們甚至看到古人誠懇到極點，手邊沒有香，看到佛，地上抓一把泥巴、沙子，在菩薩面前一放、在祖宗面前一放，就代表了這個香，那是真的，那比你花一萬塊錢買來的香還要珍貴，因為他至心誠懇。而你卻不一定是誠心，而且心裡還在想，你看我，買這麼貴的香來供佛！好像佛欠了你似的，還要加上利息，好像佛欠你一萬二，非得好好保佑你不可，那已經糟糕透了。

所以說，一個人至心接受，並且「持」，什麼叫持？修持修持，持就是保持這個心境，也就是《中庸》所講「至誠無息」，無息就是持，行住坐臥永遠保持清淨的心境，這才是正信。

如果來拜佛，燒了一炷香，供養了兩根香蕉，保佑太太好、先生好、全家都好，買彩券要中獎，買股票也要發財，樣樣都好，反正好的都是我的，那是功利心，兩根香蕉最後還吃到肚子裡去。這是不對的！至心是至誠無息，心香一瓣。

不生疑惑

「不生疑惑」也很難。任何一個宗教徒，不管天主教、基督教、回教或什麼教，乃至我們在座學佛的，問問自己良心，當你作早晚課，當你唸佛時，你心中真的相信佛嗎？據我所知，沒有，十個裡面找不出半個。往往一邊唸佛，一邊在打妄想，甚至就在疑悔：唉呀！剛才都在打妄想，糟糕了，佛都白唸了。唉呀！不對，這樣唸下來恐怕沒有用吧？都是這樣的心理，對不對？

所以，貪瞋癡慢疑，疑，懷疑，悔，後悔，疑悔是眾生通常的心理，沒有辦法！不疑不悔才是正信。

我們看到很多學佛的人，三天打魚，兩天曬網，前兩天精進得不得了，這下子我從此不悔了；過幾天，又是亂七八糟，煩惱一大堆，又在疑悔中，永遠在那裡輪迴。

因此，只要這八個字做得到，「至心受持，不生疑惑」，今生或來生，絕不墮惡趣。所謂惡趣就是畜生、餓鬼、地獄這下三道。如果有人「至心受持，不生疑惑」，還墮落到下三道的，「無有是處」，沒有這個道理。任何佛法，任何修持，都在這八個字：「至心受持，不生疑惑」。

佛又說：

阿難！此是諸佛甚深所行，難可信解；汝今能受，當知皆是如來威力。

佛告訴阿難，上面所講「至心受持，不生疑惑」，實際上，一切經典、一切佛法都是多餘的話，只要一門深入，唸佛也好，乃至以前不信佛，只要心淨，隨時清淨無念，他已經到了，他當然不需要佛，因為他就在佛的境界裡，這個道理是一切佛最深、最祕密的行願法門。

所以佛叫一聲阿難，「此是諸佛甚深所行」，深密的道理就在這裡。「難可信解」，一般人很難相信，為什麼不能相信呢？因為他理解不到，所以難可信解。

阿難多聞強記

「汝今能受」，你現在能夠接受這個道理。阿難和釋迦牟尼佛是同宗的兄弟。阿難在佛在世時，多聞第一，學問淵博，記憶力好，佛說的話，他都記得。所有我們今天看到的經典，都是靠阿難記憶的功德記錄下來的。但是他在佛在世的時候，沒有悟道，在十大弟子中，只是多聞強記而已。

等到佛逝世以後，住持正法的迦葉尊者——禪宗的第一位祖師，集中了五百羅漢開會，要把佛所講的經典記錄下來，但誰記得完整呢？只有阿難。既然五百羅漢都證得神通，得了智慧，得了無漏通，無漏通是般若智慧的成就，應該多聞強記才是，不見得，因為每個人修法路線不同。所以一般得道的羅漢分兩種，一種具備神通，一種不具備神通，都是證果的羅漢，修法路道不同。

這五百羅漢博聞強記的本事都不如阿難，但是阿難沒有悟道，主席迦葉尊者把他關在門外，不准他進來。這是迦葉尊者故意救他，大概釋迦牟尼佛祕密交代給他，這個兄弟只有靠他來救，佛在世時對他也沒有辦法。阿難在《楞嚴經》上講，我想你是我的哥哥嘛！你得了道分一點給我就好了。他有這種思想，不是至心受持。結果迦葉尊者說，現在門統統都關了，我們都在入定等你來作記錄，有本事你自己進來。他當然進不來，這一急，趕緊盤腿打坐參禪，七天證得阿羅漢果，又來敲門，迦葉尊者說進來，他說好，就進來了。五百羅漢都向他恭喜，請他上座。所以每一本經典都有「如是我聞」這句話，就是說：我當時聽到佛是這樣說的……把當時整個情景背誦出來，五百羅漢在旁邊證明。最後記錄完了，有錯沒有？大家說沒有錯，就這樣記錄完成一本經。

佛在《藥師經》上告訴阿難：你現在能夠領受，應當知道不是你的智慧，不是你的功力，「皆是如來威力」，都靠成就的諸佛菩薩，也靠你自性佛的感應，每一個人的自性都是佛，清淨面的感應，所以你能夠懂。

我們是因地菩薩

阿難！一切聲聞獨覺，及未登地諸菩薩等，皆悉不能如實信解，唯除一生所繫菩薩。

他說你要曉得一個人只唸一個藥師佛的名號——南無藥師琉璃光如來，我們現在唸南無消災延壽藥師佛也可以，只要這一句就能夠成功，你能夠接受、相信，已經了不起了。實際上，這個祕密是一切小乘的聲聞乘、緣覺乘，以及大乘未登地的菩薩，都不能如實、真實瞭解相信的。

尚未成就的叫未登地，成就的叫登地。我們學佛也一樣，開始學佛都是未登地的菩薩。佛說凡是未登地的菩薩，都不能如實、真實的相信，也不能真實的理解到這個境界，不能理解為什麼只唸一句佛號就有這樣大的功德。

「唯除一生所繫菩薩」，除了什麼？除了一生所繫菩薩。繫就是用繩子拴住，譬如說釋迦牟尼佛過去了，下一位成佛的是彌勒菩薩，十地以上的菩薩，經典叫一生補處。一是指「一實之理」，從這「實際理地」，發生無量功德妙用。十地菩薩至此，只少如來一位。再進一步，再上升一地，他就成佛了，跳出三界不來了。這一生還繫在第十地。到了第十一地就是佛地，所以叫一生所繫菩薩，馬上就要成佛了。換句話說，他的成就已經大澈大悟，到了成佛的境界，才懂得這個道理。

藥師如來功德說不盡

阿難！人身難得，於三寶中，信敬尊重，亦難可得。

因此佛沉重地說：「阿難！人身難得」啊！我們今天能生而為人，這個生命得來很不容易。「於三寶中，信敬尊重，亦難可得。」雖生為人，能夠信仰佛法僧，走在正信的路上，能夠相信尊敬佛法，也是很困難的事，難能可貴。

聞世尊藥師琉璃光如來名號，復難於是。

上述有兩個困難：一是人身難得，上次我們討論過；二是在難得的人身中，有正信也很難。

假使我們在社會做一個民意調查，幾千萬人中，有宗教信仰的人，以我的估計恐怕只有一半（中國與外國不同），中國人大概一半以上不信宗教，對宗教反感，尤其青年一代。西方文化思想的基礎是建立在宗教上，現在西方文化基礎也開始動搖了，對宗教也很反感。

以中國人而言，百分之七十信仰中，能夠信仰三寶、信仰佛法的人數的確不多，不是說拜拜就是佛教，那個亂七八糟拜的，那個都不是，都不算。

這兩種都很難，在這兩種困難當中，聽佛經說唸藥師琉璃光如來這個名號，會得一切的好果報，恐怕一般人更不能相信了，這比以上兩種困難，還要困難，這是佛說的。

阿難！彼藥師琉璃光如來，無量菩薩行，無量善巧方便，無量廣大願，我若一劫，若一劫餘，而廣說者，劫可速盡，彼佛行願，善巧方便無有盡也。

我們要注意這段，到這裡差不多都是結論的話。他說我告訴你，這位藥師琉璃光如來佛，從發心修道到成佛這個階段，不曉得做了多少大乘的行願。他的行願，他的行為，行善的功德，以及他所造就的各種善巧方便，各種巧妙的法門，世間法，出世間法，乃至他的願力，釋迦牟尼佛說，我拿一劫的時間或一劫多的時間來詳細說他的內容，我告訴你：「劫可速盡，彼佛行願，善巧方便無有盡也。」

佛經所講一小劫是一千六百七十九萬八千年，一劫半等於二千五百萬年，小劫不是大劫。他說拿一、兩千萬年的時間天天說他的內容，講他的願力和他的功德，我也沒有辦法把他說完。

你們要注意，藥師佛也代表了解決一切眾生心理病和生理病的痛苦。佛說這個奧祕我真的沒有辦法說完。所以唸一個佛的名號，可以得到那麼大的功德，那麼大的果報。

救脫大菩薩

爾時眾中，有一菩薩摩訶薩，名曰救脫，即從座起，偏袒右肩，右膝著地，曲躬合掌，而白佛言：

當時聽佛說法的大眾中，有一菩薩摩訶薩，摩訶二字是譯音，翻成中文是大的意思。為何叫菩薩摩訶薩，當時翻譯經典是外文倒裝句，若以中文敘說就不那麼記載，而是「爾時眾中有一大菩薩」。然而「大」字還不足以完全概括其義，什麼大呢？人大？量大？還是智慧大？其中包括很多涵義，翻不完，只好保留原文叫「菩薩摩訶薩」。

此時眾中有一大菩薩，名號叫救脫的，救苦救難，幫助人，使人解脫一切痛苦和災難的，叫救脫菩薩。他從位子上站起來，依印度的禮貌，「偏袒右肩」，把袈裟搭在另一邊，右肩膀露出來，跪下來，「曲躬」，把身體彎下來，跪著合掌問佛問題。

大德世尊！像法轉時，有諸眾生，為種種患之所困厄，長病羸瘦，不能飲食，喉脣乾燥，見諸方暗，死相現前，父母親屬，朋友知識，啼泣圍繞。

救脫菩薩提出一個問題，他說佛啊！像法轉時，就是我們這個時代，佛教把人類劫數分成三個階段，正法時期很短，佛在世的時候；佛過世後，佛像和經典還在，叫像法時期；將來到了末法時期，這些經典自然都沒有了，不需要你反對，什麼五四運動、六四運動的，不要運動就沒有了，就完了，不會要了，那是末法時期來了。現在經典、佛像都還存在，還是像法時期。

在像法時期，未來的時代，將來人類的文明越進步，各種病痛越來越多。救脫菩薩說末劫時，病越來越多，「長病羸瘦」，人越來越瘦。譬如人得了癌症，越來越瘦。現在小姐怕胖，拚命想減肥，到瘦的時候，唸藥師佛都來不及了。

臨終境界

「長病羸瘦」，瘦得乾了。「不能飲食」，吃不得，也喝不得。喉嚨乾了，身體乾了，吞也吞不下。現在科學進步，在醫院裡用管子插著餵東西，但是到底時間不能維持長久。這形容人快要死的時候，開眼閉眼，看到四面都是黑暗的，氣色、臉色的黑暗也出現了，這是死相現前。到了這個時候，父母也好，太太、丈夫也好，兒女也好，朋友也好，一般認識的人，縱然圍繞著你哭，也聽不見了。

然彼自身，臥在本處，見琰魔使，引其神識，至於琰魔法王之前。

肉身躺在病床上，靈魂離開了。「見琰魔使」，看到閻羅王派來的使者，琰魔就是閻羅的梵音，閻羅是管生死的，使是派來的差使。通常人死以前，會看到這些鬼，看到過去的人。「引其神識」，領導他的神識，「至於琰魔法王之前」，到閻羅王那裡聽候審判。

然諸有情，有俱生神，

一個人生下來時，與他生命俱來的有一個神，其實這個神並不是另外有個鬼，不是另外的，而是我們生命心意識裡的那個神識。一個最壞的人，有時候也有善心、清醒的時候，這一點善心，這一點清醒，就是他理性的神識。這個必須研究唯識法相，這是講生命根本的東西。

隨其所作，若罪若福，皆具書之，盡持授與琰魔法王。

自己一生，生命俱來有一個神識跟著，你自己做了些什麼行為，不管做善的、壞的，自己都有記錄，那麼，到了生命臨終的時候，在東方文化講見閻羅王，西方文化則見上帝受審判，都是一樣的。授與閻羅法王，受一切審判。

爾時彼王，推問其人，計算所作，隨其罪福，而處斷之。

這是拿人世間來形容，計算他一生所作行為、善惡功過來定他的罪。中國小說你們有沒有看過呢？唐太宗生病了，為了某一件案子，見到閻王。因為唐太宗求雨，龍王說他求得厲害，只好多給一點，但只留了兩瓢，就把人間淹死了很多人，房子也倒了。所以這個案子要唐太宗到地獄證明。當然閻王見到他很客氣啦！站起來，一個是人間的帝王，一個是陰間的帝王，平等平等。唐太宗說：我現在已經來啦！閻王說還沒有還沒有，有一件案子需要你來當證人。唐太宗看了地獄的情形很害怕，當帝王也照樣要受審判。

最後案子判完了，閻王說：你陽壽還沒有到，不必到我這裡來報到，將來死的時候，到我這裡來掛個號就好，你是到天庭受審的。唐太宗心裡害怕，就跟閻王拉交情，看看陰間什麼都有，閻王送他一樣東西——北瓜，黑顏色的。我們夏天吃得到，台灣話叫烏瓜，菜市場都有。問了半天，他說你地獄裡頭有沒有缺什麼呢？沒有南瓜，唐太宗說好，我馬上派人送來。所以徵求天下哪個人肯死，到陰間送禮，送南瓜，有個叫劉全的，送南瓜到陰間，當然送去就不回來了。所以我們死後，在陰間還能吃到南瓜，因為唐太宗送過禮了。

我們一生所做的，可以欺騙別人，也可以欺騙自己，到了臨死的時候，等於你做夢一樣，自己一生的好壞，在夢中你沒有辦法欺騙自己，完完全全現出來。

所以，佛說到快要死的時候，這個病人還沒有完全斷氣，像現在醫院是給你上氧氣，很多上氧氣的人神識差不多已經離開了，氧氣作用使腦細胞不死，腦細胞不死亡就還活著，氧氣一拿掉，一兩分鐘內就死了。我常常看到許多朋友上了氧氣，我就搖頭，我覺得很虐待，不上氧氣立刻可以走的，結果上氧氣拖兩三個月的很多，拖得很辛苦，我為什麼曉得？因為有個老朋友七八十歲了，臨死時沒有親人，只有我作主，最後都是我辦，我常常辦這種事，因為他沒有親人在這裡，我來替他辦。醫生一來，我說給他上氧氣，這句話一講，拖了三個月。這期間我又不能告訴醫生把氧氣拿掉，拿掉立刻死，硬拖了三個月，在床上大小便，我還要求我的學生做好事，四個人一天輪兩班，還要給這位老朋友洗大便換被單。我的學生跟著我也是倒了八輩子楣，服侍了老人家三個月。這中間我就後悔，當時不講那句話，半個鐘頭就沒有了，我只要買棺材、買地，給他送了就好。如果我叫醫生把氧氣停掉，又會蒙上嫌疑，所以作人做好事很難。

其實氧氣上了以後，這個時候腦細胞死不掉，有些神識早已離開，躺在床上大小便，又不能轉動，屁股都爛了，肉體等於十分之八九已經死亡。所以，我告訴學生，假使我到了這個時候，千萬不要給我上氧氣，也不准送醫院，如果給我上了氧氣，假使我走了，作鬼都要托夢嚇你一下！（眾笑）

時彼病人，親屬知識，若能為彼歸依世尊藥師琉璃光如來，請諸眾僧，轉讀此經，然七層之燈，懸五色續命神旛，或有是處，彼識得還，如在夢中，明了自見。

我曉得很多廟子都在作藥師佛消災延壽的法會，很多信佛的，在家也供藥師佛。那麼，這裡頭有很多問題。

他說，這個人將死未死之際，先是意識不起作用，四大分散，最後才是第八阿賴耶識離去，研究唯識，這些都要搞清楚。

醫院裡上氧氣的人，等於已經死了十分之七八，甚至十分之八九，到身體完全冷卻了才整個死亡。但是一個人斷了氣，身體不會完全冷卻，你摸他的身上會有象徵，總有一部分還保存微溫，第八阿賴耶識還沒有完全離開，這個時候，身體碰不得，碰到，雖然沒有知覺，但是有感受，感覺很不舒服，這就是神識。

所以，唯識講八識——八個部分，現在心理學只曉得意識，西洋心理學充其量只曉得下意識，下意識還是第六意識，心理學對第七識似乎還不能了解，第八識更不懂了。心理學若要更深一層的研究，必須要了解佛學的唯識論。

死而復活

這個時候，據佛經上說，還可以救，不過很難了。這時親屬朋友們，或感情最好的人，「若能為彼歸依世尊」，為病人皈依藥師琉璃光如來。「請諸眾僧」，我講真話，不講客氣話了，出家要修到無心地，才能稱僧寶，換句話說，已經開悟了、得道了。其次，因出家而戒律精嚴的，也可以稱僧寶，在家悟了道的，也可以屬於僧寶之流。普通不管在家出家，修持沒有到達無心地，或者戒律不精嚴，不能叫僧寶。但是，不管念佛也好，任何法門能夠做到「至心受持，一心不亂」，也屬於僧寶。

「請諸眾僧」，請得道的高僧，「轉讀此經」，專唸這個經典，「然七層之燈」，七層寶塔都放燈光。有許多廟子的藥師法會，就是燃七層寶塔的燈光，現在用電燈很方便，過去用油燈。中國有很多風景名勝的塔廟，就是蓋七層。

「懸五色續命神旛」，掛五色續命神旛，廟子掛著用布做的，長長的垂掛下來，有一定的尺度，有一定梵文咒的畫法，現在也有流傳，是不是完全合規定有問題。

「或有是處」，五色續命神旛掛起來，要供養僧眾，請得道高僧來住持，借佛法的法力「彼識得還」，可以把還沒有完全離開身體的神識拉回來，這是勉強而行之。古人的確有這種成果，我年輕學佛時，在大陸也看到過。

譬如我老師的岳母，快要斷氣，老師和師母倆人跑去找皈依師父光厚老和尚，我們都曉得他是肉身羅漢，有道。老師和師母倆人跑去把他拖來，他說：「你的丈母娘已經死掉，我有什麼辦法？」「師父啊！我皈依你幹什麼？皈依你就是崇拜你有道啊！這一下就是用到師父啦！你不行，我皈依你幹什麼？我還叫你師父啊？」「去！去！去！你這種徒弟，討厭！我不要！我不要！」「管你要不要。」倆人就把他從床上拉出來，「唉啊！要死了，我有什麼辦法？」「管你有沒有辦法，你跟我去看看！」他一來，在老太太頭上摸兩下：「喂！起來！起來！」老太太就醒過來了，就好了，那真是怪！

他一年到頭只穿一件衣服，又髒又臭，爛兮兮的一個和尚，他就有那麼大的神通。人家說師父啊！你真是道德高，「去！去！什麼道德！什麼神通！我曉得什麼？」「她本來沒有死嘛！你們以為她死了，我動動她，她就醒了嘛！」他也不承認，有道的人他不會說自己有道，說自己有道的人，那個道也差不多了。

例如世界上有些人，說自己又懂得鬼，又懂得神什麼的，自己還是迦葉尊者投胎轉世啊！有人問他，南懷瑾你認識嗎？認識，我們還是師兄弟。哪裡的師兄弟？釋迦牟尼佛前在一起的。我還不曉得我們是釋迦牟尼佛前在一起的，他都知道，奇怪了。所以，只有像光厚老和尚這樣有道的高僧可以做得到，但是多難啊！

「或有是處，彼識得還，如在夢中。」等他回來，醒了，好像從夢中醒來一樣。

「明了自見」，自己離開身體以後的經歷，他都記得。還有些則不一定，你就是請有道的高僧唸經，照這個辦法，點燃七層之燈，掛起五色續命神旛，也不是一下就可以救回來。

或經七日，或二十一日，或三十五日，或四十九日。

或者經過七天，或者三七廿一天，或者卅五天，或者七七四十九天，以七天來計算。這樣也許可以勉強把他拉回來，但很難啊！

我們看過《三國演義》，諸葛亮曉得自己要死了，他也用這個方法，自已修了七七四十九天，最後只差一天，碰到魏延進來報告前方軍情緊急，一進來，報告大元帥，碰！一腳把前面的燈給踢掉了。諸葛亮說算了，沒有辦法，我命休矣！再也救不回來了，因緣很難湊合。雖然是小說，但那些小說多少有所根據，古人有修過。或者四十九天拉得回來，但都很難。你說親人來修，親人又要招呼病人，又要修這個法，談何容易啊？

彼識還時，如從夢覺，皆自憶知，善不善業，所得果報，由自證見，業果報故，乃至命難，亦不造作諸惡之業。

他說這個人活過來，「如從夢覺，皆自憶知，善不善業，所得果報，由自證見」，夢中醒了，自己平生所做的善事惡事都知道，自己的果報也曉得，因為「由自證見」，看到業果的報應。「乃至命難」，感覺到我們活著的這個身體生命，你看起來不寶貴啊！困難得很，很寶貴。因此改過向善，也「不造作諸惡之業」，不造惡業了，這才改得了，你看多難！

現在大家都在修藥師法會，點燈啊！每個人點一盞燈出五百塊錢，藥師佛保佑我活一百歲，那我還願意出五千塊錢呢！我還想活五十年，哪有那麼便宜的事？那就是迷信，正信修法好難哦！

是故淨信善男子善女人等，皆應受持藥師琉璃光如來名號，隨力所能，恭敬供養。

要淨信，不要迷信。「隨力所能」，平常就要修行，不要臨時抱佛腳，平常要這樣修，修密宗也是。像我的佛堂，燈晝夜都亮著，不只是藥師佛的燈，供的任何燈任何東西都是一樣。譬如所供之水，隨時都要換，要很恭敬。那麼，這是什麼道理呢？這就是《藥師經》的密法了。

腳底心為何是紅的

剛才有兩位同學看了藥師佛像，提了一個問題很好。你看一堂人，看了就看了，沒有人提問題，這是不得正信，出家在家都一樣。你們再看看，佛像有什麼問題？雖然這兩位同學並不是大智慧所提出的問題，但是他們很留意。他說：老師啊！藥師佛一身都是青光，腳底心怎麼不同？是紅的。我說你參參看啊！第一個同學講了，第二個也來問這個問題，怎麼腳底心是紅的？

一個真正學佛修道的人，隨時隨地都是話頭，都是問題。如果覺得自己很聰明，一點都沒有問題，實際上是個大笨蛋，笨蛋中的臭皮蛋，還發酸哩！笨得這個樣子！藥師佛像天天看都提不出問題。

肉身修持到了的人，本身中脈通了，自然都是在天青色的境界中，像早晨起來，東方太陽剛出來，萬里無雲，天是青的，朝氣，生氣，這是修行到了。那麼，腳底代表什麼？腳底心是生命的根源，如果肉身修到了，這個肉身可以不壞。它是欲界的昇華，煉精化氣，紅代表了能源。所以工夫到了，手心腳心發紅。人的生命在下部，精從足底生；人的衰老死亡，從腳底開始，越老兩條腿越走不動。

因為有兩個同學有眼睛有頭腦，提出這個問題，我答覆你們一下，不然，我就不講了。

又如修藥師法為什麼要燃燈呢？點了燈就死不掉，那現在電燈多亮啊！世界上就沒有死人了嗎？這個燈真正燃的是什麼燈？要提問題啊！現在我幫你們提問題，只好如此，無可奈何！

真正的燈是心燈不熄。七層寶塔也就是代表這個肉身。怎麼叫七層？內在一步一步的工夫，一步一步氣脈轉化的工夫，加上自己修行的功德不斷累積。怎麼叫七層寶塔呢？前五識：眼、耳、鼻、舌、身，第六意識，第七末那識，所以是七層寶塔，不是八層，這些都有涵義的。這七層寶塔如何點亮呢？明心見性。明心見性就是點燃了心燈，如此就能發出生命的光輝，道理在這裡。所以，學密法修行要通教理，這種教理不是普通的教理。

爾時阿難問救脫菩薩曰：善男子，應云何恭敬供養彼世尊藥師琉璃光如來，續命旛燈，復云何造？

阿難問救脫菩薩，你講出這個祕密的法門，救苦救難，脫離苦海，那麼，供養藥師佛的燈與旛是怎麼製造呢？這是講有形的，廟裡藥師法會經常用。

供養比丘僧

救脫菩薩言：大德！若有病人，欲脫病苦，當為其人，七日七夜，受持八分齋戒。

「大德」是客氣的稱呼。你為你的親屬發願「受持八分齋戒」，吃長素更好。

應以飲食，及餘資具，隨力所辦，供養苾芻僧。

應該用飲食或其他資具，隨你能力所及，譬如我窮，只有一塊錢，我供養一塊錢；你有錢，能花一億就花一億，供養出家的法師們。所以學佛第一步，先學供養。將來再好好跟你們講，現在佛學很昌明，大家不曉得修佛之道，搞了半天不曉得為什麼要供養？什麼是供養？上次提到四事供養：飲食、衣服、臥具、湯藥。那麼，為什麼拿錢供養呢？因為錢是通貨，可以自由選擇買到這四種，供養是誠心，盡我所有供養。

密宗木訥祖師很窮，去見師父學佛，師父不理他，因為他沒有拿供養來。難道他的師父真的貪財啊？那是測驗這個人的心。師父啊！我只有我自己供養你，身口意供養。

現在你們也學啦！老師啊！我身口意供養你。這些都是空話！造業！身口意供養，你的身體都屬於我的囉！我說大便是香的，你去吃，你就要去吃，你做得到嗎？喂！你身體都供養我，就屬於我的嘛！隨便造口業，以為自己講得很好聽。你要曉得講這句話是造口業，有口無心叫妄語。

木訥祖師真的身口意供養，所以他師父還用各種各樣方法試探他，故意叫他一個人蓋房子，花了幾年的力氣，一個人揹著磚頭木頭蓋，蓋好了，問他：你蓋這個幹什麼？師父叫我蓋的。沒有啊！我沒有講過這句話，那塊地好好的，你給我蓋房子？拆掉！拆掉就拆掉，唉啊！師父我錯了，大概當時聽錯了。等他拆完了，師父說我後面有塊地，你要給我蓋房子，又去蓋。東西南北都蓋完了，揹磚頭揹多了，背都爛了，骨頭都露出來了，還被師父打罵。師父的兒子看不過去，來幫他搬磚頭，被師父知道，把他叫來痛打一頓、罵一頓，你算什麼東西？我的兒子多嬌貴啊！你怎麼可以跟我兒子比，叫我兒子幫你。師父啊！不是我叫，是師兄自己來幫忙。嘿！不行。打了以後，拆掉。他又去拆掉，沒有怨言。師父暗中都在掉眼淚，故意磨練他，曉得他業重，用這種方法來消他業障，可是他沒有怨言，沒有翹個嘴巴說：師父我要回去了，或者我怎麼樣了，再不然就毀謗老師，或者跟老師發一頓脾氣。

唉啊！我看你們那個業造的啊！地獄裡建築工程也很快，已經加了好幾層，將來地下室有你的份，真的。當然我不是明師，不過現代人不懂得修法，以最小的小心眼，最便宜、偷巧的代價，想求如來大法，正如達摩祖師所說：「諸佛無上妙道，曠劫精勤，難行能行，非忍而忍，豈以小德小智，輕心慢心，欲冀真乘，徒勞勤苦。」

你看二祖求法，砍了手臂還挨了罵。自己沒有錢供養，把手臂砍下來，師父啊！這表示我的誠心。達摩祖師也不吃臘肉，更不想吃人肉，二祖為什麼把手臂砍下來？沒有東西供養，以身供養。

你們現在來騙人，老師啊！我以身供養。我聽多了，也看多了。無上大法，曠劫精勤，豈是小德小智，輕心慢心，所可妄自希冀。達摩祖師也講，佛法無上妙道，多生累劫修來，你獻一點小殷勤，拍一點小馬屁，表示自己很恭敬，嘻！你不要來騙我。你看他這樣罵二祖，木訥祖師也一樣受罵，古人是如此求法求道。

現在講供養，紅包裡放一點錢，好像買法一樣。真正有道的人，給你買得了的嗎？你金銀財寶堆積如山也沒有用。你是個至誠的人，一毛錢不花，你跑開，他還拉你，假如你是那個根器的話。這是佛法的重心啊！

晝夜六時，禮拜行道。

這裡講到供養佛、法、僧。「晝夜六時」，一天廿四個鐘頭，古人一天十二個時辰，一個時辰是現在的兩個鐘頭。白天六個時辰，夜裡六個時辰，叫晝夜六時。

禮拜行道

「禮拜行道」，要拜佛，拜法，拜僧，拜師，你做得到嗎？你磕九個頭，腿就爬不起來了！晝夜六時禮拜，還要行道，什麼叫行道？譬如修般舟三昧也叫行道，隨時隨地都在戒律中。你們要注意啊！真正行香時，兩隻眼睛只准看地下前面三尺或五尺左右，目不斜視，端容正走不變，隨時心念專一。哪像你們行香？快點！快點！（輕聲），有時看到別人，心裡還生氣。你們還行道呢！我都看得很清楚，只是跟著玩玩，實際上我也是，老了，沒有東西玩，看著你們好玩，跟著你們玩。什麼講經說法？都是跟你們玩的，哪裡找到一個真正修道的人！

供養彼世尊藥師琉璃光如來，讀誦此經四十九遍。

晝夜六時，隨時唸誦此經，不是只唸四十九遍，你不要只看到四十九遍以為佔了便宜。「晝夜六時，禮拜行道」，一分鐘、一秒鐘都沒有鬆懈，供養彼世尊。

「讀誦此經四十九遍」，其實只唸經四十九遍，那還簡單，你要注意下面的兩句話。

然四十九燈，造彼如來形像七軀，一一像前，各置七燈，一一燈量，大如車輪，乃至四十九日，光明不絕。

或者畫，或者塑七尊藥師如來。每一尊佛像前，各擺七盞燈。現在都用電燈還方便，如果當時點油燈，點藥師燈，哪有那麼大如車輪的？晝夜還要亮著，那要多少油啊！我以前在峨嵋山上閉關三年，點的是青油燈，儲備了很多，這些都是錢！所以修密壇都是錢。

造五色綵旛，長四十九搩手，應放雜類眾生，至四十九。

綵旛寫上「南無藥師琉璃光如來」名號。一搩手大概有六、七寸，以此計算四十九搩手長。

「應放雜類眾生」，雜類眾生指的是飛鳥、烏龜、蛇鱉之類，最好的放生是放人，你去放放看。你們都買烏龜放生，現在我請你們把我放生掉，我也是眾生啊！怎麼放？假如你們能把我送到一個清淨的地方，一天也不要講經，也不要上課，萬事不管，打打坐，我寧願你們把我放生了，功德無量！

所以，「應放雜類眾生」，畜生道的眾生不是人，但人也算眾生，換句話說，你救人一命，比造一間塔廟還好。你當醫生救人也好，你做好事救人也好，譬如此人快要被車子撞到了，你武功很高，手一推，把車子推開救了他的命，這算一件功德。你看培養功德好難啊！你以為供兩個錢，唉呀！我做了功德。你做功德？你還做了母德呢！要注意啊！作好人做好事第一。

可得過度危厄之難，不為諸橫惡鬼所持。

那麼，這樣到四十九天，這個難關過了，不會得橫死，將來要得正死。什麼叫橫死？下面會講到。

天災國難

復次，阿難！若剎帝利灌頂王等，災難起時，所謂：人眾疾疫難，他國侵逼難，自界叛逆難，星宿變怪難，日月薄蝕難，非時風雨難，過時不雨難。

救脫菩薩再次告訴阿難，當一個國家的領袖，國家發生災難，要把責任挑起來。譬如大傳染病來了，當年我們看到瘟疫一發生，一天一個村莊，一下子就死光了，棺材用機器做都來不及。現在我們在台灣，大家都在享福，不要把福報享完了，很嚴重的，要修善啊！

或者「他國侵逼難」，譬如當年抗戰，日本人打中國，我們受的就是侵逼難，後來美國在廣島投了一顆原子彈，遺害至今，現在日本果報還沒有完，等於還在受美國控制當中。

或者自己國家叛變的災難，或者是天文衍變，星宿異變的災難，或者日蝕月蝕的災難，或者「非時風雨難」，水災，風災，或者旱災「過時不雨難」，碰到這些，為了息滅大眾災難，這個責任都在領導人身上。

彼刹帝利灌頂王等，爾時應於一切有情，起慈悲心，赦諸繫閉。

這些皇帝對於自己國家的國民，應發起慈悲心。「赦諸繫閉」，古代有大赦，把罪人都放了，歷史上很多國家有大赦。在台灣，老總統也曾經大赦過，有些人放了，有些人重罪減輕了。

依前所說，供養之法，供養彼世尊藥師琉璃光如來。

照前面所說的辦法，供養藥師佛。

風調雨順　國泰民安

由此善根，及彼如來本願力故，令其國界，即得安隱，風雨順時，穀稼成熟，一切有情，無病歡樂。於其國中，無有暴惡。

照此法做，領導人出來修，保佑一國國民的平安。

藥叉等神，惱有情者，一切惡相，皆即隱沒。

管這個世界的藥師如來的護法有十二個神將，藥叉神下面的小夜叉、惡神都不會來搗亂。

而剎帝利灌頂王等，壽命色力，無病自在，皆得增益。

在他本身的壽命，「色力」是他的身體，身體屬於色法，會得長命。

阿難！若帝后妃主，儲君王子。

皇帝的皇后、妃子。「儲君」就是太子，如皇帝生了好幾個兒子，一個是太子，其他都是王子。

大臣輔相，中宮綵女，百官黎庶，為病所苦，及餘厄難；亦應造立五色神旛，然燈續明，放諸生命，散雜色花，燒眾名香，病得除愈，眾難解脫。

「黎庶」，即老百姓。「及餘厄難」，碰到別的災難。

爾時阿難問救脫菩薩言：善男子！云何已盡之命，而可增益？

阿難問救脫菩薩：你講的好奇怪！怎麼快要死的人，修這個法門還會救得回來，好奇怪！

救脫菩薩言：大德！汝豈不聞如來說有九橫死耶？

你沒聽過如來說人的生命有九種橫死嗎？這句話答覆了，正死的人沒有辦法救了，果報完了，就該死了，橫死還可以救。

壽終正寢

現在時代不同，處理亡者的情形也不同。講到中華文化《禮記》這本書，我們小時候在家鄉，為什麼訃文上寫「壽終正寢」？老年人一定要死在自己家裡的床上，正寢是父母住的大房間，一定是老年的父母睡。死了以後呢？按照古代中國禮節，父親或祖父過世了，由兒子、孫子為他洗澡，抹完了換衣服，穿七套衣服，有幾個女婿就蓋幾條被子。我過去看過某位老太太死了，蓋十二條被子，十二個女婿，一人一床。老太太死了，由媳婦、女兒洗澡、換衣服，慢慢地移動。剛死不准動，放在門板，抬到正廳，點上燈，燈是引路，實際上是《藥師經》的道理。一盞明燈照路，三天不准動，所以要守靈，而且要守在死人旁邊。有幾個原因要說明，因為中國過去同佛學道理一樣，不准隨便碰死人的身體，要過三天以後才能動。什麼原因？人有一種病叫假死，會死而復活，假死病也是橫死病，不是真死，所以常有死後復活的情形發生。

現在不然，剛一斷氣就送殯儀館，到了那裡，全身脫光，像鹹魚泡在水池裡一樣，一股藥水、死人味道，男女老幼都裸體放在池子裡。到了出殯那一天，把他弄上來，刷呀！洗呀！就像洗豬一樣，用刷鍋的刷子，刷得乾乾淨淨，衣服都是別人搞的，口紅一擦，一化粧，蠻像死人的樣子。

古禮是最合道理的。可是現在不管了，只要一斷氣，心臟不跳了，也不管是不是完全死了，就已經抬走了，送到冰凍室、太平間一凍就死了。

我有個朋友死了，送到太平間以後，他們半夜把我叫醒，要我去處理，我沒有辦法，這種事我常幹。我跑到太平間一看，那天台大醫院生意特別好，停滿了，裡面陰沉沉的。還有一個朋友跟著我，我說你站在門口等。我曉得他膽子小，不敢進來。他後來告訴我，去看那位朋友一趟，病了七天啊！

死人臉孔都蓋住了，我進去一個一個拉開來看。太平間冬天都沒有人，我說：「請問管理員是哪一位？」叫了半天，我還真怕躺著的人當中，有一位站起來說：「是我！」我還不曉得該怎麼辦呢！結果，總算管理員出來了，端著一個大鍋，手上還端著一碗飯，夾了一塊五花肉。他說你找哪一位？我說哪一位。他嘴裡含著飯，叼著五花肉說：「這兒！這兒！上面那一個。」我真佩服，真要向他頂禮膜拜。這個時候，如果換是我，還不一定吃得下飯，為什麼？你知道嗎？旁邊躺的都是肉啊！那可真難受，他還吃得蠻香的。我說上面我也搆不到，他說你端個櫈子嘛！上去一看，不錯，再摸一摸鼻子，真斷了氣了，給他蓋好下來。到這個時候，你要把自己空了，生死一如，沒有什麼。

是故勸造續命旛燈，修諸福德，以修福故，盡其壽命，不經苦患。

問題在這裡，你說我唸《藥師經》怎麼沒有靈，你出了錢唸就有靈啦？自己本身要做好事啊！要修一切福，做一切道德啊！「以修福故，盡其壽命，不經苦患。」你平常做好事，修福報，為自己的子孫，為自己的父母，為自己培養福報，才能不經苦患。

九種橫死

阿難問言：九橫云何？

哪九種橫死呢？

救脫菩薩言：若諸有情，得病雖輕，然無醫藥及看病者，設復遇醫，授以非藥，實不應死，而便橫死。

有些人生了病沒有錢醫治的，或者醫生醫錯了的，都叫橫死。

又信世間邪魔外道妖孽之師妄說禍福，便生恐動，心不自正，卜問覓禍，殺種種眾生，解奏神明，呼諸魍魎，請乞福祐，欲冀延年，終不能得。

求神問卜，不好好醫病，靠畫符唸咒，或者殺生拜神，算命看相啦！這些都不是正信，因此把病拖死了，也叫橫死。迷信死的，求神拜拜啦！殺豬宰羊或畫符唸咒，吃香灰等等，這些都是橫死。

愚癡迷惑，信邪倒見，遂令橫死。

迷信邪見、倒見，把病人拖死了。

入於地獄，無有出期，是名初橫。

走偏路迷信而死的，不但沒有好處，還入地獄。這是第一橫死。

二者橫被王法之所誅戮。

第二種是犯了法，被判刑槍斃死的，殺頭死的，坐牢死的。

三者畋獵嬉戲，躭淫嗜酒，放逸無度，橫為非人，奪其精氣。

因為打獵遊戲，吸毒嗜酒嫖賭，花街柳巷跑多了，本來還可長壽，自己搞壞了，橫死；或被鬼神取走精氣而橫死。

四者橫為火焚，五者橫為水溺，六者橫為種種惡獸所啗，七者橫墮山崖，八者橫為毒藥、厭禱、咒詛、起屍鬼等之所中害。

被火燒死。被水溺死。在山上被野獸吃掉。爬山碰到山難。吃藥吃壞了中毒而死、或者被畫符唸咒咒死的、或者起屍鬼之所中害。你們去看病人，或到太平間看屍體，不要學我，那真怪啊！其中那個屍氣，的確很嚴重。我雖然那麼講，每次回來都要病好幾天，不過別人看不出來，我內在曉得生病了，好久的工夫才把它趕出去。

屍氣實際上是一種病氣，你到底閉不住呼吸，非得呼吸不可，即使完全閉住呼吸，細菌還是會進來。一個人死了，腐壞、陰沉的屍氣散發出來，聞那種味道實在很難過，工夫差一點，抗不住，所以進這種房間最好戴著菖蒲、茴香等避邪的口罩，萬一死者眷屬被屍氣所侵，趕快買桑枝一錢半、艾葉一錢半、菖蒲一錢半、雄黃五厘、朱砂五厘。將桑枝、菖蒲、艾葉煎煮後，沖服雄黃、朱砂，並洗擦身體，可去除屍氣。不然如果這樣病死了，也是橫死。

九者飢渴所困，不得飲食，而便橫死。

第九種，餓死，渴死，都是橫死。所以，你看正命而死有多難啊！無疾而終，壽終正寢，那個叫正命死。

是為如來略說橫死，有此九種，其餘復有無量諸橫，難可具說。

現在只大概的講到九種，實際上橫死還有很多很多，說不完。

無疾而終

我們一般人死了都是橫死，真正正命死的人，等於修道到家，無疾而終，預知時至，自己曉得，先說幾時要走。我一個朋友過去在大陸上赫赫有名，權位很大，現在告訴你們也沒有關係，叫廖化平，是戴雨農下面的台柱，修道學佛一輩子，人家不知道。大家總以為作特務的沒有好人，作特務的好人多得很，像我這個朋友，來到這裡，我在基隆，他也常來看我，道德極好。住在觀音山，自己在戴雨農的祠堂修道。九月十九日前兩天下觀音山，邀一些朋友，九月十九日上觀音山，請吃素菜，大家曉得他學佛。

九月十九日觀音聖誕，大家到了那裡，上個香，唸觀音菩薩。正在唸的時候，他說你們唸，我馬上來。進去洗個澡，把衣服換好，穿個中山裝，上個香，然後跟著大家一起唸：南無大慈大悲觀世音菩薩。他拿了張椅子坐著，大家唸了半天，回頭一看，他還坐在那裡。中午吃飯了，叫了半天，嘿！他已經走了，正死。他早曉得，還約好時間，大家一起來唸觀音菩薩，然後還洗了澡，衣服穿好，上香。

有一天，我們談起廖化平，大家都很驚訝，又很讚歎，他是這樣走的啊！「高明！真高明！」你看他那權力之大，日本人投降，上海幾家大銀行要他來接收。要說貪污，那鈔票多得會把他壓死，結果沒有。銀行老闆、上海工商界老闆都到了，只知重慶派了一位大員接收，「是哪一位呢？」大家都在歡迎，結果他穿一件破中山裝，他不是故意的啊！他沒有錢嘛！他很清廉，中山裝始終是破的，縫縫補補。他早就坐在旁邊，大家以為這個是倒茶的工友，沒有注意到。結果到了時間，大家正不知這位大員在哪裡，他卻站起來說：「我是某人，已經到了，現在宣布開會。」所以你要曉得，很多行菩薩道的都在世法上，你們看不出來。

這樣才是正死，他也不告訴你哪一天走，只說辦素齋請你們吃飯。大家跟他都有交情嘛！面子上當然要去。他邀的都是信佛的，他的朋友很多，不信佛的他也不請，免得人家囉嗦。

其實每個人生命都可以正死，壽命都很長，可是大多是橫死。

燈的涵義

《藥師經》所提示的藥師法門，其修行的原理在哪裡呢？先要以現行的、現在的意識作為生起次第。換句話說，拿現在的名辭來說，要從自己的心理建設開始，先擴充自己的心量、願力，學習藥師佛初發心的大願，以捨己為人為目的。先由心的轉變，然後是身的轉變。

普通顯教都曉得點燈，《藥師經》上所講的燈，以及造《藥師經》上所講的十二綵神旛。我們現在所流行的顯教，廟子上作消災延壽的法會，燃燈四十九盞，掛的旛雖然不一定有十二個，但也都掛了，只是掛的不同而已，都想以表面的燈與旛，來求得消災和延壽。有時有效果，這個效果是因為人的誠心，誠能感天，是第六意識的現行所造成堅強、堅固的意念所做到的。這個堅固的意念，不外乎是定的關係，一念至誠就是定，就是佛所說的「制心一處，無事不辦」。

真正要修到不死之法，要曉得燃燈與十二神旛的涵義。所謂燃燈，必須要在自己定慧的境界上，發起身心內在的自性光明，這個自性光明不是像禪宗或其他的宗派所講的理上的自性光明，而是密宗的生起次第著相的光明，也是自心內在由定所引發的光明，等於《楞嚴經》上所說的：「脫黏內伏，伏歸元真，發本明耀」，就是定力到某一種程度，六根六塵的關係解脫了，自己制心一處，在內部，這個內部不分身體的內或身體的外，就是那個寧靜的內部，由自性的功能所發起的神光。那麼，在西藏的密法，把這一類的神光，用中文翻譯有兩個名辭，一個名辭叫它是拙火，一個名辭叫它是靈能或靈力。

所謂拙火，是形容的觀念，就是說人體的生命上有一種功能，它永遠不發生作用，等於一個笨人，他永遠是笨的。到什麼時候發生作用呢？當我們把六根六塵，後天的妄念，乃至心理上後天的情緒，一切解脫平穩的時候，生命的這種基本功能就會發起作用，這個時候它並不笨。顯教的經典，從東漢以後，一直到唐宋元明清的翻譯，就叫作三昧真火。

這個東西在《楞嚴經》的道理怎麼說呢？《楞嚴經》第三卷開始以後，講物理世界的「性火真空，性空真火，清淨本然，周徧法界，隨眾生心，應所知量。……起徧世間，寧有方所。」它在宇宙的生命與我們人體的生命中間，無所在，但是也無所不在，要真正得定到一個相當的境界，嚴格地說，要到三禪定才會真正發起這個拙火光明。

那麼，發起以後有兩種修法，一種就是發起定，定在拙火光明境上，進入四禪的境界，最後自己到壽命的盡頭，業報到最後結束時，以自己定慧的功力，不需要借助外來的、人世間的火力，而把自己煉化。這種情形的修法，在經典上記載，過去在印度，乃至於佛教傳入中國，東漢到唐宋這個階段，還有很多修行人可以做到。元朝以後，明朝、清朝一直到現在，很少見了，並不是因為時代的不同，而是因時代愈向後走，一般人發心修持的功力，同修持理論上的見解不徹底。拿唯識來講，這是對「證成」的道理不知道、不清楚，一般人統統在「觀待」道理，在思想理論上轉，把佛學佛法真正的修法，都變成空談了。

所以，這必須要證成道理完全修通、搞通了，修持就完全對了。

這是講藥師佛所講的「燈」，它真正的涵義，是燃起這個父母所生的肉身，內在生命的光輝，那麼它自然可以消災延壽，拿中國的道理來說，自然可以長生不死。

十二神旛的涵義

其次，所謂十二神旛，在《藥師經》上的涵義是什麼呢？現在顯教廟子上所掛，用布繡些蓮花的神旛，這些一掛就可以消災延壽嗎？不可能的。這是個表法，是顯教表達道理的方法。所謂十二神旛的涵義，在《藥師經》就要圓滿結束的時候，明白地告訴大家，它同醫學上所講的，尤其中國醫學所講的十二經脈，有絕對的關係。

我們研究《藥師經》，有一點要特別注意，前面一開頭，先說明了藥師佛的十二大願，最後本經圓滿的時候，說出了十二神將，中間告訴我們如何祈求到藥師佛消災延壽的效果。事實上道理就在神燈與神旛的表法。所謂表法是象徵性的意義，好比我們現在流行的術語，某一樣東西是某一件事情的象徵。象徵是個比喻，拿因明三支宗、因、喻的邏輯講，宗是目標宗旨、大前提；因，引伸的說明理由、理論，或者演繹，或者歸納；喻，世界上有許多真正的道理，不是言語文字所能表達，換一個東西來比喻，來作象徵，我們反而清楚了。表法的意義，就是因明「喻」的道理。那麼經典上所講的意義，我們就清楚了。

因此，研究完了《藥師經》以後，歸納一句話，不是光口唸就能達到絕對的效果，要注意啊！要想達到絕對的效果，必須要心行，由現行心理上的修持，然後影響到身，身心合一的那個心行，才能夠做到。

我們在圓滿結束本經以前，要向大家特別提出來注意，今後大家修持藥師佛的懺悔法，或者能夠得到真正的效果。現在我們再看原文：

復次，阿難！彼琰魔王主領世間名籍之記，若諸有情，不孝五逆，破辱三寶，壞君臣法，毀於信戒，琰魔法王，隨罪輕重，考而罰之。是故我今勸諸有情，燃燈造旛，放生修福，令度苦厄，不遭眾難。

這一段原文的經典，是佛經後期翻譯加進去的。「琰魔王」就是我們普通所講的「閻羅王」。在中國漢朝以前，沒有這個名稱，我們要特別注意。

琰魔王是佛教文化傳過來以後所翻譯的文字。閻羅王的名稱，是兩晉以後，因翻譯佛經，佛教文化進入中國以後才出現的，佛經文化加入中國文化，所以構成了天堂地獄的分際。

到了唐代以後，因為佛經大量翻譯過來，所以把地獄裡的閻羅王，以及佛經原有十八層地獄的說法，慢慢地把地獄分成了十殿，每一殿有一位閻王。用現在的觀念來說，我們的文化非常高明，把天堂、地獄都變成人世間的政治組織一樣。如果要研究比較宗教，是非常有趣的。

這十殿閻王的人選，在中國換了很多。比方我們都曉得小說上所寫的包公（包拯），宋朝的大臣，一般叫包青天，本來他是第一殿閻王，因為他太嚴謹，人世間的靈魂一死，到他面前就沒救了，統統都下了地獄。後來我們的地藏王菩薩看不過去，把包拯叫過來，「這樣不行啊！」所以把包公調到第十殿閻王。地獄審判，等於法院庭審，有各級法院之別。初殿閻王判了，送到二殿，二殿審了，還是不行，一殿一殿審下去，最後十惡不赦的人，再送到包公那兒，沒有轉彎的餘地了。不過還有個人轉彎，最後地藏王菩薩會來轉彎。

所以，我經常跟神父牧師朋友說笑，我說比方給你們聽，你們做生意啊！怎麼樣都做不過佛教。每個宗教都在開觀光飯店，而且都鼓勵人家不要怕死，死了不要緊，到我的天堂來，我儘量招待，怎麼好怎麼好，最好現在就信；信了，我給你一個證明，將來死了就可以得救。但是佛教說，不要怕死，死了以後到我那個觀光飯店，比他們天堂還要好，哪裡呢？西方極樂世界。那萬一我下了地獄呢？不要緊，我們有分號，有地藏王菩薩在那裡等著。萬一我上了天呢？不要緊，上方世界也有很多佛。萬一我不死不活，在人世間受苦怎麼辦？不要緊，苦海茫茫有大慈大悲觀世音菩薩。

這些我們看似笑話，卻屬於比較宗教學的範圍。世界上沒有一個宗教像佛教一樣，四面八方布置了那麼多，下了地獄還有十八層。當然，加上我們常說的笑話，現在的人越來越壞，我想現在的地獄還有地下室，地下室也修了幾十層。

這個道理說起來是個笑話，在佛學裡是屬於不了義，要特別注意。不了義教有沒有地獄？有沒有天堂？絕對有。這要徹底的瞭解，所以要諸位法師們特別研究唯識。但是，是絕對真有嗎？「緣起性空」，唯心淨土，唯心天堂，唯心地獄，這屬於了義教。

所以，《藥師經》的本經，你就很難判斷了，因為它是通顯密兩端的，看起來是不了義教，但徹底研究起來，它又屬於了義教。我們介紹了這個道理以後，然後才可以看這一段《藥師經》，不然對於現代的青年、現代的思想，簡直是不能接受，不可以想像。

前面講過，人的生命有九種橫死。這個世界上，沒有幾個人得正命而死，多數都是橫死。正命死的人，無疾而終，那才是正命而死。現在假定活一百、一百廿歲，照真正佛法的觀念，往往還是屬於《藥師經》所說的橫死。除了一種人，屬於再來人預知生死的，幾時要走，事先知道，通知朋友幾時走，再見，這不屬於橫死，屬於正命而死。即使是我們一般的病死，是不是醫藥所誤都有問題，所以大部分還是屬於橫死。

如果真正修持的人，《藥師經》所透露的消息，生命是自己可以控制的，自己不能把握生命而受生老病死，尤其是病死橫死所支配的，都不算是八正道的正命。因此我們要共同的慚愧，自己沒有正命的活著。

佛法重孝道

我們這個娑婆世界是屬於南閻浮提，在四大洲中的人，而這個管區的生命都屬於閻羅王所管。「不孝五逆」，誰說佛教不重孝道？我們曉得佛說法，最注重孝道，不要認為釋迦牟尼佛因為出家，就認定佛教是不重孝道。

我常常告訴青年朋友，特別注意，我們有本小說《紅樓夢》，這本小說在過去非常流行，這個世紀把它變成一門學問，叫作紅學。過去我們看《紅樓夢》，年輕的時候迷得都會背。《紅樓夢》你真懂的話，那是一部禪學，一部佛法。第一回開始作者有兩句話：「背父兄教育之恩，負師友規談之德」。我們在座的人反省反省，我們作了一輩子人，學佛的人都說「上報四重恩」，四重恩有一重是父母恩。我們報了什麼？都是負父母養育之恩，違背了師友的教化、教育的德性。一生無所成，造了一生的業，所以賈寶玉最後出家了。

但是你注意，《紅樓夢》描寫賈寶玉出家，他的父親說我只有你一個兒子，你必須要討個媳婦，給我生個後代，有孫子才能出家。好！就結婚給你生個兒子。又說你要出家可以，必須給我考取功名，因為賈寶玉最反對讀書考功名。好，我給你考取。考取了功名，這一下我可以出家了。然後，走了。你看，這是賈寶玉的做法。

你再回過來看我們的老師、教主本師釋迦牟尼佛，他要出家，父親不答應，因此結婚生子都做好，最後出家。成道後，把兒子羅睺羅也度了出家，這是另外一件事。等到釋迦牟尼佛父親死的時候，他自己、阿難兩兄弟——釋迦牟尼佛的親堂兄弟、羅睺羅——釋迦牟尼佛的兒子等四個人，絕對不准任何人碰父親的棺材。四個人親自抬了棺材到靈山，到他說法的講堂旁邊，親自埋葬，非常講究孝道。

所以一個人對生身的父母、親長沒有盡孝，人道未盡而能成佛者，絕無此理。青年同學們特別注意。

五逆之罪

所以，很多佛經上提到，不孝不能得好結果。現在也告訴你，「若諸有情，不孝五逆」，不孝是一種。講到五逆，特別要注意，「忤逆」是刑法上的一種罪名。你們青年同學研究中國文化、法律的，特別注意，我們漢朝的法律沒有「忤逆」這個名辭。到宋朝以後，明朝、清朝的刑法出現了忤逆的名辭。這是文化交流受佛教的影響。像我們小時候假使一個小孩學太保，便會聽到老一輩的講：「唉呀！某某小孩犯忤逆。」忤逆是個統稱，對父母不孝，一加了罪名就是忤逆。忤逆也代表了不孝順，這是中國文化。

所謂「五逆」，在佛教裡的解釋是：殺父、殺母、殺阿羅漢、破和合僧、出佛身血。五逆在佛學名稱上包括了這五種內涵。「破辱三寶」，破辱這兩個字要注意，破壞佛法的和污辱佛法的。破和辱的情形有輕重，等於我們研究法律，蓄意傷人可以判五年到八年；假使過失傷人，則判三個月到一年，甚至可以判緩刑，因為一個是有意，一個是無意。破壞三寶罪重，污辱三寶罪輕，但都是犯罪。

我們注意啊！不孝是一種，五逆是一種，破壞三寶是一種，污辱三寶是一種。

因果報應非常快

前幾天我們幾個老頭子坐在一起吃飯，偶然談笑，也談真話。想當年五四運動以後，民國十幾年，北伐成功了，我們看到共產黨加入了國民黨，在激進思想鼓動之下，全國破除迷信，把廟子上的神也好，菩薩也好，一個個打了丟到茅坑裡去。我們還看到把菩薩塑像綁了，在街上一路拖，又拖又打，又拿小便大便澆到菩薩像身上。當年看到覺得蠻好玩的，我們在座很多老前輩說：是啊！我們當年看到都是這樣搞。

我說後來我所看到那些動手的人，沒有一個得到好結果的。奇怪了！你說有沒有果報？非常明顯。據我所曉得，那個時候，同學好多參加的，像我可以說膽子非常小，看看而已，奇怪，也沒有那個膽子去做。有幾個很勇敢，上去把菩薩像砍了，往露天的茅廁一丟，然後拍掌大笑。後來過不了幾年，等到我從外面唸書回來，一問，這些人都報銷了，死掉了。怎麼死的？聽說一個個都死得很慘。你說講因果報應是空洞的話，但是拿時間來看，一個一個都很明顯。尤其我現在感覺到，這個時代，因果報應非常快，大概閻王那裡也電腦化了，最近這幾年我親眼看到，簡直是現世報嘛！看不出來或是沒有感覺，那是因為我們沒有定力，沒有冷靜的觀察。

這些都是事實，所以了義教的佛經告訴你，天堂地獄在哪裡？都在人世間。昨天還有個朋友告訴我，他說，哎呀！今天好難過。我說怎麼啦？他說一個親戚住進了精神病院，一個電話打給他，他就去看了。那個精神病院簡直是一個牢獄。我說你看到的還是好的，你沒有看到過私立精神病院，一進去你就感覺到，完全是牢獄。所謂地獄在哪裡？就在這裡。

換句話說，現在醫學是進步了，你到開刀房一看，尤其我站在旁邊一看，醫生護士穿了綠色的衣服，戴了綠色的帽子，全體都是綠的。當一個病人麻醉過後一醒來，看到的就是地獄的境界，你看到的決不會是護士，而是鬼影幢幢。科學的治療是非常進步，的確對人類有恩惠，但在意識的境界上，地獄就在現有的人間，所以我們要特別注意。

君臣制度就是社會秩序

那麼，佛經上講的不孝、五逆、破壞污辱三寶以外，統統是人道來的。「壞君臣法」，這是古代的文化，君臣，我們看似非常落伍，認為是帝王思想。錯了！君臣二字，在中國固有文化，不是帝王思想。君是年高有德，足以教誨人，足以領導人都稱君。因此我們文化裡稱君子，子就是先生的意思。臣是聽年高有德的人所領導的，所以上古文化「君臣」兩個字的意思，以現代話來講就是社會秩序。

秦漢以後的帝王制度，跟周朝以前的君主制度，在中國政治史上是兩個階段。由三代到周朝，那可以說是民主的君主制度；秦漢以後則是絕對獨裁的帝王制度。所以秦漢以後的君臣，已經變成統治思想的一種觀念；秦漢以前的君臣，是社會禮俗的一種觀念。所以，現在我們看到君臣兩個字，拿新的觀念來理解它，就是社會的秩序，換句話說，是倫理道德。所以說，「壞君臣法」是破壞了倫理道德，破壞了社會秩序。

「毀於信戒」，破壞了根本信念，破壞了根本戒律。戒律是什麼東西？簡單地下一個定義，就是道德行為的規範。就是破壞了道德行為根本的規範等等，這一切事情，這一切人世間現行的罪行，都歸琰魔王隨罪輕重加以考核。簡單明瞭地講，閻羅王主管人的生死，中國過去民間傳統的習慣都是那麼看的。

那麼，要修藥師法，如何脫離主管生死的範圍呢？「放生修福」。注意啊！不是光唸藥師佛，一個本錢不花，嘴裡唸一唸，然後燒一炷香，拿一塊豆腐拜一拜，回來豆腐還可以用油煎一煎吃，然後心裡想：佛一定會保佑我，因為我拜過了。你看！以這種功利思想、功利主義來學佛，行嗎？這樣你唸了一輩子的消災延壽藥師佛，效果也很微末。必須要配合行為功德，「放生修福」。注意！「令度苦厄，不遭眾難」，幫助別人，度脫別人的痛苦，犧牲自我，救度別人，乃至救度一切眾生，使別人不遭眾難，使一切眾生不受災受難，然後加上你自己修藥師如來的法門，才能得到正果報。

所以，我們大家唸經拜佛，經唸完了，應該做的事統統沒有做，好像我已唸過經了。等於社會上的幫會拜了大哥，拜了老師，你一切就要給我負責，我犯罪都沒有關係。這種學佛心理完全錯誤。

本經就要圓滿結束，再告訴大家一個修持的手印，由諸位自己去修了。

現在我們先唸一段經文，十二神將的名字，記住啊！

十二藥叉神將的奧祕

爾時眾中，有十二藥叉大將，俱在會坐，所謂：宮毗羅大將、伐折羅大將、迷企羅大將、安底羅大將、頞你羅大將、珊底羅大將、因達羅大將、波夷羅大將、摩虎羅大將、真達羅大將、招杜羅大將、毗羯羅大將，此十二藥叉大將，一一各有七千藥叉，以為眷屬。

藥叉的意思解釋過了，有兩種。藥叉的翻譯就是夜叉。我們平常罵人，尤其罵女性朋友，很難聽，罵母夜叉。但是中國文學搞錯了，好像母夜叉代表又凶、又醜，不是的，這是外來文化，由印度佛教文化傳來的。夜叉神將，有地夜叉、天夜叉、虛空夜叉，像虛空夜叉又是《藥師經》所講大菩薩的化身、金剛菩薩的化身。男性夜叉都非常威猛，現金剛相，是大菩薩成就的境界；女性夜叉非常漂亮，都很美麗。

藥師佛有十二大願，真正護法的十二大金剛菩薩，現身為十二夜叉，他的名字就是咒語，千萬注意，要記住，十二夜叉的名字就是咒語。

唸的時候，下面稱號可以去掉，十二藥叉的名字一路唸下來，最後加一句菩薩摩訶薩，非常靈驗啊！因為我不喜歡保密，顯也好，密也好，到我手裡，我都公開，我的想法也是願望：道是天下之公道，法是天下之公法。有緣，有信心，你自己拿去；沒有緣，沒有信心，單獨傳給你，你也修不成功。

我們曉得佛過世以後，一千四百年間，玄奘法師還沒有到達印度以前，唯識宗的一位大師，叫護法，玄奘法師後來所翻譯的《成唯識論》主要是取自他的理論。護法大師認為自己所證的義理到了，但是不想肉身死亡，要等待彌勒菩薩下來給他證明，看看他說的法對不對。因此，怎麼辦呢？唸藥師佛的名字，求長壽，唸了十二藥叉大將的名字，求觀世音菩薩加被，結果觀世音菩薩現身，帶領他，幫忙他結手印，唸十二藥叉大將的名字，一個岩石山洞打開了，藥叉大將親自把他領進去，然後這個岩石封閉了。所以他在岩石裡面等待彌勒佛下來，肉身不壞。

因此，藥叉神將名字在唯識宗的記載上，是非常有效果的，要注意，不要輕易看過去。

藥師佛的手印

你們要求得成就，必須學會結藥師十二神將的手印——中指交叉放在兩個虎口上，兩隻無名指交叉，右邊壓左邊，放在中指背上，兩個大拇指按在兩個無名指頭上，食指、小指立起來。手印合掌當胸。

祈求南無藥師琉璃光如來，唸藥師咒一百零八遍或多唸，然後唸十二神將大名，末尾加金剛菩薩摩訶薩，唸一百零八遍，或多唸更好。至心誠意，最後不唸時，手印從頂上散開。

注意啊！修一切供養，盡心修持，必定成就，我希望你們諸位在座有緣的個個都成就。

同時舉聲白佛言：世尊！我等今者，蒙佛威力，得聞世尊藥師琉璃光如來名號，不復更有惡趣之怖。我等相率，皆同一心，乃至盡形歸佛法僧，誓當荷負一切有情，為作義利，饒益安樂，隨於何等村城國邑，空閑林中，若有流布此經，或復受持藥師琉璃光如來名號，恭敬供養者，我等眷屬，衛護是人，皆使解脫一切苦難，諸有願求，悉令滿足，或有疾厄求度脫者，亦應讀誦此經，以五色縷，結我名字，得如願已，然後解結。

所謂五色絲線打旛結，一邊結，一邊唸。這個結可以打成最簡單、最普通的蝴蝶結，一邊結，一邊唸，唸完了打十二結，掛起來就是旛。十二神將的名字，一邊打一邊至誠唸，自己生病時唸藥師琉璃光如來，或打結唸十二金剛菩薩神將名字，掛在自己旁邊或病人身上，等他好了要散結，不要老是結著。

吉祥圓滿

爾時世尊，讚諸藥叉大將言：善哉！善哉！大藥叉將！汝等念報世尊藥師琉璃光如來恩德者，常應如是利益安樂一切有情。

爾時阿難白佛言：世尊！當何名此法門？我等云何奉持？佛告阿難：此法門名說藥師琉璃光如來本願功德，亦名說十二神將饒益有情結願神咒，亦名拔除一切業障，應如是持。

時薄伽梵，說是語已，諸菩薩摩訶薩及大聲聞，國王、大臣、婆羅門、居士，天龍、藥叉、健達縛、阿素洛、揭路茶、緊捺洛、莫呼洛伽、人非人等，一切大眾，聞佛所說，皆大歡喜，信受奉行。

藥師如來的咒已經傳過了。沒有祈求，打坐自修的時候，手印可以置於臍下腹部。有祈求的時候，這兩個大拇指頭動，然後加上十二神將名號。求藥師佛的修法，修十方諸佛的修法，求菩提心快快成就，都同一個手印，這個手印可以修一切法門，求十方諸佛一切心中心的成就，可以使一切法門修持快速成就。

《藥師經》講到這裡，吉祥圓滿。

校後記

周勳男

懷師講述《藥師經》之錄音文稿，校讀既畢，至為慶喜讚歎。懷師已將此經大義，發揮得淋漓盡致，必將大有助益一般學佛者，尤其是藥師法門之修持者。若文字尚有疏忽之處，敬祈各方大德指正，以求至善。

嘗思佛法無邊，若論修持之道，不論繁簡，要在當機。以藥師法門而論，懷師此書既詳且盡，受持奉行，確已有餘。若行有餘力，而思廣泛研究，則流通較廣的《大正新修大藏經》，即收有下列相關經卷：

一、第十四卷經集部有：

（一）《佛說藥師如來本願經》（隋・達摩笈多譯）

（二）《藥師琉璃光如來本願功德經》（唐・玄奘譯）

（三）《藥師琉璃光七佛本願功德經》（唐・義淨譯）

二、第十九卷密教部有：

（一）《藥師琉璃光如來消災除難念誦儀軌》（唐・一行撰）

（二）《藥師如來觀行儀軌法》（唐・金剛智譯）

（三）《藥師如來念誦儀軌》（唐・不空譯）

（四）《藥師琉璃光王七佛本願功德經念誦儀軌》（元・沙囉巴譯）

（五）《藥師琉璃光王七佛本願功德經念誦儀軌供養法》（元・沙囉巴譯）

（六）《藥師七佛供養儀軌如意王經》（清・工布查布譯）

（七）《修藥師儀軌布壇法》（清・阿旺札什補譯）

（八）另有佚名之《淨琉璃淨土摽》。

三、第二十卷密教部有：

（一）《佛說觀藥王藥上二菩薩經》（劉宋・畺良耶舍譯）

（二）《日光菩薩月光菩薩陀羅尼》（出《觀世音菩薩大悲心陀羅尼經》）

四、第二十一卷密教部有：

（一）《佛說灌頂拔除過罪生死得度經》（東晉．帛尸梨密多羅譯）

五、第三十八卷經疏部有：

（一）《本願藥師經古跡》（新羅．太賢註）

其他各種《大藏經》版本也有很多《藥師經》的註釋。民國以來，流通的單行本，有何子培集各家註釋的《藥師經旁解》，太虛大師的《藥師本願經講記》，弘一大師的《藥師經析疑》，伯亭老人《疏鈔》、普霈擇要的《藥師經疏鈔擇要》。至於儀軌方面，則有諾那上師傳授的《藥師琉璃光王修持儀軌》，貢噶上師傳授的《藥師琉璃光王如來修持儀軌》，以及《薰修藥師懺儀》，梅光羲居士校正的《藥師七佛供養儀軌》等等，不一一枚舉。

但值得一提的是，木村泰賢、印順長老都以佛教發展史來看，認為在《大寶積經》中已有東方阿閦佛淨土思想，其次是阿彌陀佛淨土思想的出現，然後是東方藥師佛淨土思想的興起。有興趣研究者，可將三者合參。概括的說，他力色彩較濃的西方淨土，在中國大為盛行，而自力色彩較濃的東方淨土，除消災延壽的祈求外，少有受持奉行。因此，清朝玉琳國師、民初太虛大師大力提倡藥師法門。懷師此次講述，也大都就自力方面發揮，我想，當係有見於一般佛教徒，易於視死如歸，而難於正視人生，進而大慈大悲的緣故。

在有關《藥師經》的論釋中，太賢法師引錄《阿修羅經》云：「琉璃光菩薩遇智勝佛初發總願，寶頂佛所始發別願。」可供了解藥師佛因地之參考。

而伯亭老人有兩段話也值得引介：

一、由於能徧治凡聖世出世間病，故名藥師：「明鍊方藥，普治一切果報之病，乃四洲六欲師也；施諸戒善禪定法藥，治人天身心惡業等病，三界九有師也；深達萬法之源、一真之本，能令權小之流，五住盡、二死忘，三身圓、四智滿，乃三乘十地之師也。」

二、以琉璃喻三身三智，內外明徹，故名琉璃光佛。三身為「法身光破煩惱障，報身光破業障，化身光破報障。」三智為：「善巧觀心，發實智光，破人我執；願行觀心，發權智光，破法我執；行處觀心，發無礙智光，破二無我執。」

至於戴季陶先生，曾迎班禪大師於寶華山，建立藥師法會，也本藥師佛的十二大願，而發下列十二大願：

第一、遵行世尊本願，政本優生，教重安養，使一切人民，身心美善，相好端嚴。世尊第一本願，如實成就。

第二、遵行世尊本願，培植德本，發揚慧力，使一切人民，本力充實，光輝普耀。世尊第二本願，如實成就。

第三、遵行世尊本願，廣行四攝，勤修六度，使一切人民，自他方便，萬事咸宜。世尊第三本願，如實成就。

第四、遵行世尊本願，服務社會，盡瘁人群，使一切人民，咸歸大乘，捨身救世。世尊第四本願，如實成就。

第五、遵行世尊本願，精嚴戒律，調伏身心，使一切人民，身口意業，咸歸清淨。世尊第五本願，如實成就。

第六、遵行世尊本願，政重衛生，業勵醫藥，使一切人民，凡有疾苦，悉得救治。世尊 第六本願，如實成就。

第七、遵行世尊本願，普設醫院，廣施藥品，使一切人民，孤苦貧窮，悉離病厄。世尊第七本願，如實成就。

第八、遵行世尊本願，立法施政，尊重女性，使一切女子，受平等福，離百惡惱。世尊第八本願，如實成就。

第九、遵行世尊本願，樹立正法，降伏邪見，使一切正法，並育並行，永離纏縛。世尊第九本願，如實成就。

第十、遵行世尊本願，改良刑正，實施感化，使一切人民，不觸法網；即有犯者，在獄獲教，出獄獲養。世尊第十本願，如實成就。

第十一、遵行世尊本願，政重民生，普濟民食，使一切人民，飲食供給，無有乏少；更施教育，培其智德，令生安樂，不遭苦難。世尊第十一本願，如實成就。

第十二、遵行世尊本願，衣住行等，一切施為，決依總理遺教，盡力推行，生產分配，咸令得宜，使人民生活所需，無有不足；節之以禮，和之以樂，五福俱全，文明鼎盛。世尊第十二本願，如實成就。

這是戴先生於當時國家社會環境下所發的大願。從這些大願中，很容易使我們心中浮現證嚴上人及其所推展的各項志業；事實上，慈濟功德會從成立開始，即於每月廿四日舉行藥師佛同修會。當然，我們也可就本身性向、心量與學識能力，以及工作性質與環境等各種情況，立下自己的誓願。那麼，目標確立以後，不管是作人或學佛，都可發揮自我導引的功能，使我們在人間有限的生命，得以凝聚起來，己立立人，己達達人，我想這應是建立藥師佛人間淨土的本意所在，願以此相互共勉。

藥師經的濟世觀

建議售價 · 480 元

講　　述 · 南懷瑾
出版發行 · 南懷瑾文化事業有限公司
網址：www.nhjce.com
代理經銷 · 白象文化事業有限公司
412台中市大里區科技路1號8樓之2（台中軟體園區）
出版專線：（04）2496-5995　　傳真：（04）2496-9901
401台中市東區和平街228巷44號（經銷部）
購書專線：（04）2220-8589　　傳真：（04）2220-8505
印　　刷 · 基盛印刷工場
版　　次 · 2017年8月初版一刷
2021年11月初版二刷

設計編印 白象文化
www.ElephantWhite.com.tw
press.store@msa.hinet.net
總監：張輝潭　專案主編：吳適意

國家圖書館出版品預行編目資料

藥師經的濟世觀／南懷瑾講述. --初版.—臺北市：
南懷瑾文化，2017.08
面：　公分.
ISBN 978-986-94058-1-2（平裝）
1. 經集部
221.712　　106000321